泰山学者工程专项经费资助：儒家思想的跨文化传播（鲁东大学朴银姬）
山东省高水平应用型专业汉语言专业群建设项目（鲁东大学亢世勇）

东北亚儒学研究丛书

·第三辑·

# 东亚视域中的儒家人文学

朴银姬　姜娜　孙蕴 主编

商務印書館
创于1897 The Commercial Press
2021年·北京

# 《东北亚儒学研究丛书》 编委会

**依托平台：**

泰山学者工程专项经费资助：儒家思想的跨文化传播（朴银姬主持）

山东省高水平应用型专业汉语言专业群建设项目（亢世勇主持）

# 目录

## 专家专栏



## 第一编 儒学天地

## 第二编　人文天地

儒学

# 专家专栏

# 中国语境：来华韩国流亡文人的东亚认识与主体性建构

## ——以韩国流亡文人的中文书写为中心*

金柄珉**

## 一、引言

主体性是近代性的核心概念，也被称为哲学近代性。在历史上，主体性不断被笛卡尔、康德、黑格尔等哲学家所探究和阐释，以自我-理性为核心的主体性对社会的发展起着决定性作用。不过，资本主义膨胀逻辑和科技文明的高速发展，使得社会也不可避免地产生新的“他者”，随之导致各种危机，如生态危机、人口危机以及人与制度的矛盾，由此产生的人类的冲突和生命的焦虑就愈加深重，人们也不可避免地对其主体性提出质疑。众所周知，马克思是最早对主体性提出批判的伟大思想先驱。到了20世纪初，黑格尔之绝对精神受到尼采、海德格尔等人的全面挑战。而进入20世纪中后期，对主体性的质疑与解构持续升温，福柯、德里达、哈贝马斯等人所提出的后现代主义理论，凸显了对主体性与现代性的解构与重建。然而，主体与客体问题是客观存在的，主体性问题也不是要被否定，而是存在着要继续完善和继续建构的问

* 本文系国家社会科学基金重大项目“中韩近现代文学交流史文献整理与研究”（16ZDA189）的阶段性成果。

** 延边大学资深教授、跨文化研究中心理事长，山东大学校外荣聘讲席教授。

题。从这个意义上讲，或从现实意义上讲，主体性乃是在现代性规划进程中的重建问题，仍然是被人们所关注并探讨的命题。尤其是弱小民族及其生命个体的主体性建构问题，也就显得更为复杂，因为它面对的是随时被强权他者化或随时被殖民者吞没的历史现实。阐释韩国人的东亚认识与其主体性的关系是颇具价值的课题，其对阐述韩国人的主体性与现代性、重估东亚精神价值以及构建当代东亚新秩序都具有重要意义。

20 世纪初，日本的亚细亚主义为其侵略扩张奠定了思想理论基础。“由于近代日本的亚细亚主义复杂而特殊的发展历程，它又表现为强调亚洲平等合作的古典亚细亚主义、强调扩张领土的大亚细亚主义以及对亚洲实施侵略的大东亚共荣圈等三种形式。近代日本的亚细亚主义在形成、发展、消亡的过程中，完成了它从‘兴亚’到‘侵亚’的质变历程。”①对亚细亚主义的正确认识对于殖民地韩国来说意义深刻，它不仅直接关系到民族主体性的建构，而且也关系到韩国的独立运动是往何处发展的重大问题。

来华韩国流亡文人申圭植、申采浩、柳子明、赵素昂、金奎光、金元凤、罗月汉、李斗山等，在中国创办了多种中文刊物②，他们通过政论、散文、小说、诗歌等，对日本的亚细亚主义的侵略本质，进行深刻的批判，建构以主体性为内涵的知识话语－民族话语和抗日话语，以期颠覆日本的帝国话语与殖民话语，其在韩国乃至整个东亚产生了深远的影响。本文主要通过对来华韩国流亡文人以中文书写的文本分析入手，兼顾部分韩文文本，阐释韩国流亡文人东亚认识的特点及其

① 王屏，《近代日本的亚细亚主义》，商务印书馆，2004 年，第 15 页。

② 韩国流亡文人在中国创办的主要刊物有《震坛》（申圭植，1920）、《天鼓》（申采浩，1921）、《震光》（赵素昂，1932）、《朝鲜民族战线》（柳子明、金奎光，1937）、《朝鲜义勇队通讯》（朝鲜义勇队刊行，1939）、《东方战友》（李斗山，1939）、《韩国青年》（韩国战地工作队刊行，1940）、《韩民》（韩民月刊社，1940）等。

主体性建构过程。

## 二、大我精神：日本认识与主体性

韩国的主体性建构始终呈现着西方近代哲学思潮的影响和对韩国本土萌生的近代思想的继承和发展。而且，韩国的主体性建构在抗击日本帝国主义侵略、争取民族独立的历史进程中得到不断发展和丰富。19世纪中叶，西方列强开始了对亚洲各国的侵略，再加上清政府的腐败，直接导致了基于“天下观”的传统东亚秩序的全面崩溃。在构建新的东亚关系的历史节点上，日本帝国主义为了掌握其东亚霸权，大力宣扬亚细亚主义，极力推行对朝鲜、中国大陆的侵略。日本帝国主义为了彻底实现韩国殖民地化，采取了种种欺瞒手段，胁迫韩国签署了“乙巳保护条约”（1905）、“丁未七条约”（1908）等，最终吞并韩国（1910）。他们主张韩国必须接受日本的保护，日韩两国需加强“亲善”和“协助”，进而鼓吹为“韩国之安全”和“东洋之和平”共同努力。毋庸置疑，这种思想实际上根植于樽井藤吉①、陆羯南②等的亚细亚主义。对此，韩国的爱国启蒙运动家申采浩、申圭植等人，站在民族、国家的立场上，强烈批判了日本的“亚细亚主义”，从而表现出主体性知识话语的建构与民族国家想象。其中，申采浩③的抗日话语与主体性建构最为鲜明，它既有以理性－主体为核心的哲学高度，又有自主能动的民族立

---

① 樽井藤吉（1850～1922），政治活动家，他在其《大东合邦论》（1893）中大肆鼓吹“日韩合邦”。（王屏，《近代日本的亚细亚主义》，商务印书馆，2004年，第114页。）

② 陆羯南（1857～1907），政治思想家，主张亚细亚主义，其核心内容是“东洋是东洋人的东洋”，以此把对中国、朝鲜的侵略正当化。（王屏，《近代日本的亚细亚主义》，商务印书馆，2004年，第96页。）

③ 申采浩（1880～1936），号丹斋。1910年流亡中国，担任过大韩临时政府议政院院长（1919），1921年在京创办《天鼓》杂志，曾与李大钊、李石增有过交流。1928年在抗日活动中被日警逮捕判刑十年，于1936年2月因脑出血在旅顺监狱中病逝。主要作品有：学术著作《朝鲜上古史》等；小说《梦天》《龙和龙的对激战》等；随笔《朝鲜之文人》《丹儿杂感录》等。

场。日本帝国主义以侵略韩国为目的，大肆宣扬以“保护韩国”“东亚和平”为幌子的“东洋主义”。对此，申采浩早在爱国启蒙运动时期就撰文揭穿了其欺骗性与侵略本质。申采浩指出：“无韩人利用东洋主义救国者，却有外人利用东洋主义篡夺国魂者，对此应警惕之、慎重而对待之”，“以一句‘我族之国，我族主张’作为护身符保全民族”。[①]可见，申采浩的主体性立场十分鲜明，不仅反映出他对当时东亚紧张局势及日本帝国主义侵略本质的深刻理解，而且体现出对本国卖国奴无主体性的深刻批判。申采浩曾围绕着主体性建构问题深刻指出：“我”有“大我”和“小我”之分。进而阐明“大我”的存在价值，还从“我”和“非我”的关系上强调“大我”，即民族自主性和能动性。[②]申采浩的“我”或“大我”指的是个体的“理性”或民族的“理性”，其无疑根植于主体性哲学。毋庸置疑，申采浩是通过梁启超接受了西方哲学家笛卡尔、康德、赫胥黎等人的思想，同时，对其进行了本土化改造，从而建构具有创新性的知识话语。申采浩的日本认识和主体性，不仅在当时产生了重大影响，而且在来华韩国流亡文人当中也产生了很大共鸣。

韩国沦为日本殖民地前后，一大批韩国的爱国文人先后流亡到中国，中国成为韩国流亡文人的“话语场”。来华韩国流亡文人申圭植、申采浩等先后创办《震坛》（1920）、《天鼓》（1921）杂志，通过这些刊物批判日本帝国主义的“大亚细亚主义”[③]及其对韩国、中国的侵略。

---

① 申采浩，《对东洋主义的批判》，《大韩每日新报》，1908 年 8 月 8 ～ 10 日。

② 金柄珉，《丹斋申采浩的哲学思想与人间象》，《退溪论丛》2014 年第 14 号。

③ 日本的小寺谦吉于 1916 年发表“大亚细亚主义论”，作者在著述中提出“兴亚”“振亚”，声称“保全支那”，提倡中日“结合”。同时又声称“依托支那、利用其经济资源”；“日本是亚细亚文明的传承者”，所以“有保护支那的充分理由”；“对于日本来说，作为亚细亚的指导者，亚细亚的盟主是当之无愧的”。总之，所谓亚细亚主义是日本诸多侵略理论的集大成者。对此，李大钊撰文批判指出：该主义的真实目的是：“乃假‘大亚细亚主义’之旗帜，以颜饰其帝国主义，而攘极东之霸权……嫁祸于全亚子同胞。”（“大亚细亚主义”，《甲寅》1917 年 4 月 1 日。）

申采浩在《天鼓》创刊词中指出："试问居亚洲而祸亚洲者，有先于倭者耶。嗟夫！我亚黄族不下四五百兆，而彼欲以区区数千万之众，垄断全亚，蹂躏邻邦，无视民族之自决，力抗世界之潮流，以图蒙古帝国之重现于今日，其志可谓奢矣。"[①]作者在这篇文章中批判了日本亚细亚主义的对外侵略与扩张的罪状，进而阐明了全民族奋起抗击日本帝国主义的主体性立场。作者又在"朝鲜革命宣言"[②]中指出："要维持朝鲜民族的生存，就要驱逐日本强盗。要驱逐日本强盗，只能以革命来进行，没有革命，就没有办法驱逐日本强盗……民众是革命的大本营，暴力是革命的武器。"在文中作者明确提出民众为革命主体和暴力为革命武器的思想。申圭植[③]的立场也非常鲜明，他把日本认定为"东亚的德意志"，并揭露了日本对中国东北的侵略和掠夺。他指出："木履之尔郎之亚细亚主义，更风涌云佛，蓬蓬勃勃而不可遏，不容此武力恶腕之存在。"[④]并在揭露日本对东北的侵略与掠夺时说道："日本以席卷囊括之野心，远交近攻，久已独占亚细亚之霸权。"[⑤]作者揭露了日本图谋侵略中国的野心和阴谋，也呼吁中国人立即觉醒与警惕。在日本大亚细亚主义风靡一时之际，提出如此鲜明的观点实属难能可贵，这与作者的殖民地本土体验与流亡体验之双重体验所获得的主体意识分不开，申圭植对亚细亚主义的批判，无疑深深根植于其主体思想。他在其政论"痛言"（"韩国魂"）中指出："哀莫大于心死，我国之亡，以人心死也"，"我人之

① 申采浩，《天鼓创刊辞》，崔光植译注，《丹斋申采浩之〈天鼓〉》，亚研出版社，2004 年，第 255 页。

② 申采浩，《丹斋申采浩全集》（中），萤雪出版社，1982 年，第 35 ～ 46 页。

③ 申圭植（1880 ～ 1922），号睨观，后改名申柽。1911 年流亡中国，曾参加中国辛亥革命和南社。担任过上海临时政府法务总长（1919）、国务总理代理兼任外务总长（1921），并创办《震坛》周刊（1920）。主要著作有长篇政论《韩国魂》（1920）、诗集《儿目泪》（1939）等。

④ 申圭植，《今后吾之责任》，《震坛》第 1 期，1920 年 10 月 10 日，第 2 页。

⑤ 申圭植，《痛言》（《韩国魂》），金东勋等编译，《申圭植诗文集》，民族出版社，1998 年，第 172 页。

心，大韩之魂也”。“我人苟抱民族主义，以光复祖国为新”，并主张“良心自我”。[①]在这里他所强调的“良心自我”与申采浩之“精神之我”同出一辙，两者都主张自我－理性在民族主体性建构中的作用。概而言之，申采浩、申圭植等亡国前后流亡到中国的韩国流亡文人，通过对他者——日本帝国主义的认识以及自我——民族国家的发现，构建了以民族自决为思想内涵的民族主体性，深刻批判了日本统治阶级亚细亚主义的政治阴谋和侵略本质。

随着日帝入侵东北地区以及1937年中国的全面抗日战争、太平洋战争爆发，韩国流亡文人柳子明、金奎光、金若山等也快速回应，深刻地批判了“大亚细亚主义”“大东亚共荣圈”[②]等。如，柳子明[③]站在民族立场，从政治和经济的视角，深刻揭露和批判了日本帝国主义的侵略本质以及资本主义本身内在的反文明的本质。柳子明在《朝鲜情势一斑》[④]一文中，批判了日帝为侵略中国而在朝鲜炮制的“精神总动员法”“志愿兵制”等，揭露了日帝“大东亚共荣圈”的侵略本质及对朝鲜惨绝人寰的强权掠夺。他又在《敌人总动员中朝鲜的产业动态》[⑤]一文中指出：“朝鲜是在尚未脱离农业经济状态以前，就被日本帝国主义征服

① 申圭植，《痛言》（《韩国魂》），金东勋等编译，《申圭植诗文集》，民族出版社，1998年，第163～180页。

② 大东亚共荣圈，为日本帝国在第二次世界大战中为扩张版图所提出的“将东亚从西方的殖民统治中解放”建立类似邦联制的战略构想与政治主张。1938年11月，日本政府发表“建立大东亚新秩序”的宣言，欲树立“中日满三国相互提携，建立政治、经济、文化等方面的互助连环的关系”。与此同时，日本首相近卫文麿也发表所谓“近卫声明”，试图建构以“大东亚共荣圈”为整体，以日本、东亚与东南亚“共存共荣的新秩序”作为建设目标的政治体系。

③ 柳子明（1894～1985），本名柳兴湜，曾用笔名子明等。1919年流亡中国，曾担任上海临时政府议政院议员（1923）、朝鲜解放同盟代表、朝鲜义勇队指导委员会委员（1938）、立达学院教师（1931～1935）、《朝鲜民族战线》主编等。曾发表《赤色的悲痛》（1927）、《离开广州有感》（1927）等多篇政论。1949年后任职湖南农业大学教授。

④ 柳子明，《朝鲜义勇队通讯》第23期，1939年9月1日；柳子明，《朝鲜义勇队通讯》第29期，1939年11月15日。

⑤ 柳子明，《敌人总动员中朝鲜的产业动态》，《反侵略》1939年第2卷第6号，第18页。

了。这里也自然免不了发生一般帝国主义国家与其殖民地之间所存在的主从关系，解决宗主国粮食问题、供给其工业原料、消化其剩余商品等，一般就是殖民地国家必须要尽的经济义务。”①在文中，作者以翔实的调研资料，揭露日帝在政治、经济、文化等方面对韩国所犯的累累罪行，并且深刻揭露了帝国主义时代近代资本逻辑的膨胀而导致的殖民性和掠夺性。从以上分析中不难看出，作者不仅批判了日本帝国主义的侵略本质，而且揭露了其资本主义的膨胀逻辑，即，当资本主义文明发展到帝国主义并施展强权时，所谓的主体性与现代性也不可避免地生产“他者”，同时摧残另一个主体，并呈现出自相矛盾且难以摆脱的悖论。日本帝国主义在东亚内部实行霸权，在“正义”“公理”的幌子下，肆无忌惮地生产着“他者”，这就是帝国强权与文化霸权的所谓“文明”和“和平”的本质。

韩国流亡爱国文人不仅深刻批判了日本帝国主义的亚细亚主义，而且积极建构起民族话语与抗日话语，提出对帝国主义强权和文化霸权的全方位抵抗路线。“民族性是殖民主义赋予殖民地的最伟大的礼物，是持久的意识形态的基石。”②民族性是一个民族生存发展的基本属性，从这个意义上讲，民族性与主体性密切关联。毫不例外，韩国流亡文人的抵抗路线和革命斗争也深深地根植于“民族性”这一基石。韩国流亡爱国文人的抗日话语和民族话语是通过中国体验并在中国抗日战争语境下得到不断完善和提升的。

随着20世纪30年代抗日战争的全面爆发，来华韩国流亡文人对日本帝国主义的抵抗意志愈加坚定而明确，他们在中国抗日斗争路线的影响下，逐渐形成了自己的抗日武装斗争路线。主张武装抗日斗争路线的

---

① 柳子明，《敌人总动员中朝鲜的产业动态》，《反侵略》1939年第2卷第6号，第18页。

② 彼得·查尔兹，《后殖民主义理论》（韩译本），首尔文艺出版社，2004年，第37～38页。

韩国流亡文人有：朝鲜义勇队的金若山[①]、柳子明、金奎光[②]、李斗山、李达等。金若山在《新形势与新任务》[③]一文中指出："我们相信，敌后的几十万朝鲜群众（东北在外）如果被动员起来、组织起来，将是一支不可侮的力量，将对于中国的抗战与朝鲜革命有极大的帮助……朝鲜革命的主要阵地还是在朝鲜境内，我们将号召一切留居在中国的朝鲜同胞，团结在朝鲜义勇队的旗帜下，打回老家去，打回朝鲜去。"朝鲜义勇队的成立是韩国流亡文人抵抗路线的具体表征。金若山认为：为了抗日战争和民族解放的最后胜利，不但要创建抗日武装队伍，而且要争取朝鲜同胞、日本军民以及东方各民族的反日力量，同日帝进行全面的斗争。朝鲜流亡文人抵抗路线的方向非常明确，即，着眼于中国的抗日斗争和韩民族独立的需要，适时创建武装队伍，积极参与中国的抗日战争；同时，发动和武装韩民族大众在本土展开抗日武装斗争。从历史上看，随着主体性的建构与完善，韩国对日本帝国主义的抵抗经过了抗日殉职斗争、抗日暴力斗争、抗日武装斗争等历史进程。

朝鲜义勇队的抗日武装斗争具体体现为朝鲜民族战线联盟的统一战线路线和国共合作统一战线路线。柳子明指出："将要努力于战线（朝鲜民族战线联盟）统一运动，以期实现最圆满的统一战线……，我们深信这种统一战线，不仅在打倒日本帝国主义的斗争过程中需要支持，而且，将来建立独立、自由、幸福的国家的时候，也要各党派的共同努

① 金元凤（1898～1958），号若山，曾用陈国斌、崔林、李冲、千世德等化名从事独立活动，曾任义烈团团长（1919），黄埔军校第4期毕业后留校任教官。广州"4·15"惨案后参加过南昌起义。在国民政府的支持下先后创办列宁主义政治学校（北京，1929）和朝鲜革命军事政治干部学校（南京，1932）。历任民族革命党书记（1935），朝鲜义勇队队长、总队长（1938、1940），韩国光复军副司令（1942）等职，发表多篇中文政论文章。

② 金奎光（1898～1969），本名金星淑，曾用名金忠昌。1922年流亡中国，1925年毕业于中山大学，20年代在北京创办《荒野》《革命》，在广州创办《革命运动》等杂志。曾任《朝鲜民族战线》主编（1938）、朝鲜义勇队指导委员会委员、朝鲜义勇队政治组长等职，发表多篇中文政论文章。

③ 金若山（金元凤）：《新形势与新任务》，《朝鲜义勇队通讯》第39期，1941年1月1日，第3页。

力，因为这样才能招来朝鲜民族的真正自由幸福的时候。”[①]朝鲜民族战线联盟是民族主义、无政府主义、社会主义等各个党派的统一战线，是在打倒日本帝国主义这一共同目标下形成的多种主体的统一战线，因为有了它，韩国流亡文人能够团结在一起参加中国伟大的抗日战争。如文中所言，柳子明的统一战线理论，既是具有革命性的抗日话语，又是具有前瞻性的民族国家想象，其中包含着以价值多样化追求为前提建构民族主体性的深刻内涵。

来华韩国流亡文人的主体性为其形成日本认识和抵抗路线提供了重要的思想基础。同时也不能否认，民族主义、无政府主义、社会主义思想也从不同角度为建构抗击日本帝国主义的抵抗路线起到积极的影响[②]，从这个意义上可以说，来华韩国流亡文人的民族主体性具有超越理念层次的现实性和时代性的特点。历史事实证明并启示着人们：作为一个民族，在主体性的建构过程中，可能而且有必要将不同的理念和思想要素统合在一体，而多种主体的汇合是殖民地时期来华韩国流亡志士民族主体性的基本样态。形成多种主体的民族统一战线，对始终处于在不同意识形态影响下实现民族独立斗争的韩民族来说，或许是一种历史赋予的而且十分必要的历史选择。

## 三、共同使命：中韩关系认识与双重主体性

来华韩国流亡文人的中韩关系认识在其东亚认识中具有十分重要的意义。他们参加中国革命，尤其是在参加抗日战争的过程中，形成了中韩两国命运共同体意识。随之，韩国流亡文人不断拓展其主体性内涵，

---

① 柳子明，《朝鲜民族战线联盟结成过程》，《朝鲜民族战线》创刊号，1938 年 7 月，第 3 页。

② 申采浩、柳子明的抵抗主义路线深受无政府主义的影响，金奎光、金元凤等的抵抗主义路线在一定程度上受到社会主义思想的影响。

进而建构为双重主体性。韩国流亡文人双重主体性的建构，体现着中韩文人之间形成相互认知与共同话语的历史情景。申圭植、申采浩是20世纪20年代初期反思传统的中韩关系并提出新的中韩关系观点的先驱，他们对其后的流亡文人产生了重要的影响。1910年朝鲜亡国后申圭植流亡到中国，敏锐地把握了中国社会的现实发展动向，开始支持辛亥革命和护法运动，并与中国的革命党人从多方面进行联系，从而对中国的资产阶级民主革命高度认同。他不仅充分肯定辛亥革命和护法斗争，而且深刻批判腐败无能的军阀政府。同时，揭露和批判日本侵略中国的阴谋，并对中国的未来表示担忧，由此敦促中国政府作为大国应履行维护东亚和平乃至世界和平的使命，当然也指出在东亚和平建构过程中中韩关系的重要性。“吾韩一独立，则中国增一坚固之保障，而唇齿之相依，可以日增其亲善。”①他认为中韩作为命运共同体，韩国独立有助于中国的安全。他还指出：“韩中两国的革命都同等重要，中国革命成功之时，就是韩国得到独立解放之日。有望中国统一，亚洲曙光已启。”②在动荡不安的东亚时局下，他不仅洞察到中国民主主义革命的历史意义，而且也指出中韩合作对20世纪东亚和谐发展所具有的历史意义。与申圭植提出相同意见的还有来华韩国流亡文人曹成焕，他在给安昌浩的信中曾说道：“中华所创之大成功，必将光耀亚洲史册，令东西强邻胆颤。”“亚洲大陆提倡自由，此为中华之大成功；唤起了半岛江山中几乎泯灭的革命思想，此亦为革命之成功。”③在文章中，作者深入分析了辛亥革命对韩国乃至东亚的重大影响，即，辛亥革命对反对列强及其构建亚洲新秩序的深刻意义。另外，申采浩对中韩关系的认识也

① 申圭植，《民族自决与韩国独立》，《震坛》第10期，1920年12月12日。
② 闵弼镐，《韩中外交史话》，见金俊烨，《石麟闵弼镐传》，罗南出版社，1995年，第235页。
③ 曹成焕，《写给安昌浩的信》，岛山安昌浩纪念事业委员会编，《岛山安昌浩全集》第2卷·书函2，东洋印刷株式会社，2000年，第533页。

令人瞩目。1921 年，申采浩针对中韩关系与东亚和平问题撰写了《韩汉两族之宜加亲结》一文，展示了其崭新的文化视角。作者在文中详细论述了中韩两国友好关系的悠久历史、当下两国建立共生共存关系的紧迫性以及加强两国友好关系必须注意的问题。申采浩认为：中韩两国要想走上共生共存之路，在继承历史传统的同时，必须克服过去的种种不足与误区。譬如，韩国人“失于太谦”，中国人“失于自尊”[①]；韩国人面对侵略“婉转求生于其威严之下而不敢拔刃与抗者”，而中国人明知“以我慢自大，有妨于文化之增进”[②]等。他还强调，中韩两国国民必须同仇敌忾，主张“划除强敌，奠定东洋，又可不离‘流血’两字除强敌”，“尤当同心相失，与敌作最后之血战，又刻不可忘者也”。[③]如上，申采浩对中韩关系重要性的认识体现着互为主体、共存共生的文化理念，当然也能够窥见积极建构双重主体性的思想立场。

进入 20 世纪 30 年代，随着中国抗日战争的发展，韩国流亡文人对中韩关系的认识以及对中韩合作的意识也得到很大的提升，进而确立起以“互为主体、共生共存”为理念的双重主体性。韩国流亡文人柳子明、金若山、金奎光、李斗山[④]等人亲自参加了如火如荼的中国抗战，他们精准把握了新历史时期中国抗战的历史意义，强调中韩关系的重要性，积极主张中韩合作共同抗日。金奎光指出：“中国的抗日战争，正在猛烈进行的时候，同样遭受日本帝国主义的掠夺和压迫的中韩两民族反日联盟是非常重要，而且必要的事情。正因为如此，自从抗战以来，许多中韩人士都很深切地注意这个问题，同时热烈地期望这个被压迫人

---

① 申采浩：《韩汉两族之宜加亲结》，崔光植译注，《丹斋申采浩之〈天鼓〉》，亚研出版社，2004 年，第 320 页。

② 同上。

③ 同上注，第 323 页。

④ 李斗山（1896 ～ ?），1919 年流亡中国。先后创办《韩声》（广州，1930 年）、《东方战友》（任社长，梧州、桂林，1939）等杂志。发表 70 多篇诗歌、散文、随笔等。

民的联合战线能够早日实现……所谓联合战线，并不是什么空洞的作为政治号召的东西，而是要时间、要斗争的战斗联盟。”[①]在这篇文章中，作者明确提出了中韩合作共同抗日的重要性和必要性。又如，柳子明结合抗日斗争的实际要求指出：“中国的抗战如果失败，朝鲜民族解放固然渺茫无期”，“打倒共同敌人及奠定东亚和平，也是中国朝鲜两民族的共同使命”。[②]在这篇文章中，作者指出了参加中国抗战的重要性，强调了中韩精诚合作的重要性以及中韩共同的历史使命。另外，他还提出：“中国最高当局在抗战期间予以积极援助使之组成一个独立的部队参加抗日战争，在实际过程中扩充其力量，以期树立朝鲜独立军之基本势力。”[③]历史资料显示，在建立朝鲜义勇队的过程中，朝鲜民族战线联盟的金若山、柳子明等的政治主张及其建议起到了十分重要的作用。1938 年 10 月，国民政府军事委员会根据朝鲜民族战线联盟提出的关于成立朝鲜义勇军的报告，正式批准成立朝鲜义勇队。在中国的抗日战场上，朝鲜义勇队在对敌宣传、救护伤员、民众教育等方面做出了不可替代的历史贡献。

抗战中所表现出的中韩合作精神及其实践是韩国流亡文人双重主体性的具体表征，而通过中韩合作颠覆日本帝国强权与文化霸权，这是在特殊的历史年代，共同的民族利益所赋予韩国乃至韩国人的历史性选择。在主体性极易缺失的殖民地时期，中国“空间”为韩国人主体性的建构打开了一种可能，也为中韩合作的知识生产和话语建构提供了“场所”。抗日战争的现实促使韩国流亡文人追寻更为开放性的主体，即双重主体性以及中韩合作。早在 20 世纪初，面对日本帝国主义的殖民化，韩国的启蒙思想家们发现了他者与自我的边界，从而发现了自我 - 主体建

① 金奎光，《朝鲜民族反日革命总力量问题》，《朝鲜民族战线》第 5 ～ 6 期，1938 年 12 月，第 3 页。
② 柳子明，《创刊辞》，《朝鲜民族战线》创刊号，1938 年 4 月，第 1 页。
③ 柳子明，《中国国民党大会的历史意义》，《朝鲜民族战线》第 2 期，1938 年 7 月，第 1 页。

构的重要性。国家沦为殖民地后，韩国的流亡文人来到中国，并发现了近代中国的民主革命精神，通过对近代中国的发现，实现了主体性建构，在抗日斗争中明确认识到了中韩合作的必要性。韩国流亡文人通过参加抗日战争建构了双重主体性，进而实现了中韩合作共同抗日，从而迎来了抗日战争的伟大胜利。

## 四、命运共同体：世界和平认识与多重主体性

对韩国独立与世界和平的认识也是韩国流亡文人东亚认识进一步显现思想深度和广度的基本特征。申采浩、申圭植等人基于自身的中国体验，早在朝鲜亡国前后，特别是流亡中国之后，开始关注韩国独立与世界和平之间的关系。进入20世纪30年代，随着抗日战争的全面爆发和第二次世界大战的爆发，柳子明、金若山、李斗山、金奎光等朝鲜义勇队流亡文人持续关注韩国独立与世界和平之间的关系，在研讨世界和平问题上，进一步扩大了视野，深化了思想认识。特别是在世界范围内反法西斯战争的展开，使得韩国流亡文人能够把眼光投向世界，从而把一切被压迫民族和人民视为命运共同体，并把它当作反法西斯的同盟力量。由此，主体性的建构呈现出更加开放的样态，把自己认定为既是民族解放的主体，又是中国抗日革命的主体，同时是世界被压迫民族解放的主体。这样一来，在抗战时期，韩国流亡文人的主体性就呈现为多重主体性。由于有了这种被压迫民族解放的主体性，他们积极呼吁形成反法西斯统一战线共同对敌，旨在迎来世界被压迫民族的解放和全人类和平。主体性来自于对“他者”的认知。而韩国流亡文人多重主体性的建构，首先来自于对韩国独立与世界和平关系的科学分析，其次是根植于对被压迫民族命运共同体的认知。当然，它与对当时中国抗日语境下所形成的东方被压迫民族统一战线

认知有着直接关联。反映多重主体性的主要政论有：申采浩的《朝鲜独立与东洋平和》、申圭植的《民族自决与韩国独立》、柳子明的《欢迎世界学联代表团》、金若山的《建立东方各民族友谊的新基础》、李斗山的《东亚和平与各民族的使命》以及李达的《太平洋战争与朝鲜革命》等。

申圭植从构建世界和平的政治文化视角思考韩国的独立问题，并基于世界和平理念探索韩国实现独立与世界和平的关系。他指出："夫吾韩人之要求独立，非仅为韩人之计也，乃为亚细亚计也。亦非仅为亚细亚计也，乃为世界计也"，"吾韩之于世界，实为大战种子。故为东亚和平计，不得不出于独立；即为世界和平计，亦不得不出于独立；且为日本安全计，更不得不出于独立"。[①]如上，他基于主体性立场，阐述了韩国独立与世界和平之关系。他认为韩国是世界大战的种子，从而一针见血地道出韩国独立与世界和平密切关系之所在。这种见解来之不易，值得世人关注与研判。"吾韩独立，就表面而言之，为世界计安全，而就实际而言之，亦为日本计安全。"[②]总之，他站在主体性的立场，阐明了韩国独立的紧迫性及其与世界和平的关系。他所提到的把韩国当作"世界大战的种子"的观点也是颇有世界眼光的分析和研判。尤其是他所提到的把韩国的独立视作"为日本计安全"，是站在世界和平的高度把握时代本质与世界发展趋势的相当进步的独特见解。如他所断言，日本因为其侵略野心遭到全世界正义国家和民族的谴责与抵制，最终其本土遭受被反法西斯同盟国投掷原子弹的历史悲剧。由此所见，申圭植的一席话凸显了其作为一名独立运动文人兼政治外交家的敏锐政治意识、时代意识及未来意识，可谓是超越时代、超越自身

① 申圭植，《民族自决与韩国独立》，《震坛》第10期，1920年12月12日，第2页。
② 同上。

的时代话语建构，这里体现着从密切关注世界和平和人类命运的崭新的文化视角和判断力。

对韩国独立与世界和平关系的认识，在柳子明、金若山、李斗山、李达等朝鲜义勇队的韩国流亡文人中也得到了进一步深化。柳子明在《欢迎世界学联代表团》[①]中指出："中国的英勇抗战，不仅为其国家生存而战，而且是为保卫世界和平而战，为人类的正义而战，为世界被压迫民族解放而战。我们朝鲜民族也同中国民族站在一条线上，共同奋斗。"[②]他还呼吁世界学联代表团向全世界宣传中国抗日斗争和韩国民族独立斗争的正当性。此文虽为欢迎辞，但情真意切、切中肯綮，读来让人感动不已。柳子明的欢迎辞，让世界学联代表团也深受感动，由此，世界学联代表柯乐满亲自为《朝鲜民族战线》(1938，5～6期）题词："祝贺朝鲜民族战线的同志们。"又如，金若山也在《建立东方各民族友谊的新基础》一文中提道："我们建立武装队伍的意义，完全是为了中国抗战胜利和东方各民族永远的友谊的联合。"[③]李斗山也指出："争取各民族的自由解放，奠定东亚的真正和平，这是我们的使命，要实现这一使命，首先和中国抗战战友站在一起，打倒破坏东亚和平的强盗——日本帝国主义。"[④]不难看出，在韩国流亡文人看来，参加中国抗战，一方面是为了中国的抗战胜利，另一方面也是为了本民族的独立与解放，同时也是为了东方各民族的解放。这里凸显着把被压迫民族（人民）的觉醒与朝鲜民族的解放斗争、中国抗日战争的胜利以及反法西斯斗争的胜利相结合的多重主体性认知

① 柳子明，《欢迎世界学联代表团》，《朝鲜民族战线》第4期，1938年5月25日，第9页。
② 同上。
③ 金若山，《建立东方各民族友谊的新基础》，《朝鲜义勇队通讯》第31期，1940年1月，第1页。
④ 李斗山，《东亚和平与各民族的使命》，《东方战友》第11、12合辑，1939年10月30日，第8页。

及其建构。韩国的流亡文人李达[①]在《太平洋战争与朝鲜革命》一文中，缜密分析了由日帝引发的太平洋战争及其结局。作者在文中详细分析了太平洋战争给周边国家所造成的危害，指出如果想要真正解决问题，必须“发挥最大的力量，打倒日寇”，“迅速地、真正地动员和武装太平洋腹地各民族，使他们贡献全部力量参加抗日战争”。[②]在文中，作者不仅揭示了太平洋战争的法西斯性质，而且主张面对帝国强权各国各民族反法西斯力量相互合作共同建构命运共同体的思想，无疑体现着多重主体性的理念和立场。作者在文章中进而阐述战争的结局以及胜利后东亚乃至世界新秩序的建构，尤其是明确指出战后战胜国与战败国之殖民地国家的独立与解放等问题。对此，作者明确指出：“最后的胜利必须归于反法西斯民主阵线的”，“这次大战的胜利结果，也绝不能瓜分殖民地以了事，不但战败国的殖民地争取独立自由，同时战胜国的殖民地也要争取独立自由”。[③]他不但预言太平洋战争中日本帝国主义必败，还强烈呼吁战后各殖民地国家民族的独立自主。他特别强调太平洋战争胜利后战败国所属殖民地弱小国家的独立自由问题，其中当然包括日本的殖民地——韩国的独立与解放乃至一切殖民地民族的独立与解放，从而表现出站在殖民地被压迫民族的立场和态度，从中也表现出鲜明的多重主体性。韩国流亡文人所提出的对被压迫民族命运的密切关注和联合战线等方面的见解和主张，不但在来华韩国流亡人士中得到高度认同，而且在中国进步人士中产生积极反响，胡愈之、沈钧儒、朱蕴山、黄介民、柳湜等中国的进步人士也表示高度的认同和支持。

---

① 李达（1919～1942），曾用笔名宋一舟、二德等。曾任朝鲜义勇队宣传组组长（1938）、政治组组长（1939）、政治资料室主任（1940）等。在《朝鲜义勇队通讯》等刊物上发表30余篇政论、评论和随笔。

② 李达，《太平洋战争与朝鲜革命》，《朝鲜义勇队通讯》第41期，1941年，第15页。

③ 同上。

如上所述，韩国流亡文人对韩国的独立与东亚乃至世界和平关系的认识基本建立在其民族立场乃至世界被压迫民族主体性认知基础之上，并把韩国独立上升为世界和平问题的高度，从而展现了其明确的主体性认知及民族国家想象。同时，也呼吁世界各国被压迫民族在构建世界和平中的主体地位和责任意识，提出组成反法西斯斗争世界联盟，团结一心共同作战，这些无疑表现着对被压迫民族命运的深切关注，它充分表现着韩国流亡文人多重主体性的价值所在。自从近代以来，韩国流亡文人一直批判“事大主义”与奴隶主义，但积极促进与大国的携手合作[①]；他们呼吁大国的支持和援助，但是拒绝屈辱与恭维；他们强烈要求民族解放，同时也密切关注一切被压迫民族命运共同体的和谐合作发展，这正是韩国流亡文人通过多重主体性认知与建构而获得的世界认识与价值观所在。

## 五、结论

来华韩国流亡文人的东亚认识充分体现着其多重主体性的建构特点，即从民族主体性到双重主体性乃至多重主体性，进而实现中韩合作和东方被压迫民族的联合战线，以抗击日本帝国主义。同时，在历史发展过程中，多种主体不断分化和组合，在抗日救国的旗帜下有了历史性的汇合，为中国的抗日战争以及世界反法西斯战争的胜利，团结一心、共同对敌，直至取得伟大的胜利。来华韩国流亡文人的主体性，作为历史中的知识/权利话语建构，具有独特的特点和价值。

首先，在来华韩国流亡文人主体性建构进程中，申采浩、申圭植等流亡文人无论在思想理论方面，还是在斗争实践方面，都起到了先驱

① 金柄珉，《申采浩文学遗稿选集》，延边大学出版社，1994 年，第 160 ～ 168 页。

性、奠基性作用，即申采浩的“精神自我”思想和申圭植的“良心自我”思想实际上奠定了近代民族主体性的哲学思想基础，从这个意义上讲，申圭植的《韩国魂》和申采浩的《朝鲜革命宣言》两部经典文本所呈现的主体性思想始终成为韩国流亡文人民族独立斗争的哲学基础，并长期影响着其民族独立斗争的蓬勃发展。与此同时，申圭植对辛亥革命的认知及其与革命党人的交流与合作，又如，申采浩对中国北伐革命的肯定以及与李大钊、李石增、冯玉祥等的交流与合作，朴殷植的东亚和平认知以及与章太炎、韩炎、黄介民等的交流与合作，对其后来华韩国流亡文人主动投身伟大的中国抗战，以取得民族独立与解放斗争的胜利产生了重大影响。

其次，在韩国流亡文人的主体性，即民族主体性、双重主体性以及多重主体性中，民族主体性居于奠基性位置，因为民族主体性决定双重主体性或多重主体性的基本性质和建构，没有民族主体性，就不可能形成双重或多重主体性。从某种意义上讲，双重或多重主体性的建构是以民族主体性为精神之根基的，而且要以实现民族的解放与自由为根本或者为第一目标。同时，也不可否认，韩国流亡文人的主体性发展为双重主体性或多重主体性的时候已经具有多声部之性质，其中，民族主体性是主声部性质和功能，而双重主体性或多重主体性具有副声部性质和功能，因而三者有着相辅相成的性质和功能。通过上述音乐比喻，我们也可以把韩国流亡文人的主体性（民族主体性、双重主体性以及多重主体性）理解为自我－主体面对大他者——日本帝国主义或法西斯主义而形成的更加开放的自我－主体，也可谓是对命运共同体的认知而形成的主体的自由意志和自由精神。

再次，韩国流亡文人的中国体验对其主体性的建构起到了重要作用。具体地说，中国流亡体验加速了韩国流亡文人对本土的深度体验，并在中国语境下，不断吸收先进思想，使其更加深切考虑民族的生存与发展，进而更加坚定自主、自强的主体性民族立场。韩国流亡文人的东亚认识和主体性的建构是与中国革命先驱及文人不断进行多方面深入交流与对话分不开的。中国的革命先驱和进步文人密切关注韩国流亡文人的革命活动与知识话语的建构，支持他们的民族独立斗争和在中国参加抗日战争。譬如，在抗战时期，周恩来、朱德、叶剑英等革命先驱和郭沫若、胡愈之、沈钧儒、朱焕章、柳湜、巴金、艾青、穆木天、力扬等著名的革命知识分子、作家以及冯玉祥、李济深、张治中等爱国将领等，密切关注韩国的独立与解放，与韩国流亡文人进行了深度交流，并且支持他们的抗日斗争和民族独立斗争，这些无疑极大地影响了其对民族主体性乃至双重主体性、多重主体性的建构以及多种民族主体的历史性汇合。

总之，韩国流亡文人的东亚认识和主体性建构，是通过文本书写而构建的知识话语与未来的想象，体现了殖民地时期来华韩国文人的革命话语、民族话语以及抗日话语的革命性和颠覆性。来华韩国流亡文人的东亚认识与主体性建构，无疑在韩国流亡文学史乃至东亚思想史上具有重要历史价值，而且也是在 20 世纪上半期历史上最值得记忆的东亚精神价值。

# 明末朝鲜王朝使臣笔下的山东城市形象研究

刘凤鸣*

无论从地理区位的特殊优势上看，还是从文化交流的历史实绩上看，山东半岛自先秦直至清初都是中国通向朝鲜半岛和日本的重要门户，是东亚文化圈中无可替代的“桥头堡”，山东半岛这一特殊的枢纽作用在明王朝时期中韩（朝）文化、商贸、政治往来中更加突出。

明朝初年，明军收复了辽东地区，打通了高丽与明朝的陆路交通，高丽使臣可以跨过鸭绿江，经辽东进入明朝领地。权近曾在《奉使录》中记载了其出使大明王朝的路线：“踰鸭绿，渡辽河，以北抵于燕，浮河而南入淮泗，历徐兖之墟，溯江汉以达于京师。由淮而北，过齐鲁之东，以涉渤海，往还万余里。”①文中非常详细地记载了其出使明王朝时的往返路线，来时经辽东半岛由北方进入大明王朝，返回时经山东登州，渡过渤海，山东已经成为高丽使臣，包括后来取代高丽的朝鲜王朝使臣往返明初京都南京的必经之路。明朝迁都北京之后，中朝往来改由陆路经辽东半岛从山海关往来北京。明朝末年，后金（清朝前身）的势力迅速扩大，朝鲜使臣经辽东陆路往来的通道被阻断。天启元年(1621)，明熹宗下令登州口岸重新开通，以便外来藩属使臣出入，“山东半岛再次成为（中朝）两国往来的最主要的官方通道之一，也是文化交流的重要窗口和海上贸易的重要基地。此后，朝鲜使臣大批次路经

---

* 鲁东大学胶东文化研究中心主任、东方海上丝绸之路研究所所长。

①〔韩〕权近，《阳村先生文集》第六卷，《韩国文集丛刊》第7辑，韩国民族文化推进会，1990年，第59页。

山东入京朝贡。于是，明末山东活跃的商品经济，不断激化的社会矛盾，地方官员的奢侈腐化等众多场景都被朝鲜使臣记入了‘海上燕行录’中”。[①]

明末朝鲜使臣由海上进入山东而后出使燕京（今北京）的途中，首先登陆的山东城市是登州，天启三年（1623），朝鲜使臣李民宬曾在《登州咏怀》中写道：“骚人遥倚木兰舟，落帆山东第一州。”[②]诗中明确提及了其由海上抵达山东“第一州”——登州府时的情景。朝鲜王朝使臣由登州登陆后，先后历经莱州、潍县、青州、临淄、济南、德州等多个山东重要的城市，而后经陆路北行抵达燕京，沿途城市的繁荣与壮阔深深震动了朝鲜使臣，在他们出使的行旅笔记中都有异常详细的记载。因此，明末朝鲜使臣笔下的山东城市文化就有特殊的研究价值，既是了解域外山东形象的重要窗口，也是展现朝鲜王朝使臣文化心理的窗口。本文将以朝鲜王朝笔下的登州、莱州、济南为例，试析明代末期山东城市在域外汉籍中的形象，探究其中特殊的文化意义。

## 一

面对登州、莱州、济南等山东城市，朝鲜使臣首先为这些城市的规模之巨所震撼，城市建筑之繁多、人员之鼎盛、街景之华丽都成为朝鲜使臣最为感性的第一外在印象，也是他们认知“中国”、感受山东最为具体的原始景致。这些细腻而生动的记载，展现了明代中国经济与文化的发达与富庶，是明代时域外有关中国形象的一个记忆。

天启四年（1624），朝鲜谢恩、奏请使团正使李德洞曾详细记载了当时登州城的繁华：

---

① 陈爱强、刘晓东，《明末朝鲜使臣笔下的山东研究》，人民出版社，2019 年，第 3 页。
②〔韩〕林基中编，《燕行录全集》第 13 册，东国大学校出版部，2001 年，第 420 页。

（八月）二十三日乙巳，早朝发船，晚泊登州水门外……城上彩阁耀日，粉堞如画。城内市肆分列，青帘成队，锦绣堆积，珍货玲珑。间有青楼，凝妆美姝，半卷珠箔，娇倚纱窗，笑迎往来游客。其人物之殷盛、华丽如此，实是海上雄藩巨镇也。①

李德泂八月二十三日的日记中所展现的登州是雄伟而富庶繁华的。作者不惜用诗一般的语言描绘了其对登州的印象：城池宏大而雄伟，市容富丽而堂皇，商铺雍容而繁华。“间有青楼，凝妆美姝，半卷珠箔，娇倚纱窗，笑迎往来游客”，比较细致地呈现了明代商品经济之下“娼妓”业的兴盛，宛若江南秦淮河的十里冶艳。“其人物之殷盛、华丽如此”，都出乎朝鲜使臣的以往经验，以至其慨叹评价说：登州“实是海上雄藩巨镇也”。“雄”与“巨”二字体现了其特殊的钦羡之情。另据《登州府志》载：登州“高三丈五尺。四门……其上各有楼堞，连角楼共七座”。“万历癸巳倭犯朝鲜，道府议增筑敌台二十八座，雉堞炮眼视旧周备，有加大。”②万历癸巳即1593年。天启四年李德泂所描绘的“城上彩阁耀日，粉堞如画”，就是万历癸巳年间增修后的登州城的景象。

与李德泂同行的书状官洪翼汉在其日记中也提到了登州：“丰屋崇墉，扦地擎天，实为雄藩巨镇。”③文中主要强调了登州的富庶与险要，也以“雄藩巨镇”称赞登州，与李德泂的评价可以说有英雄所见略同的意思。

穿行过登州之后，朝鲜使臣便进入了与之相邻的莱州。莱州也是明末朝鲜使臣往返山东境内的另一个必经之地，在其笔下同样有详细的记载。天启三年（1623）六月二十七日，朝鲜奏闻（请封）使书状官李

---

①〔韩〕林基中编，《燕行录续集》第105册，尚书院，2008年，第432～433页。
②《登州府志》卷五《地理志·建制》，明万历版本。
③〔韩〕林基中编，《燕行录全集》第17册，东国大学校出版部，2001年，第134页。

民宬曾在其日记中这样记载：

莱州郡名东莱，亦青州之域，古莱夷地。春秋时为莱子国。齐侯迁莱子于郳，在国之东曰东莱。属州二、县五、其附郭曰：夜（掖）县、平度州、潍县、昌邑、胶州、高密、即墨。

莱州为府，东据罗山，西阻潍水，南据神山，北枕渤海。……府亦山东巨郡，与登州并称，而地理之雄、人材之盛倍之。[①]

李民宬在日记中较全面地回顾了莱州城悠久的历史、辖区、方位等基本因素，还特别强调了“而地理之雄、人材之盛倍之”，认为莱州地域规模与著名人物都“倍”于登州。其实在朝鲜使臣笔下，莱州“倍”于登州的还不仅仅是上述两个方面。天启四年（1624）九月十五日，朝鲜谢恩、奏请使李德洞在其日记中记载说：

莱州，古莱夷国也，城郭之壮，闾阎之盛，倍于登州。[②]

在上述记载中，莱州在“城郭之壮，闾阎之盛”方面倍于登州，也就是说无论是在城池的高大上，还是城内门巷的繁复上，前者都倍于后者。据《莱州府志》所载莱州府城的规模：“万历二十六（1598），朝鲜倭警，分守宪副于仕廉、郡守王一言、县令卫三省同议大修，寻皆迁去。宪副盛稔、郡守（知府）龙文明、知县刘蔚相继董其事，三年之内大功告成，创建规模倍于往昔，周围九里有奇，高三丈五尺，基厚二丈，门四，东曰澄清，南曰景阳，西曰武定，北曰定海。下为池，池深二丈，阔倍之。”[③]天启四年（1624）李德洞所记载的莱州城就是万历年间重修的“创建规模倍于往昔”的莱州。

值得注意的是，李民宬、李德洞的“倍于登州”类似说法也得到了此前天启二年（1622）朝鲜登基使吴允谦的证实，其在六月初十的

---

①〔韩〕林基中编，《燕行录全集》第 14 册，东国大学校出版部，2001 年，第 338 ～ 339 页。

②〔韩〕林基中编，《燕行录续集》第 105 册，尚书院，2008 年，第 438 ～ 439 页。

③《莱州府志》卷三《城池》，明万历版本。

日记中写道：

> 晴，自朱桥到莱州府六十里。午时，到南城外店舍，城垛比登州尤高，壁筑整整如削。[①]

莱州之所以比登州还要繁华富庶，有学者曾经提及相关原因："主要原因还是在于莱州城的历史更悠久，至少比登州早了800多年，而且莱州府驻地掖县出的官员也比登州府所在地蓬莱县多得多，即使到了明朝，掖县拔擢升迁的官员也远远多于蓬莱。而城里那些建筑华丽的住宅，富丽堂皇的楼阁，多处于官宦之家及其后人。……这些达官贵人的房子会让朝鲜使臣更感觉到莱州城的繁华富庶，比登州更有历史文化的底蕴。"[②]由此可见，莱州比登州更加富庶是有其必然性和特殊因素的。实际上，无论是朝鲜使臣笔下的登州富庶繁华，还是莱州比登州"倍于"的富庶繁华，都与两地当时的人口数有关。一般而言，前现代农业文化语境中，人口的数量与密度既体现了同时也决定着经济的发展水平，《明末朝鲜使臣笔下的山东研究》一书考证了登州的人口规模："据《登州府志》载，康熙五十二年（1713）时，登州府人口2291772人，而大约同期的朝鲜总人口（康熙五十六年，1717）统计为6829771人，中间尚不考虑明末清初战争频仍对登州人口影响等因素，同期登州的总人口已近朝鲜总人口的三分之一，其人口密度更是远远高于同期朝鲜其他地方。一般情况下，同等的经济发展层次，人口的规模自然也决定了城市的规模，在朝鲜使臣的眼中，登州俨然是一个'庞然大物'。"[③]不过，该著作没有对莱州的人口进行详细考证。现比较分析如下，由于缺少同期的《莱州府志》具体的官方人口数据，根据清嘉庆年间重修的《大清一统志》中所刊可比较的数据：此一时期登州府的

---

① 〔韩〕林基中编，《燕行录续集》第105册，尚书院，2008年，第217页。
② 陈爱强、刘晓东，《明末朝鲜使臣笔下的山东研究》，人民出版社，2019年，第122页。
③ 同上注，第111页。

官方人口为1912501，而莱州的官方人口为3374017。[①]由此，可知同时期的莱州人口是登州的1.76倍，在大体政治与经济环境趋同的情况下，明朝天启年间的两府人口对比也应该是类似的，可见朝鲜使臣的莱州“倍于登州”印象实际上是由两府的人口所决定的。同时，由上述所引述的人口数字也不难发现，嘉庆时期清朝已经是不可逆转地走向衰败了，起义频发，社会动荡。此时登州府的人口反而不如康熙五十二年统计时多，历史的变迁也几经白云苍狗，变幻不已。

相比登州、莱州，作为朝鲜使者在山东路经的最后一个州府，同时也是省会的济南也特别受到朝鲜王朝使臣的关注，使臣们路经济南之时创作了大量的有关济南题材的作品。《明史·地理志二》记载：“洪武元年（1368）四月置山东等处行中书省。治济南府。……九年（1376）六月改行中书省为承宣布政使司。领府六，属州十五，县八十九。”[②]作为一省之政治中心，济南的壮阔、繁华与富庶首先成为朝鲜使臣的抒写重点。

天启三年（1623）七月，朝鲜奏闻（请封）使书状官李民宬在《癸亥朝天录》中记载：

> 初八日丙申，留济南府。……春秋战国并为齐地，秦为齐郡，汉初属齐国，后改郡。天宝初，改临淄郡，寻改济南。宋升府，元改路，本朝改为府。领州四、县二十六。曰滨州、泰安州、德州、武定州……历山在府南五里，即舜耕处。……庙山在府东十里，有舜庙故名。
>
> ……其形胜则凭负海山两路要冲，今为省城。城周十五里，济

① 《大清一统志》第十一册《登州府一》《莱州府一》，嘉庆重修版本。
② ［清］张廷玉，《明史·地理志二》，中华书局，2000年，第631页。

河绕郭为濠池，藕芰蕈鲫之属，充牣其中。[①]

李民宬的记载中所提及的济南府所辖州、县，应是来自《嘉靖山东通志》，或《明一统志》。除此之外，李民宬的记载还分析了济南作为山东省城的地理优势系“凭负海山两路要冲”：文中强调了济南府“凭负海山”，是海路、陆路“两路要冲”，地处交通要道。山东又是京畿南下的第一个省份，抱海扼陆，其对北京等京畿地区的军事价值和经济保障都可想而知，其位置极其有战略意义；不仅地理位置重要，济南府的规模之大更出乎朝鲜王朝使臣的预想，即“城周十五里”。前文在论及朝鲜王朝使臣笔下的莱州时曾经提出，比登州城更“雄壮壮阔”的莱州城也只是“周围九里有奇”，显然，仅从面积上看，济南城比登州城、莱州城要大得多，而且有“济河绕郭为濠池”，“济南”之名因“济河”之南而得名，水城相依，绕城河中挺拔的荷花、莲藕和游荡的鲫鱼等，又为济南平添了几分诗意和浪漫。

李民宬路经济南时，还创作了大量的诗歌作品，这些作品突出强调了济南在山东省政治、文化等层面的重要地位，其《过济南府》一诗便是代表：

三齐名郡省城兼，今古依然事可参。力竭耕田追怨慕，功过掉舌想韬钤。中原有菽鲜民采，外国占云圣化覃。身历涪翁游赏地，济南潇洒似江南。[②]

诗中“三齐名郡省城兼”强调的正是其政治中心的特殊位置。“力竭耕田追怨慕，功过掉舌想韬钤”一联则重点凸显了济南丰厚的历史文化底蕴。“力竭耕田”指“舜耕历山”的文化记忆。该故事来自《史记·五帝本纪》：“舜耕历山，历山之人皆让畔。”宋代《玉海》曾

① 〔韩〕林基中编，《燕行录全集》第 14 册，东国大学校出版部，2001 年，第 359、361 ～ 362、366 页。

② 同上注，第 118 ～ 119 页。

引释云："曾巩曰：图记皆谓齐之南山为历山。"[①]曾巩认为，历山在"齐之南山"，即今天的济南舜耕山。"中原有菽"意指只要勤于学习，如琼花玉草式的美妙文辞也会像遍布田野的大豆一样遍及，该成语出自西晋著名文学家陆机《文赋》"彼琼敷与玉藻，若中原之有菽"，说明了济南是一个很有文化底蕴、有文化教养的城市。尾联引黄庭坚《同世弼韵作寄伯氏在济南兼呈六舅祠部》之"济南萧洒似江南"入诗，意指济南的景致旖旎美艳。"明末朝鲜使臣路经济南时，不仅强调了济南有悠久的历史，更强调了济南文化的繁荣，除了感叹济南神奇优美的自然风光外，对济南深厚的文化底蕴，更是赞叹不已。"[②]关于这一点下文还将具体分析。

## 二

齐鲁之地，钟灵毓秀，山河之间散落的名胜古迹承载着深厚的地方特色，也成为每个城市历史文化底蕴的写照，丰富了每个城市的文化形象，塑造着每个城市的独特品格，这些名胜古迹也是每个出使大明王朝的朝鲜使臣必然亲临体验的文化场景。

天启四年（1624），朝鲜冬至使书状官金德承在《天槎大观·并序》中提到登州时有如下记载：

> （登州）山海景富……丹崖山东西二面，石壁巉绝。又有三洞曰：半仙、狮子、南土。其上蓬莱阁，秀丽奇爽，为一州伟观，旧为海神庙。宋治平间，郡守朱虔约移于西，而仍基建阁。赵抃诗："山巅危构傍蓬莱，水阔风长此快哉。天地涵容百川入，晨昏浮动两潮来。遑思座上游观远，愈觉胸中度量开。忆我去年曾望海，杭

① [宋] 王应麟撰，《玉海》卷二十，《四库全书》，上海古籍出版社，1987年，第3页。
② 陈爱强、刘晓东，《明末朝鲜使臣笔下的山东研究》，人民出版社，2019年，第157页。

州东向亦楼台。”唐太宗诗，陈抟书“寿、福”二字，苏东坡诗，皆石刻古迹，而苏笔最多模糊。其它诗人墨客播咏题额，或镌石，或刻板，纷不尽记。阁有两门，内侧础柱层构，外则灰甓圆筑两间之庭。元有立石，因势削成，奇如介胄之刑。内城间阖扑地，外城舸舰迷津，帘幕龙雀，首尾连环。阁下筑（筑字下似有落字），岩隙千丈，设一小庵，珠贝炫目，揭曰：苦海慈航。其左绝壑，又有佛舍，一木横空，下临万仞，悚不得渡。其北之窟三佛鼎坐，揭“仙人洞”三字，嘉靖十三年石刻。珠玑岩在阁之西，沙汀小石为海浪所磨，圆洁如珠，俗号弹子涡。苏轼取而养石菖蒲，有诗略曰：“我持此石归，袖中有东海。置之盆盎中，日与山海对。明年菖蒲根，聊络不可解。倘有蟠桃生，朝暮犹可待。”田横山在其西，韩信破齐，横与其五百栖此，寨址尚遗。胭脂冈在府南隅，桃花照春，故名。①

在金德承的笔下，其以“山海景富”概括了登州名胜的重要特征，可谓十分精当恰切。作为沿海城市，登州的景致的确是以“山海景”为多。直到今天，人们仍以“山海仙境”介绍蓬莱（古登州城）等地景观；为了印证“景富”，金德承在文章中详细记载了以“蓬莱阁”为中心的诸多名胜：丹崖山、半仙洞、狮子洞、南土洞、小庵、佛舍、仙人洞、珠玑岩、田横山、胭脂冈等地。而在记载上述景观时，金德承特别突出了它们的文化性、文学性，准确把握了文化是一个景观的灵魂，也是一个城市精神写照的真谛，而文化与精神也是一个城市更为独特的一面。在金德承的行文中，其首先引用了赵抃的诗《次韵孔宪蓬莱阁》。据《宋史·赵抃传》所载：赵抃“进士及第……为殿中侍御史，

① 〔韩〕林基中编，《燕行录续集》第106册，尚书院，2008年，第56～59页。

弹劾不避权幸，声称凛然，京师目为‘铁面御史’”。[1]赵抃曾任杭州知州、青州知州，官至参知政事（副宰相），此诗是其任青州知州游蓬莱阁时所作。“山巅危构傍蓬莱，水阔风长此快哉”两句写出了蓬莱山海风貌，强调了蓬莱海洋城市的特殊地理属性。而“天地涵容百川入，晨昏浮动两潮来”一联对仗精工，词采飞扬，浩渺的意象之间也闪烁着时光迷离的斑驳，尤为精致。近代著名诗人陈衍在其编著的《宋诗精华录》中特别收录了赵抃的这首《次韵孔宪蓬莱阁》，陈衍尤为中意诗中的“天地涵容百川入，晨昏浮动两潮来”一联，其点评云：“三四较孟公之‘气蒸云梦泽’二语，似乎过之；杜老之‘吴楚东南坼’一联，尚未知鹿死谁手。”在陈衍看来，赵抃的这两句诗可以跟孟浩然的名句“气蒸云梦泽，波撼岳阳城”与杜甫所写的“吴楚东南坼，乾坤日夜浮”[2]不相上下，甚至有过之而无不及，正是这些中国诗歌史上的经典名句支撑起了“诗歌蓬莱”的内蕴。而金德承在此后提到“唐太宗诗，陈抟书‘寿、福’二字，苏东坡诗，皆石刻古迹”所涉及的唐太宗、陈抟、苏东坡三人在文化史上的巨大声誉更是超过赵抃：“唐太宗诗”是指唐太宗李世民所创作《春日望海》一诗：

披襟眺沧海，凭轼玩春芳。积流横地纪，疏派引天潢。仙气凝三岭，和风扇八荒。拂潮云布色，穿浪日舒光。照岸花分彩，迷云雁断行。怀卑运深广，持满守灵长。有形非易测，无源讵可量。洪涛经变野，翠岛屡成桑。之罘思汉帝，碣石想秦皇。霓裳非本意，端拱且图王。

诗中“仙气凝三岭，和风扇八荒。拂潮云布色，穿浪日舒光。照岸花分彩，迷云雁断行”六句描绘出了海岸城市的仙气氤氲、浩淼舒展的

---

① ［元］脱脱，《宋史》列传第七十五，中华书局，2000 年，第 8313 页。

② 陈衍评点，曹中孚校注，《宋诗精华录》，巴蜀出版社，1992 年，第 30 页。

美丽景色，而“之罘思汉帝，碣石想秦皇”又展现了蓬莱往事越千年那种深宏而悠远的文化。“苏东坡诗”指的是宋代大诗人苏东坡（苏轼）所撰写的极为著名的《海市诗》：

东方云海空复空，群仙出没空明中。荡摇浮世生万象，岂有贝阙藏珠宫？心知所见皆幻影，敢以耳目烦神工。岁寒水冷天地闭，为我起蛰鞭鱼龙。重楼翠阜出霜晓，异事惊倒百岁翁。人间所得容力取，世外无物谁为雄。率然有请不我拒，信我人厄非天穷。潮阳太守南迁归，喜见石廪堆祝融。自言正直动山鬼，岂知造物哀龙钟。伸眉一笑岂易得，神之报汝亦已丰。斜阳万里孤鸟没，但见碧海磨青铜。新诗绮语亦安用，相与变灭随东风。

苏轼撰写的这首《海市诗》，堪称海洋诗歌中的千古绝唱，其想象飞腾而奇特，“群仙出没空明中”“岂有贝阙藏珠宫？”无不灿然卓异；整诗意境博大且雄浑，“岁寒水冷天地闭，为我起蛰鞭鱼龙”体现了苏轼一贯的豪放洒脱的人生态度与美学取向。“斜阳万里孤鸟没，但见碧海磨青铜”一联韵律婉转，意象隽永，呈现出海面神秘辽阔间或一碧万里的独特神韵。其诗以大海的神秘莫测写出了蓬莱独特的海味。

还需要注意的是，金德承《天槎大观·并序》中论及蓬莱阁及周边景区时，还突出了这些景区的仙风道骨、佛教神韵、民间宗教的底蕴，彰显出了浓郁的宗教文化氛围。如“秀丽奇爽，为一州伟观，旧为海神庙”提及的民间宗教海神，还有“设一小庵，珠贝炫目，揭曰：苦海慈航。其左绝壑，又有佛舍，一木横空，下临万仞，悚不得渡。其北之窟三佛鼎坐，揭‘仙人洞’三字，嘉靖十三年石刻”中所涉的佛教踪影。

金德承《天槎大观·并序》中描绘的蓬莱阁及毗邻的景致，详细而深入，表现出了朝鲜王朝使臣对于登州诸地的特别熟稔与热爱，他们的描绘体现了登州的特殊韵味：“自然景观与亭观楼阁相互辉映，非常雄壮巍峨，呈现了强大的经济力量，更有人间称奇的虚无缥缈的海市和天下闻名的蓬莱仙阁，从而为登州增添了特殊的‘仙气’和神秘气息。”①

明末朝鲜使臣们路经莱州府时，也在其文章中提到莱州府辖区的许多著名文化景观和自然景观，呈现出了一幅中国化宗教——道教的山水风景图。如果说，登州的蓬莱阁在朝鲜王朝使臣笔下更多地体现了“山海仙境”的话，莱州的景致在他们的笔下则更多地体现了“仙风道骨”。

天启四年（1624）朝鲜冬至使书状官金德承在其《天槎大观》中提及了莱州著名的“秦皇汉武祷于此”的万岁河、“丘处机修炼于此”的受宣堂、“商纣所筑，秦皇崩处”的沙丘城、“《封禅书》八祠，三山为阴主”的三山岛、“汉武时建，可望海中三神山”的三山亭等，然而他最为推崇的却是莱州大基山道士谷：

> 大基山在东，上有道士谷，巇崿苍翠，川流潺湲，松竹花卉，为一郡最，后魏郑文公修真处。②

据《齐乘》所载：“大基山，莱州东十里，金明昌间刘国枢记云大基山。道士谷，后魏郑文公得道之地，流泉花竹，地占高敞，略无纤尘，郡之甲胜。”③文中的“金明昌间”指公元1191～1194年。“刘国枢”则是莱州掖县人，赐进士，曾任金国监察御史。文中的“郡之甲胜”与金德承《天槎大观》中的“为一郡最”所表达的意思是完全一致的，都是声名远播的绝胜美景之意。另外也说明了“道士谷”的提法早至元代就已经存在，是一个具有悠久历史的文化景观。另据《大明一统志》记载：“大基山，在府城东一十里，上有道士谷，巇崿苍翠，泉流潺湲，松竹花卉，为一郡最。世传后魏郑文公修真于此，金刘国枢

① 陈爱强、刘晓东，《明末朝鲜使臣笔下的山东研究》，人民出版社，2019年，第113页。

②〔韩〕林基中编，《燕行录续集》第106册，尚书院，2008年，第63页。

③［元］于钦撰，《齐乘》卷一《山川》，《宋元方志丛刊》，中华书局，1990年，影印本，第524页。

有记碑刻尚存。”[①]此文与金德承在其《天槎大观》中的文章几乎完全相同，由此可见，金德承关于大基山道士谷的记载应是来自《大明一统志》，承担着外交使命的朝鲜王朝使臣们在出使过程中显然要做诸多的文化准备工作。文中“后魏郑文公”，指的是南北朝时期北魏光州刺史郑道昭（455 ～ 516）。北魏时期的光州，辖整个胶东半岛地区，而大基山在光州州治掖县（今莱州市）境内，距离掖县县城 10 公里。据《魏书 · 郑道昭列传》记载，郑道昭任国子祭酒、司州州都期间多次上书，谈论兴礼乐重儒教之事，其主张得到北魏宣武皇帝的赞许：“具卿崇儒敦学之意，良不可言。”之后，郑道昭任秘书监、荥阳邑中正、平东将军。北魏永平三年（510），年已花甲的郑道昭被任命为光州刺史，后又转青州刺史。史评：“其在二州，政务宽厚，不任威刑，为吏民所爱。”[②]郑道昭去世后，谥曰“文恭”，故有郑文公之称。

郑道昭任光州刺史期间除了忙于政务之外，经常到大基山谈玄论道。郑道昭离任光州刺史五十年后，他的儿子郑述祖任光州刺史，在任期间刊刻了《天柱山铭》一文，称其父郑道昭有“爱仙乐道之风”[③]。郑道昭之所以从一个“崇儒敦学”的儒家学者转为“爱仙乐道”的修真者，与其许多政见得不到重视，又加之从朝中要职的位置上外放，心情郁郁寡欢相关。为了寻找解脱，游览山水，寄情自然，常携僚属徜徉在大基山的林泉之间，或筑坛以观道，或题壁而咏怀，将满腹经纶化作对自然山川的歌颂。郑道昭还同山上道士结为朋友，常常一起煮酒品茶，谈经论道，从而带有一身“仙气”，郑道昭自己所作《大基山置仙坛诗》，就反映了当时的一些精神倾向。诗中提到的“希微三四公，披霞临仙房”“依岩论孝老，堪泉语经庄”，既可以看出郑道昭在大基山

① 《大明一统志》卷二十五《莱州府 · 山川》，明天顺五年（1461）内府刊本。
② ［北齐］魏收撰，《魏书》列传第四十四，中华书局，2000 年，第 836 页。
③ 陈垣编纂，《道家金石略》，文物出版社，1988 年，第 37 页。

的活动情景，也反映了郑道昭晚年爱仙乐道的追求。

郑道昭在大基山修道，必然会促进大基山道教的兴盛，这也应是道士谷引起朝鲜王朝使臣关注的一个重要原因。大基山道士谷的上一个兴盛期应是元代全真教的兴起。清乾隆年间毛贽撰《勺亭识小录》曾记载：大基山“岩阿幽邃，山峦耸秀，允为莱山之冠。郑道昭修道庐、刘长生凌（灵）虚观皆在此”[①]。文中“刘长生”是指金元时期全真七子之一的刘处玄。关于刘处玄，据《长生真人刘宗师道行碑》介绍：金承安二年（1197）冬，金章宗召见刘处玄，“问以玄旨，所对皆合上意，臣庶见者无不敬焉。就礼部给观额五。……明年三月，得旨还山，大兴灵虚之缘”[②]。文中“还山，大兴灵虚之缘”，就是指刘处玄在大基山修建的灵虚观。刘处玄此后名声大振，大基山道士谷也随之扬名。随着刘处玄接任全真道掌教，大基山道士谷更是声名远播。也正是因为大基山道士谷兼具秀丽雄美的自然风光与作为道教圣地的文化内涵，在朝鲜使臣眼中同样成为大明王朝物华天宝的一个具体体现，所以能在行旅创作中屡有体现。

## 三

正如蓬莱阁之于登州、道士谷之于莱州的重要意义一样，朝鲜王朝的使臣们也以细腻的笔触刻写了“趵突泉”“大明湖”之于济南这一“泉城”的特殊意义。济南素称“四面荷花三面柳，一城山色半城湖”，湖与泉成就了济南。天启二年（1622）六月，朝鲜王朝登基使正使吴允谦在其《楸滩东槎朝天日录》中载：

---

① ［清］毛贽，《勺亭识小录》卷一，山东省图书馆藏本，见《山东文献集成》第 2 辑第 25 册，第 120 页。

② 白如祥辑校，《谭处端　刘处玄　王处一　郝大通　孙不二集》，齐鲁书社，2005 年，第 241 页。

二十二日……（历山）书院东边有泉涌出三处成穴，水大如注盆，其声淅沥，因成澄潭，其傍立阁名曰：水监亭。潭越边又有一阁，金额书：圣境仙区，泉名曰：趵突。又有吕洞宾像。①

又撰写《题历山书院东趵突泉》一诗云：

（泉自地中直涌突出故名，泉二穴，泉之东，立吕洞宾祠）

水槛亭前趵突泉，灵源分派远从天。初闻淅沥明珠涌，俄见澄泓一镜圆。灏气常凝琪树里，清光荡漾玉栏边。衰年已谢仙区分，此路还缠未了缘。②

在济南的绝胜景致中，趵突泉几成济南的代表，是其文化形象的代名词。《续修历城县志》引“岳通志”（指岳濬纂修的《山东通志》）云：“趵突泉又谓之温泉。泉旁之蔬甲，经冬常荣，故又谓之温泉。盖泉之在齐鲁者皆济水之伏流而见者也。”又引“一统志”（指《大清一统志》）云：“济南名泉七十二，趵突为上，金线珍珠次之，曾南丰《齐州二堂记》云：‘今府城西平地泉源觱涌，雪涛数尺，声如隐雷，泉凡三穴，鳞次相比。’”③上文中，曾南丰即唐宋八大家之一的曾巩，其在文章中详细呈现了作为济南象征的趵突泉之特殊性：“泉源觱涌，雪涛数尺，声如隐雷，泉凡三穴，鳞次相比”，从不同的维度描绘了其绝胜之处。因此，大凡到达济南有闲暇时间的使臣都会亲临趵突泉，一探其究竟。吴允谦也在日记和诗歌中细致地描述了趵突泉的位置、形态、历史、文化等内容：“水大如注盆”等句充分表达了朝鲜王朝使臣对于趵突泉喷涌而出的水势之盛大深感惊讶，印象极为深刻，“如注盆”也十分形象而精确地呈现出趵突泉水势泉涌的特征，与“泉源觱

① 〔韩〕林基中编，《燕行录续集》第105册，尚书院，2008年，第223页。

②《楸滩集》卷一，《韩国文集丛刊》第64辑，韩国民族文化推进会，1991年，第116页。

③［清］毛承霖纂修，《续修历城县志》第十卷《山水考六・水二》，1926年铅印版，成文出版社，1968年，影印本，第457～458页。

涌”有异曲同工之妙。其诗作《题历山书院东趵突泉》中“初闻浙沥明珠涌，俄见澄泓一镜圆。灏气常凝琪树里，清光荡漾玉栏边”两联，从声音、情态、光影等维度呈现了趵突泉恍若世外仙境才难得一见的殊美，“琪树”等词表现趵突泉在使臣眼中有不可方物、恍如仙境之感。

天启三年（1623）七月，朝鲜奏闻（请封）使书状官李民宬在其文章中则对济南另一著名景观——大明湖等名胜进行了精心的描绘：

大明河（湖），一云西湖，在府城内西北隅。源出舜泉，占府城三之一。由北水门出，与济河合，弥漫无际，遥望华不注若在水中央。有芙蓉、百花等桥，乃历下绝胜处也。泺水又自西湖流不注山下，汇为湖。湖上有鹊山亭，李、杜俱有诗。[①]

李民宬还在文章中提到了济南“府城内西北隅”的“西湖”，即大明湖。“源出舜泉，占府城三之一”说明了大明湖的流域之广、规模之大。“弥漫无际”言其水势浩瀚、水量巨大。文中“遥望华不注若在水中央。有芙蓉、百花等桥，乃历下绝胜处也”。华不注山是山东历史上人尽皆知的文化名山。据《左传·齐晋鞌之战》载：春秋时期，齐顷公因轻敌，为晋军追逼，曾“三周华不注”。而郦道元《水经注·济水·又东北过卢县北》中提及华不注山时说：“单椒秀泽，不连丘陵以自高；虎牙桀立，孤峰特拔以刺天。青崖翠发，望同点黛。”素以山峰奇秀与古代战场而著称的“华不注”若在水中央，可谓山水互映，自有灵动的自然情趣，所以得到朝鲜王朝使臣的垂青也是极为自然的。济南“三胜”——大明湖、趵突泉、华不注在朝鲜王朝使臣的笔下都一一得到了呈现，成为一种特殊的藩使记忆。文中“有芙蓉、百花等桥，乃历下绝胜处也”一句，其实写出了大明湖桥水呼应的湖景，精美的桥梁往往为水和泉增加了灵魂。“芙蓉桥”传为宋时曾巩任齐州太守时所

---

①〔韩〕林基中编，《燕行录全集》第 14 册，东国大学校出版部，2001 年，第 364 页。

建大明湖“七桥”之一（七桥为：芙蓉桥、北池桥、汇波桥、百花桥、泺源桥、湖西桥和水西桥），曾巩曾为之赋诗《芙蓉桥》一首云：“雁翅横连杜若洲，碧阑干影在中流。蓬莱日日游人到，谁道仙风解引舟?”诗中更多地表达了对湖光山色之中仙境的向往。李民宬文中“百花桥”与芙蓉桥相邻，按《道光济南府志》所载：“百花桥：旧志云在鹊华桥南，两桥相望，中有百花洲。”[①]作者还特别提到了“李、杜俱有诗”，赞颂“西湖”的鹊山亭。李白的诗，指《陪从祖济南太守泛鹊山湖三首》，其一为：“初谓鹊山近，宁知湖水遥。此行殊访戴，自可缓归桡。”其二为：“湖阔数十里，湖光摇碧山。湖西正有月，独送李膺还。”其三为：“水入北湖去，舟从南浦回。遥看鹊山转，却似送人来。”李白的诗体现了其在纵情山水之际又一贯地珍惜友情的思路，诗风疏朗豪迈。杜甫的诗是指《暂如临邑至䧿山湖亭，奉怀李员外率尔成兴》：“野亭逼湖水，歇马高林间。鼍吼风奔浪，鱼跳日映山。暂游阻词伯，却望怀青关。霭霭生云雾，惟应促驾还。”杜诗诗风凝重、沉郁，于天地之间抒发着家国情怀。李、杜作为蜚声亚洲诗坛，特别是汉诗诗坛的文学巨匠，自然也引起非常熟悉汉诗的朝鲜王朝使臣侧目，而他们笔下的济南景致也同样得到使臣格外的垂青。

无独有偶，天启四年（1624）九月二十八日，朝鲜谢恩、奏请使正使李德泂也在其行记中记载了济南“三胜”，对大明湖、趵突泉、华不注山都进行了描绘：

（白雪楼）楼前有趵突泉，东有华不注山，芙蓉如削，插入半空，即李谪仙所登处也。上有五帝庙，山半有兰谷精舍庄，吕纯阳塑像下刻大石，曰华不注山。自趵突泉余波入城中为大明湖，濯缨

---

①《济南府志》卷十《桥梁》之一，清道光本。

深可以舟。湖上有芙蓉桥、百花桥，壮丽无比。[1]

李德洞的记载几与前文李民宬所载互证。文中“华不注山，芙蓉如削，插入半空，即李谪仙所登处也”描绘了华不注山的秀丽；道光《济南府志》卷五山之一曾引顾炎武《山东考古录》解释“华不注”之“不”时云：“不”，音“跗”，谓花蒂也，言此山孤秀如花跗之注于水也。文中还提到大明湖“濯缨深可以舟。湖上有芙蓉桥、百花桥，壮丽无比”，重点介绍了大明湖的壮丽无比，不仅水深可以行舟，而且“湖上有芙蓉桥、百花桥”与李民宬所载相同，两人应都曾在此徘徊而流连忘返。可以说，芙蓉桥、百花桥与大明湖相互映衬，成就了大明湖是济南的“绝胜处也”。

李民宬在济南逗留期间，还创作了多首咏济南山水的诗作，如《华不注行》《趵突泉，次王阳明韵》《历下亭，忆李北海、杜少陵》《过历下途中，复次亭字韵》等作品，都可以看出当年朝鲜使臣对趵突泉的称奇和喜爱。

朝鲜王朝的使臣不仅用精彩文笔翔实地描述了当时的明王朝重要城市登州、莱州、济南等的巨大及富庶，还以细腻的感触展现了当地的优美景致，呈现了关于这些城市一幅幅过去的文化记忆，复活了城市历史的时代具体性。正如陈爱强与刘晓东合著的《明末朝鲜使臣笔下的山东研究》在论及朝鲜使臣的这些宝贵文献时认为的：“这些记载和文献资料，不但呈现了以登州、莱州为代表的中国城市过去和现在的经济与文化形象，是当时域外汉学中的‘中国形象’客观存留，为研究这些中国城市在明末中朝（韩）友好往来和文化交流中的文化功能与作用提供了极为珍贵的史料，具有特殊的文化学、经济学、建筑学、历史学价值。”[2]

① 〔韩〕林基中编，《燕行录续集》第105册，尚书院，2008年，第446～447页。
② 陈爱强、刘晓东，《明末朝鲜使臣笔下的山东研究》，人民出版社，2019年，第104页。

# 轴心期视域中圣德太子的“和信”哲学

海村惟一　海村佳惟*

## 一、绪言

《日本书纪》（720）推古天皇十二年（604）条有“夏四月丙寅朔戊辰，皇太子亲肇作撰《宪法十七条》”①。此皇太子便是圣德太子（574 ～ 622），《宪法十七条》（604）乃其“亲肇作撰”。《宪法十七条》既可谓是日本文献有案可稽的首篇文字记录，即汉字文章，又可谓是日本汉字进入绝海列岛政治管理层之滥觞。

圣德太子在制定《宪法十七条》时扬弃了来自中国的 23 种重要经典、57 个精华语句，其中《论语义疏》被扬弃的精华语句高达 12 次，占其扬弃总数的 21%。按其扬弃次数多寡为序排列，12 次的有《论语》、5 次的有《管子》《礼记》、4 次的有《韩非子》《孝经》、3 次的有《庄子》《文选》、2 次的有《左传》《老子》《汉书》《古文尚书》《诗经》、1 次的有《国语》《千字文》《说苑》《韩诗外传》《荀子》《后汉书》《墨子》《潜夫论》《史记》《毛诗》《孟子》等。②

* 海村惟一，汉学家、翻译家、文艺批评家、文化学者。现任日本福冈国际大学名誉（终身）教授。海村佳惟，北京大学文学博士，华东师范大学中国文字研究与应用中心博士后。

① 坂本太郎、家永三郎、井上广贞、大野晋校注，《日本古典文学大系 67：日本书纪》，岩波书店，1965 年，第 181 页。

② 参见海村惟一、海村佳惟，《古代日本对〈论语义疏〉的扬弃——以圣德太子〈宪法十七条〉为主》，载于《孔学堂》2018 年第 1 期。

以上除了《文选》《千字文》《后汉书》《潜夫论》之外的19种重要经典，均是轴心期中国春秋战国时代的孔子、老子、孟子、庄子、墨子等各派思想家的文化睿智。诸子百家之中，圣德太子最感兴趣的是儒教（董仲舒（公元前179年～前104年）之后，儒学便成为帝制神学体系[①]），还有法家和道教，但是在扬弃的过程中却努力地去宗教化。此外，《宪法十七条》还通过汉字文化扬弃了汉译印度大乘佛教早期经典之一《法华经》、印度大乘佛教经典之一《维摩经》、护国三经之一《金光明最胜王经》等。同样地，在扬弃佛教的过程中也努力地去宗教化。

中国在佛经汉译之后，更是呈现出多元文明的交汇融合。世界文化圈若从宏观的角度，可分为表意文字和表音文字两大文化圈，而这两大文化圈里又有各类独立的文化形态。表意文字文化亦可称之为汉字文化，是东方文化的基石之一。表音文字文化亦可称之为字母文化，是西方文化的基石之一。本文从轴心期视角来考察调研分析圣德太子的《宪法十七条》，以此揭示有异于“他者”的日本文化主体性基石之一的“和信”哲学。

## 二、“以和为贵”

《宪法十七条》第一条乃“以和为贵”令：“一曰（第一条）：以和为贵，无忤为宗。人皆有党。亦少达者。是以或不顺君父。乍违于邻里。然上和下睦，谐于论事则事理自通。何事不成?”这第一条就扬弃《论语义疏》的三处经典（有下线处），占扬弃其总数的27%，接近三分之一。

首句的“以和为贵”来源于《论语义疏·学而》“礼之用，和为

① https：//baike. baidu. com/item/董仲舒/374982？fr = aladdin

贵”[①]之句，更有可能直接源自于《礼记·儒行》“礼之以和为贵”。[②]《礼记》也是圣德太子扬弃的经典之一。但是，考虑到圣德太子制定《宪法十七条》是以治国之用为重，故扬弃《论语义疏·学而》的可能性较大。虽然只扬了此句的后半部分“和为贵”，当是弃了“礼之用”三字，但是其中的“用”却已经融合到“和为贵”之中了。为了与其自创的“无忤为宗”构成四字对句，故在“和为贵”之前加了“以”字，因为《礼记》已有此例。《说文解字》（100）解“忤”为“逆”；《汉书·萧望之传》有其用例为：“大与高恭显忤。”圣德太子“无忤为宗”之“忤”与《汉书》同义。

圣德太子扬《论语义疏·学而》“和为贵”而弃其“礼之用”，以构成《宪法十七条》的治国核心“以和为贵，无忤为宗”。飞鸟时代初期正是要树立以天皇为中心的强大朝廷的关键时期，作为摄政的太子，唯一能选择的执政方针只能是“以和为贵，无忤为宗”。时代的需求是圣德太子扬弃《论语义疏》的巨大动力，他的“以和为贵，无忤为宗”的执政方针亦可谓日本扬弃《论语义疏》之滥觞。顺便提一下，这是只引用中国典籍文本语句中的自身所需之文字并把主体性意识灌入其中，即日本式的“引用扬弃法”之滥觞。

宪法之首至关重要。圣德太子以扬弃《论语》首篇《学而》为其宪法第一条。用心周到，意义深远。尤其是引用“和”而自创“忤”，更是体现了圣德太子借“和”之字形，以植自身之意。按，平安中期自写本《宪法十七条》（国宝、岩崎本）之“和”，有旁书，“岩朱训（平安中期）”为“ヤハラク（心顺）”，“岩墨训（平安末期）”以“カ”改其“ク”为“ヤハラカ（温顺）”，“岩墨训”的“カ”是描写在岩朱训的

---

① 《武内义雄全集》第一卷《论语篇》，第 210 页下。
② 本文使用的文本为家永三郎、藤枝晃、早岛镜正、筑岛裕，《日本思想大系 2：圣德太子集》，岩波书店，1975 年，第 12 页。

“ク”上的，故露出原先朱训“ク”的痕迹；“岩镰墨训（镰仓后期）”为“マニナヒ”“エテヒ”。[①]由此可见，“以和为贵，无忤为宗”中的“和”字与“忤”字相对仗，其义之“心顺”与“心逆”也相对仗。圣德太子对国家官僚的至高准则是“以心顺为贵”和“无逆心为宗”。故圣德太子的“和信”哲学的要义之一乃“心顺”“无逆”也。

第二句“人皆有党”的“党”出典于《论语义疏·雍也》“以与尔邻里乡党乎”[②]之“党”。《论语义疏·雍也》：“郑玄（127～200）曰：五家为邻，五邻为里，万二千五百家为乡，五百家为党也。”故《论语义疏·雍也》“党”之意为“五百家”。按，《左传·僖公九年》：“亡人无党，有党必有仇。”管子、韩非子等法家们亦认为“朋党乃国之害”。[③]圣德太子看重的而本文所用《宪法十七条》的写本[④]里有平安时代中期的训读加点[⑤]，此写本在“人皆有党”的“党”字旁有“タムラ”的训读加点[⑥]，“タ”是接头语，“ムラ”乃“群”之意，指集团、派阀。[⑦]由此可见，《宪法十七条》在扬弃《论语义疏·雍也》之“党”时，只是扬其字形而弃其意，受到《左传》以及管子、韩非子等法家思想的启发，以大和语之音训“党”之字形，赋以大和语之意，即“ムラ（‘群’之意）”。故《宪法十七条》“人皆有党”的“党”字成了日本汉字。这是单个汉字通过“和训”来和化汉字之滥觞。顺便提一下，明治时代在面对欧美文化思想大量涌入日本之时，当时的学

① 参见附录图1。也参阅海村佳惟、海村惟一，《日本“自写本”汉字音训研究——以日本国宝岩崎本〈宪法十七条〉第一条为主》，原载《汉字文化》2019年第1期。

②《武内义雄全集》第一卷《论语篇》，第248页上。

③ 坂本太郎、家永三郎、井上广贞、大野晋校注，《日本古典文学大系67：日本书纪》，岩波书店，1965年，第181页。

④ 东洋文库藏国宝岩崎文库本《日本书纪》卷二十二。

⑤ 家永三郎、藤枝晃、早岛镜正、筑岛裕，《日本思想大系2：圣德太子集》，岩波书店，1975年，第4页。

⑥ 同上注，第13页。

⑦ 同上注，第379页。

人就是以日本汉字的“党”来吸纳“Party”这个欧洲思想的概念的。[①] 此亦可谓日本式“化典法”扬弃之滥觞。

第五句“乍违于邻里”的“邻里”乃吸纳《论语义疏·雍也》“以与尔邻里乡党乎”之“邻里”。《论语义疏·雍也》：“郑玄曰：五家为邻，五邻为里”[②]，《宪法十七条》之“邻里”与《论语义疏·雍也》之“邻里”义同。这是连字形带字义一起吸纳的典型，此亦可谓日本式“吸纳法”扬弃之滥觞。

“上和下睦”则扬弃于《千字文》“上和下睦夫唱妇随”以及《孝经·开宗明谊》：“先王有至德要道以顺天下，民用和睦，上下无怨。”[③] 综上所述，《宪法十七条》第一条就有三处扬弃《论语义疏》的精华，据其总数的四分之一。由此可见，圣德太子把第一条的扬弃对象聚焦于《论语义疏》，就说明对《论语义疏》的信任度是最高的。这样的高度信任与285年百济王仁携带《论语》《千字文》来列岛教授应神天皇的皇太子，以及在皇太子层面演习《论语》的传统不无关系。[④]同时，圣德太子对《论语义疏》以及其他经典亦扬弃有度，也证明了他对自身所处的时代政治环境和国际环境有着清晰的深层的认识和把握。圣德太子对《论语义疏·雍也》“以与尔邻里乡党乎”的扬弃则是日本文化的“受容”[⑤]功能之典范。

## 三、“笃敬三宝”

《宪法十七条》第二条乃“笃敬三宝”令：“二曰：笃敬三宝。三

① 井上哲次郎著，有贺长雄增补，《哲学字汇》，东京东洋馆，1884 年，第 87 页。
②《武内义雄全集》第一卷《论语篇》，第 248 页上。
③ 坂本太郎、家永三郎、井上广贞、大野晋校注，《日本古典文学大系 67：日本书纪》，岩波书店，1965 年，第 181 页。
④《古事记》《日本书纪》都有百济的王仁携带《论语》《千字文》来列岛皇室的记载。
⑤ 参阅海村惟一，《“受容”与“反思”——世纪之交的日中文化交流的剪影》，收入邵东方、夏中义编，《王元化先生九十诞辰纪念文集》，上海文艺出版社，2011 年，第 131 页。

宝者佛、法、僧也。则四生之终归，万国之极宗。何世何人，非贵是法。人鲜尤恶，能教从之。其不归三宝，何以直枉？”

与第一条相比，此条主要以扬弃佛教为主。其实，当时的政坛甚至可以说被高句丽佛教、百济佛教和新罗佛教左右着，圣德太子身边的三位佛教导师就是来自高句丽、百济和新罗的高僧。尤其是高句丽高僧慧慈，伴随了圣德太子20年，太子19岁摄政，2年后慧慈来日成为他的佛教导师，615年慧慈携带圣德太子所著的《三经义疏》（《法华经》《胜鬘经》《维摩经》）回国。按，《日本书纪》推古天皇二年（594）条有“诏皇太子及大臣，令兴隆三宝”。

推古天皇三年（595）高句丽高僧慧慈来日；推古天皇四年（596）法兴寺建成，高句丽高僧慧慈与百济高僧慧聪一同入住，被称之为“三宝之栋梁”。

“四生”见于《法华经·随喜功德品》：“四生众生卵生、胎生、湿生、化生。”故“四生”为一切生灵之生。关于“万国之极宗”，有学者认为若以《日本书纪》钦明纪十三年十月条：“是法（《金光明最胜王经》）于诸法中，最为殊胜”为例，太子在本条中也想把“三经”（《法华经》《胜鬘经》《维摩经》）作为“四生之终归，万国之极宗”，而《日本书纪》的编者则把“三宝（佛教）”作为“终归极宗”。[①]

但是，在此条结论的前提中“人鲜尤恶，能教从之”之“恶”则化典于《论语义疏·阳货》：“子曰：唯上智与下愚不移。孔安国曰：上智不可使强为恶，下愚不可使强贤也。”[②]圣德太子的“恶”的思想源于孔安国的“上智不可使强为恶”的“恶”。因为“人鲜尤恶，能教从之”的“恶”在《宫内厅书陵部本》和《北野天满宫本》中都旁注有

① 小岛宪之、直木孝次郎、西宫一民、藏中进、毛利正守校注，《新编：日本古典文学全集3：日本书纪②（全三册）》，东京小学馆，1996年，第543页。

②《武内义雄全集》第一卷《论语篇》，第348页上。

“アシキモノ”，其中的“モノ”自古意为“物体、鬼神、魔物、不明确的对象”[①]，指人非常稀有的一面；而孔安国所注则明确定义“恶”为人之“恶”。圣德太子的“人鲜尤恶”之“恶”的扬弃可谓“化典法”。再按，圣德太子所著《维摩经义疏菩萨品第四》：“夫天下事品虽罗，要在离恶取善。离恶取善，必以三宝为本。”故圣德太子“能教从之”则源于其力主“悉有佛性”的大乘佛教思想。[②]圣德太子在结论的前提里把儒教与大乘的佛教融合为一体。此条结论“其不归三宝，何以直枉?”之“直枉”是源于法家《管子·九变》“欲挠曲直枉”。作为扬弃佛教为主第二条的核心，以佛教的“三宝”与法家思想的融合来作为结论。就佛教一边倒的飞鸟时代初期而言，圣德太子真不愧为日本史上的大思想家，以《论语》力挽狂澜，融合佛教、儒学、法家的人类睿智，注入自己融创的“和信”哲学。

## 四、“信是义本”

《宪法十七条》第九条乃“信是义本”令：“九曰：信是义本，每事有信。其善恶成败，要在于信。群臣共信何事不成？群臣无信万事悉败。”

第一句的前半“信是义本”源于《论语义疏·学而》。“有子曰：信近于义，言可复也。（何晏曰）复犹覆也。义不必信，信不必义也。以其言可反覆。故曰近义也。”[③]圣德太子把《论语》信义的“近义”关系向前推进了一步，把“信”作为“义”之本来看待。“信”在中国儒家传统里排列在“仁义礼智信”的末位。圣德太子则把“信”放在首位，就

---

① 家永三郎、藤枝晃、早岛镜正、筑岛裕，《日本思想大系 2：圣德太子集》，岩波书店，1975 年，第 381 页。

② 同上注，第 13 页。

③《武内义雄全集》第一卷《论语篇》，第 211 页上。

民众意识和社会生活而言，其“善恶成败”都归结于“要在于信”；就朝廷运行层面而言，当然就是“群臣共信何事不成，群臣无信万事悉败”，仍然归结于一个“信”字。圣德太子扬弃于《论语》的“信是义本”的精神理念，从他颁布《宪法十七条》的那天起就已经成为日本文化的基石之一。就国家管理层面而言，645 年 7 月 12 日孝德天皇在就位之诏里堂而皇之地写着：“复当有信，可治天下。”[①]就经济管理层面而言，1916 年，涉泽荣一的《论语与算盘》问世标志着日本经济进入了近代，“信是义本”的精神理念一直贯穿在经济领域里，这样的经济模式不时地被西方学者称为“儒教资本主义”，或“日本式的资本主义精神”。[②]

“信”与“和”一起构成了圣德太子“和信”哲学的核心，成为日本文化的坚实基石。

## 五、“贤圣治国”

《宪法十七条》第十四条乃“臣无嫉妒”令：“十四曰：群臣百寮，无有嫉妒。我既嫉人，人亦嫉我。嫉妒之患，不知其极。所以智胜于己则不悦，才优于己则嫉妒。是以五百之乃今遇贤，千载以难待一圣。其不得贤圣何以治国？”

此条体现了圣德太子爱惜治国贤圣的智才。圣德太子先从佛教的角度来认知“嫉妒”之恶，因为“嫉妒”是佛教应戒的十恶之一。此条“嫉妒”的用法见于《玄应一切经音义（妙法莲花经）》：“王逸曰：害贤曰嫉，害色曰妒。”此条的“嫉妒”重点在“嫉”，并以此告诫“群臣百寮，无有嫉妒”，若“我既嫉人，人亦嫉我。嫉妒之患，不知其极”。圣

---

① 坂本太郎、家永三郎、井上广贞、大野晋校注，《日本古典文学大系 67：日本书纪》，岩波书店，1967 年，第 184 页。

② 海村惟一、海村佳惟，《从皇室到民间：日本受容〈论语〉的路径及其效能》，《深圳大学学报（人文社会科学版）》2017 年第 5 期。

德太子认为“离恶取善，必以三宝为本”。与此同时，又从儒家的角度来强调“贤圣治国”的重要性。“五百”一语出自《孟子·尽心下》：“由文王至于孔子，五百有余载。”故有圣德太子“五百遇贤”之说，特意以“之乃今（‘当下’之义）”的用法，鼓励“群臣百寮”互相尊重对方的“智才”，告诫群臣“嫉妒之患，不知其极”。“千载”一语出自《文选·三国名臣序赞》：“千载一遇贤智之嘉会，遇之不能无欣。”故有圣德太子“千载待圣”之说。《日本书纪》称之为皇太子。圣德太子是后世的谥号，初见于死后129年《怀风藻》（751）序：“逮乎圣德太子。设爵分官。肇制礼仪。然而专崇释教。未遑篇章。”圣德太子出生于574年，自轴心高峰期公元前500年正好千载，真可谓“千载以难待一圣”。

## 六、“使民以时”

《宪法十七条》第十六条乃“使民以时”令：“十六曰：使民以时，古之良典。故冬月有间，以可使民。从春至秋，农桑之节，不可使民。其不农何食，不桑何服？”

“使民以时”源于《论语义疏·学而》：“节用而爱人。使民以时。”[①]按，“（皇侃疏）使民谓治城及道路也。以时谓出不过三日而不妨夺民农务也。然人是有识之目。爱人则兼朝廷也。民是瞑暗之称。使之则唯指黔黎。”从《宪法十七条》第十六条的整体来看，圣德太子在扬弃“使民以时”时，不仅包含了“节用而爱人”的儒教思想，更是涵盖了皇侃疏所记述的具体的“使民”法。“从春至秋，桑农之节，不可使民”的思想也见于《汉书·五行志》：“使民以时，务在劝农桑。”但是，对于关键词“农”“桑”，平安时代承传飞鸟时代的精神，训其为

① 《武内义雄全集》第一卷《论语篇》，第208页上。

“ナリハヒ”“コかヒ”，形成了日本独特的“农桑观”。因地制宜地制定了适合飞鸟时代绝海岛国的“桑农之节”。这也可谓典型的“化典法”扬弃。

第十六条的“使民以时古之良典”与第七条“古圣王为官以求人，为人不求官”相同，都是活用《论语义疏》的追求古代政治理想的儒教思想[①]，即扬弃孔子的儒教思想，铸造适合绝海岛国自然环境的人文精神。

圣德太子通过“化典法”“引用法”“归纳法”以及“和化汉字法”等手法，面对列岛的现实政治现状，以主体意识积极地扬弃《论语义疏》的精华，制定了列岛有史以来的第一部治国纲领《宪法十七条》，由此把汉字实际运用到国家管理层面，并开启了汉字和化的帷幕。

## 七、结语

《宪法十七条》是圣德太子知行合一、融精化髓、忠实自然的结晶。圣德太子以绝海岛国自然环境所赋的主体性扬弃意识博采融汇轴心高峰期中印两大文化的睿智精髓，在扬弃的过程却努力地去宗教性，创立了有别于他者的、具有主体性的“和信”哲学，其所内涵的“和”“生”“信”“才”“民”已经成为日本文化的精髓，为日本民众所共有的人文精神。

雅斯贝尔斯从“Achsen-zeit”视域中对日本做了“在轴心文明周边的非轴心文明”的定义。英国历史学家汤因比（Arnold Joseph Toynbee，1889～1975）认为，地域性文化圈是由独立文明和卫星文明组成的中心-周边论，以此认为日本是中国文明的卫星文明。巴格比认为有

① 家永三郎、藤枝晃、早岛镜正、筑岛裕，《日本思想大系 2：圣德太子集》，岩波书店，1975 年，第 22 页。海村佳惟编译。

九大文明，并把中国与日本、东方正教会与西欧分开，即十一大文明。马修·梅尔科在《历史的本质》里把文明圈分为日本、中国、印度、伊斯兰、西欧几类。美国当代政治学家萨缪尔·亨廷顿（Samuel P. Huntington，1927 ～ 2008 年）在其闻名于世的《文明冲突论》里把世界分成八个文明圈，日本作为其中单一的文明圈，认为“是中国文明的后代，出现于公元 100 ～ 400 之间”。西方文化对于日本的认知，从雅斯贝尔斯的“在轴心文明周边的非轴心文明”开始，经过汤因比的“日本是中国文明的卫星文明”，到巴格比的“中日分离论”，梅尔科开始提倡“日本文明圈”，亨廷顿则提出了“中国文明后代论”。笔者则认为日本文明在汉字文化圈里是具有主体性、特殊性而有别于他者的文明，圣德太子虽然晚于孔子一千年，但依然可以属于第一轴心期的中心人物之一。我们若能从第一轴心期中心人物的身上扬弃出适应于现今时代的精华，就能开启第二轴心期的帷幕。

附录图 1：平安中期自写本《宪法十七条》的一部分（国宝《日本书纪》卷二十二，岩崎本）。

**注：本文的一部分是海村惟一曾在 2018 年 9 月 16 日中国武汉举行的“第三届生命与国学高峰论坛”上做过的“主题演讲”。**

第一编

# 儒学天地

# “儒教日本化”的现代意义
## ——基于江户朱子学理论背景的思考*

朴银姬**

儒学的现代形态是一个动态的范畴，是以特定社会的综合发展和进化为基础，以建设以人为本的社会环境和精神环境为目标。“儒教日本化”一词是指中国传统儒家思想传入日本之后产生的一种文化现象，是一种文化接触、文化交融的过程，是在日本本土文化的基础上，对外来文化实施模仿、吸收、改造、融合的必然结果，区别于“日本主义化”。日本学界因近代以“亚洲主义”为代表的研究积累和“二战”后的东亚局势刺激，较早展开了对东亚儒学的研究。本文在探索“儒教日本化”的现代意义时，基于江户朱子学的理论背景思考其含义。

## 一、“儒教日本化”的理论背景

朱子学传到日本之后，经奈良、平安、镰仓、室町、江户五个时期，得到了深化。在早期，朱子学只是日本上层阶级的贵族知识和官方学问，脱离民众的生活需求，在当时的社会并没有融入到日本文化当中。大化改新以来，通过教育的方式儒家思想逐渐深入到日本各地以及民众生活当中，得到广泛传播。自此以后，儒学对日本社会的各个领域

* 本文系泰山学者工程专项经费资助项目“儒家思想的跨文化传播：儒家思想对日韩社会治理的实质性影响及对我国的启示”的阶段性研究成果。项目编号：TSQN20161044。

** 朴银姬，鲁东大学文学院教授，教育部国别和区域研究备案中心——鲁东大学东北亚研究院院长，泰山学者青年专家，研究方向为东亚儒学、东亚文化学。

均产生了极其广泛而深入的影响。

“日本儒教”一词作为一种学术用语并不常见，在学界通用“江户儒教”“德川儒教”或“近代日本儒教”，本文仅在“儒教日本化”这一宽泛意义上使用“日本儒教”。关于“儒教”与“儒学”，中国学界常用“儒学”一词，日本学界惯称“儒教”一词，意指作为教化体制的儒学思想。儒学于东亚社会可谓常论常新的话题，作为学问的日本儒学各派早在江户时代就已成诸家争鸣之局面，对当时的日本社会诸多领域发挥着正负双向的作用，其影响延续至今。长期以来，日本学界对儒学研究保持着较复杂的看法。一方面，部分学者认为，在儒家伦理下培养而成的、注重对现实世界的肯定与适应的心态，阻碍了日本近代化的发展。如安藤昌益、渡边浩、黑住真等日本学者曾主张，近代以来无论在政治、教育、经济方面，还是日常生活方面，儒家学说的传统在日本几乎“荡然无存”，并否认了儒学的近代性。另一方面，部分学者认为儒家思想传入日本后，对日本文化的各领域均起到重要作用和影响。例如辻达也、田尻祐一郎、宇田尚、涩泽荣一等部分学者和企业家承认，儒家思想对日本政治、思想、教育、经济等方面都产生了影响，并认为朱子学理论可能成为东亚思想发展的助力。

虽然在现代日本，作为理论体系或价值观的儒教并不存在，但也有不少日本学者在研究儒教。在日本儒学研究方面，以土田健次郎、池田知久、吾妻重二、衣笠安喜、户川芳郎、冈田武彦等为代表的学者，关注近世日本尤其是德川时代日本儒教的发展历程与形态变化。在东亚儒学比较研究方面，以沟口雄三、岛田虔次、小岛毅、菊地章太等为代表的学者，从比较思想史、比较宗教史的视角观察明清东亚儒学的差异和嬗变。

近年来，日本学界的儒教研究主要有三种情况：第一类立足“儒教”范畴释义，展开儒教本体论研究，例如，吾妻重二的《思想和文献：日本学者宋明儒学研究》、土田健次郎的《近世儒学研究的方法和课题》、加地伸行的《何谓儒教》、黑住真的《近世日本社会与儒教》、浅野雄一的《儒教》、宇野精一的《儒教思想》、衣笠安喜的《近世日本的儒教和文化》、户川芳郎的《儒教史》等，该类研究以宗教学、思想学、历史学的视角介绍了日本儒教的发展历程、形态变化和近代意义。第二类主要运用比较研究的方法，例如，小岛毅的《东亚的儒教和礼》、竹村牧男的《佛教与儒教》、安冈正笃的《儒教与老庄》、菊地章太的《儒教、佛教、道教：东亚思想空间》等，该类著述立足比较思想学、比较宗教学的学术视野，所提观点富有启发价值。第三类主要关注异文化理解中的儒教思想的作用，例如，林松涛的《作为新语言文化现象的新儒教：读经、政治儒教、天下体系》、王敏的《中日文化理解：儒教思想篇》、蔡明哲的《企业经营与儒教文化》、李建的《消费行动比较与中日文化理解》等，该类研究以文化学、社会学、经营学的角度分析不同文化背景下的儒家思想的差异。

儒家思想对日本文化的影响内化为一种潜移默化的隐性思维。中国典籍的输日、中国学者的赴日、日本学者和僧侣的来华，均承担中国文化传统输入日本的重任，特别是由于中国典籍在日本的传播时间很久，因此中国文化传统在日本扎根是无疑的，仅就这一点而言，日本的文化传统是“日本化”了的文化传统。但是，日本现代化并不能过分强调儒家思想，或者扩大一些为中国文化传统的影响。因为它是日本吸收了中国儒家文化之后形成的其本国的文化传统。虽然两国的文化是共源的，但所形成的文化传统有明显的差异。而且，日本是在不断地吸收西方文化的情况下，使传统文化与西方文化相融合。众所周知，日本现代化的历程是充分吸收两种相互冲突和对立的中西方文化，经过剪裁取舍，糅合成一体，极其鲜明地显现出日本文化的特色。这正是日本思想史研究的巨擘丸山真男提出的“日本性”，他在晚年为探究日本文化传统中所存在的“日本性”问题而提出了“原型－古层论”，提高了“日本性”或“日本化”一词的使用频率，用来解释日本本土文化和外来文化的关系。丸山开创了对东亚朱子学与日本徂徕学的研究，较长时间影响了东亚儒学和日本思想的研究基调。

## 二、江户朱子学的理论背景

日本临济宗的荣西（1141 ～ 1215）、律宗的俊芿（1166 ～ 1227）、临济宗的圆尔（1202 ～ 1280）等人留学南宋回国时带回很多有关儒学的书籍，他们是朱子学的最初介绍者。到了南北朝时期，虎关师炼（1278 ～ 1346）在禅宗僧侣当中首次挺身而出批评并驳斥道学。其门下留学元朝的中岩圆月（1300 ～ 1375）也论及道学，以主张佛教的优越地位而闻名。与之相反，拜师于梦窗疏石（1275 ～ 1351）的义堂周信（1325 ～ 1388）认可朱子学特别重视的“四书”价值以及新注与古注的不同点而得到学界的重视。北畠亲房（1293 ～ 1354）的《神皇正统记》、楠木正成（1294 ～ 1336）的《出处进退》均受到朱子学的影响。岐阳方秀（1361 ～ 1424）首次给《四书集注》断句，对于汉文训读法提出独到见解。岐阳门下云章一庆（1386 ～ 1463）的《力气性情图》《一性五性例儒图》对朱子学的思想进行了颇有深度的解析。[①]

从平安时期到镰仓时期，日本所引用的儒学文献当中最引人注目的是《群书治要》《贞观政要》《帝范》《臣轨》等。这些文献不探究天人论、性理学等儒学的思想问题，只是叙述治世要道、君臣道德等社会实践之规范以及与之关联的词汇、史实及逸事趣闻。据大隅和雄之见，平安时期的贵族分为两派，其一派为具有很高的教养且能够柔软地适应

① 〔日〕土田健次郎，《江户的朱子学》，筑摩书房，2014 年，第 15 ～ 17 页。

客观现实的“大和魂派”，另一派是追求并重视合情合理的“汉才派”。前者多数是达官贵人，后者大部分是怀才不遇而公家社会的非主流者。随着公家社会的动摇而引发政治和社会不安定之际，人们向往回归到原理性层面，因而这些文献的意义也越来越大。这个时期的日本民间文学作品中也有不少有关儒学的篇章，例如主张谏诤君主之谏言的场面，必然会表述儒学思想因素。在此值得关注的是，日本接受儒学的过程并不一定十分忠实地反映中国儒学发展变迁的过程。

探讨江户朱子学的理论背景时，首先要关注的是天台宗系统的神道——山王神道的《山家要略记》、北畠亲房受其影响的伊势神道——度会家行的《类聚神祇本源》等引用道学之始祖周敦颐（周濂溪）的《太极图说》。“太极”是朱子学的核心概念，《山家要略记》是《六经图》的简要版本，《类聚神祇本源》是《博闻录》（陈元靓）的间接引用版本。《博闻录》现今没有存本，只有陈元靓所编辑并增补的《事林广记》才有存本。《山家要略记》引用了周敦颐摘录的《太极之图》（杨甲），《类聚神祇本源》引用了《古今帝王年代历》之类的各种书籍。《古今帝王年代历》的内容类似纬书《孝经钩命决》，与朱子学的“太极”概念不一致，并且《类聚神祇本源》将《太极图说》作为周敦颐所著的《通书》来引用。[①]

其次，探讨江户朱子学的理论背景时，必须关注北畠亲房的《神皇正统记》。长期以来，人们认为该书的“正统”观念便是受到朱子学的影响；但是山田孝雄、宫井义雄、福井康顺、平井俊春等学者曾提出质疑，认为《神皇正统记》受该书中提到的《佛祖统纪》（志磐）等佛教文献的影响大于朱子学的影响。书名中的“正统”一词，在日语中与“异端”相对应，一般使用于宗教或意识形态的正统性上，而在中国，

①〔日〕土田健次郎，《江户的朱子学》，筑摩书房，2014 年，第 16 页。

则是使用于政权的正统性上。北畠亲房似乎在《神皇正统记》中有意识、有目的地使用“正统”和“道统”两个词语。然而实际上并非如此，在朱子学中“正统”和“道统”是相互独立的概念。佛法的传授其继承人必须要一代一代连续不断，中间不能有断代或缺位。与之相反，朱子学却认为不一定必须要一代一代连续相传，朱子学承认曾经存在过没有正统的王朝或没能传承道统的时代。因此，与皇室连绵不断地传承十分吻合的是佛法不间断的传承。《神皇正统记》中有一处以空海为密教“正统”的记述。这是在论宗教或思想的正统性，并非论及政权。在朱子学中，相当于此概念的并非“正统”，而是“道统”。北畠亲房在此提出空海的原因在于他本人就是神道家，又是真言宗的僧侣。在此可以得出的结论是，朱子学的“道统”与政权的“正统”没有直接关联，是纯粹属于“道”的问题。古代圣王两者兼有，而孔子和朱熹却只继承“道统”，绝不将“正统”和“道统”重合在一起。①

最后，需要关注的是室町禅僧对朱子学理解的深化。传授经学为业的“清原家”的清原宣贤等人的经书解释有两种。其一是加注“训点”的“点本”，其二是汇集讲义原稿、听讲录等的“抄本”。使用于秘传传承的点本中不采用朱子学的解释，而拥有众多听讲者的抄本里有不少朱子学的内容，但古注还是占主流。即使经书的解释中采用朱子学的观点，但没能作为生动的思想来体现。

所谓思想，必须以世界观和价值观来发挥机能，日本已经接受作为学问的朱子学，但作为思想的朱子学在日本社会尚未普及。因此，在此问题上更加注重室町时期僧侣的注释本。室町禅僧主张朱子学的学问必须要转化为思想，而且他们认为这正是朱子学的普及意义。例如，岐阳方秀的弟子云章一庆有《理气性情图》《一性五性例儒图》两部著作，

---

①〔日〕土田健次郎，《江户的朱子学》，筑摩书房，2014 年，第 18 页。

现已失传，只能通过桃源瑞贤的《云桃抄》窥见并得知云章一庆对朱子学的赞扬原理以及应用论的体会。现今存世的重要文献有柏舟宗赵的《周易抄》、桃源瑞贤的《百衲袄》。从上述文献可以看出室町禅僧是真正接受、普及朱子学的教理。柏舟宗赵和岐阳方秀的弟子翱之惠凤曾提出“太极图说”的观点，将“太极”和“无极”均解释为“理”。然而桃源瑞贤把太极解释为混沌的一元气，因而他对朱子学解释的纯粹性有不充分之处。事实上，儒教、佛教、道教均明确定义“太极”和“理”的内涵，强调在心性论上的儒佛一致。总而言之，在室町时期对朱子学理论的深化意味着江户朱子学的开端。[①]

江户朱子学的代表人物有藤原惺窩、林罗山、木下顺庵、雨森芳洲、安东省庵、室鸠巢、中村惕斋、贝原益轩、山崎暗斋、浅见䌹斋、佐藤直方、三宅尚斋、谷秦山、柴野栗山、尾藤二洲、佐藤一斋、安积艮宅、元田永孚、中村敬宇等。藤原惺窩（1561 ～ 1619）和林罗山（1583 ～ 1657）师生二人被世人称之为江户朱子学的鼻祖。林罗山受聘于幕府，成为林家鼻祖一事人人皆知，广为流传。木下顺庵（1621 ～ 1698）是藤原惺窩的弟子松永尺五（徘人松永贞德之子）的门人，惺窩是朱子学传播到京都以后形成的“京学派”儒者之一。当时木下顺庵门下人才济济，其中最出类拔萃的就是“木门之十哲”，除了新井白石以外都是精通多种外语的语言学家。其中，雨森芳洲（1668 ～ 1755）在比较文化论方面颇有造诣，室鸠巢（1658 ～ 1734）因《骏台杂话》而闻名加贺藩和幕府。朱子学者当中驰名的文学家也不乏其人，祇园南海、榊原篁洲、南部南山、松浦霞沼、腹部宽斋、向井沧洲等人均因擅长诗文而闻名幕府。

京学派儒者当中，安东省庵（1629 ～ 1701）是九州柳川的儒者，

① 〔日〕土田健次郎，《江户的朱子学》，筑摩书房，2014 年，第 21 ～ 23 页。

他因拼命庇护、施救、照顾流亡日本的明朝朱舜水，又与反朱子学者伊藤仁斋交往而闻名，因为他并不把自己封闭在朱子学一门学问上。中村惕斋（1629～1702）是京都的朱子学者，是连伊藤仁斋之子也十分重视的江户朱子学派的代表人物，因撰写经书的启蒙书而闻名。贝原益轩（1630～1714）是以朱子学教养为研究基础的儒者，给后世留下很多著作，其中《养生训》等日文启蒙书对江户朱子学京学派的形成有重要影响。

山崎暗斋是江户朱子学的巨魁，其学派称之为“崎门”，门下有诸如浅见䌹斋（1652～1711）、佐藤直方（1650～1719）、三宅尚斋（1662～1741）、谷秦山（1663～1718）等江户朱子学的代表人物。崎门培养出了很多朱子学者，除了上述人物之外，还有稻叶迂斋（1684～1760）和他的儿子——因上总道学而闻名的稻叶墨斋、蟹养斋等不胜枚举。只是暗斋一时倾倒于神道，与儒者弟子们意见发生分歧，不少弟子被开除门派。

柴野栗山（1736～1807）、尾藤二洲（1747～1813）、古贺精里（1750～1817）是江户末期的“宽政三博士”，主导了宽政异学之禁。佐藤一斋（1772～1859）在林述斋之下掌管林家，培养出以安积艮斋为首的很多俊才。佐藤一斋的学问中有不少阳明学的内容，因此被称之为“阳朱阴王”（表层是朱子学，内涵是阳明学）。元田永孚（1818～1891）和中村敬宇（1832～1891）是活跃在江户末期和明治初期的儒学家。元田是守旧立场的儒者，因其著述《幼学纲要》而闻名，也曾经参与起草《教育敕语》。中村敬宇是林家的秀才，因《西国立志篇》而闻名，是江户末期和明治初期朱子学的重要人物。此外，到了幕府末期有不少思想家，例如大桥讷庵、月田蒙斋、楠木端山、楠木硕水、近藤笃山、安积艮斋等学者也积极参加朱子学普及活动，在日常生活中用朱子学原理来进行自我修养。[1]

总而言之，朱熹给日本带来的是朱子学的教理，此教理是极其完整的世界观，囊括当时日本知识分子所关心的一切领域。朱子学的教理对日本的冲击是非常强烈的，重要的是经过奈良、平安、镰仓、室町、江户五个历史时期，日本学到了朱子学原理，再结合神道、佛教和道教思想，形成了日本独有的朱子学的理论体系和教育模式。

## 三、“儒教日本化”的现代意义

“儒教日本化”在近代以后的日本如何显现出其形态，正是本文所关注的问题。

首先，儒学的个人与社会之间的关系中最为重要的是对于《大学》八条目的议论，即格物、致知、诚意、正心、修身、齐家、治国、平天下。其中，前五条目是关于个人的修养，后三条目是有关包括家庭在内的对社会的感化。在近代以来的日本社会，从涩泽荣一（1840～1931）开始，日本企业文化便将儒学纳入其思想内涵，积极摄取儒学的精髓，促进现代日本企业文化的发展。如松下幸之助、盛田昭夫等企业家均认为现代经营企业首先要“营造人”，以人为本是日本现代企业取得成功的重要方法，因此积极运用了儒学中对人关怀和尊重的思想。儒学要求个人的修养和对社会的贡献应该联系在一起，在日本形成一种重要的理论体系。日本将“和为贵”作为思想文化的精华，将日本现代企业称为“株式会社（股份有限公司）”，意为国家和企业正如大家庭，社会成员有责任和义务维持大家庭的团结和睦，应该避免内部的对抗和冲突。“和为贵”思想缓解了现代日本社会的劳资关系，增强了民众对

①〔日〕土田健次郎，《江户的朱子学》，筑摩书房，2014 年，第 29～33 页。

国家和所属企业的服从意识与认同感，进而有利于社会的稳定发展，实现日本式“和”或“和谐”的目标。从日本现代企业发展之道，可以分析儒学对日本企业文化的影响，从中也可以吸取有利于中国企业自身发展的经验，探讨出儒学在新时期经济建设中对国家和社会集团的作用和贡献。

其次，“修己治人”极其明确地表明儒教的理念。在此“修己”和“治人”不是两个孤立的定义，而是一种因果关系——修己是管理的基础，治人则是管理的目标，这一理念正被日本现代企业管理者所认同。日本现代“经营之神”土光敏夫在《经营行动指南》一书中谈道：“对管理者最大的要求是先管理好自己，而不是管理员工，员工不会由于管理者的说教而行动”；“员工学习的是管理者的行动，管理者对工作竭尽全力的实际行动是对员工最好的教育”。[①]“修己治人”既是朱子学理论的体现，也是儒家管理哲学的精华。当前的日本人认同这一观点：做事先做人，只有先把人做好，才谈得上管理。在这一方面，日本深刻领会，坚决践行。

最后，朱子学之所以被认为是守旧思想，是因为朱子学所主张的“理”的内容中渗透既成的价值观，因而被认为阻碍新价值的创造。日本的现代国民教育以儒学的人伦道德理念作为潜意识，基于儒教的“仁、义、礼、智、信”等思想体系来强调要尊老爱幼、孝顺父母、礼让诚信，形成了近代日本的思想价值观念。儒教以顽强的生命力深深地扎根在日本社会中，重要表现之一就是“孝道”，日本道德观念和价值观受到“孝道”长远而强烈的影响。例如，中江藤树（1606 ～ 1648）是主张“孝道”的思想家，他把“孝”与“太虚”重合起来，“太虚”往往象征着“大（太）乙神”。中江的“孝道”以唐枢的《礼元剩语》

① 〔日〕土光敏夫，《经营的行动指南》，产业能率大学出版部，1987 年，第 89 ～ 90 页。

为根源，提倡“太一”观念。“孝”在江户时期指子女顺从孝敬父母，孝顺敬养父母是天经地义的义务，在道德伦理上是不可代替的精神支柱。而在日本现代社会中，随着家庭模式的不断解体，家庭规模逐渐缩小，小家庭模式的产生，导致对父母顺从与奉养的观念也逐渐减弱。即使“孝”的观念在逐渐淡化，并不代表“孝”意识已经在日本家庭中丧失，其实在日本现代家庭中，孝道已经演变成更加多元、开放、自由、理想化的模式，父母不再要求子女的绝对顺从与赡养，而是希望与子女能够达到息息相通、贵在知心的精神层面的和睦，彼此之间形成相互理解与宽容的家庭关系，这就是当今日本社会家庭中“孝”的主流趋势。

基于“儒教日本化”的现代形态，可以探讨江户朱子学的特点及现代意义，即启蒙性与多元化。其一，江户朱子学的特点之一，即启蒙性。儒学从鲁国的地方性学说逐渐成为中国文化的核心思想；同时传入到朝鲜半岛、日本、越南等东亚国家，形成了东亚思想的核心内容，这都是儒学通过启蒙作用从而丰富发展自身的结果。江户朱子学主要传承了林家学派和暗斋学派的理论体系。林罗山是启蒙家色彩很浓的儒者，为幕府将军侍讲及谈论时局、编撰日文口语解释书（谚解）、培养儒者弟子等，就是普及朱子学的一种实践活动。当时藤原惺窩和其弟子松永尺五等人著述的儒学启蒙书《心学五伦书》《假名性理》等问世，长期以来被世人广泛阅读。林罗山特别致力于编写《三德抄》《春鉴抄》《卮言抄》《童观抄》等使用假名的通俗儒学启蒙书。同时，积极开展与各界人士的交流，推动与中世以来的以朝廷朝臣、僧侣为中心的学风截然不同的朱子学派的形成，呈现其林家朱子学的学术多样性。

另外，崎门浓厚的原理主义色彩起源于暗斋，暗斋力图使朱子学纯粹化。以暗斋为首的崎门致力于编写、出版、讲解朱子学的基本文献。暗斋摘录并注释、解说朱子学以及相关的文献而汇编的《文会笔录》，充分证明崎门奉行的是严格的文献主义。暗斋重视“居敬”的修养方法，持有自始至终把朱子学作为学问来研究并实践其修养方法的坚定立场。暗斋门人当中有“崎门三杰”，即浅见䌹斋、佐藤直方和三宅尚斋，均继承了朱子学所固有的合理性思考。崎门留下了大量的以日本文字撰写的讲义录等启蒙书，引人注目的是这些启蒙书里包含着暗斋学派对自我修养的热情和诉诸于世人的感性表达。这些日文讲义录充分证明崎门学派的启蒙性作用，而且崎门讲义录使暗斋学派在各个地方扎根立足。同时，崎门大量出版发行加注训点的朱子学重要文献，为普及朱子学做出巨大贡献。

其二是思想的多元化，即多元文化主义。“儒教日本化”的特点之一，即多元化。明治维新以后，日本社会发生剧变，虽然“儒教日本化”在现代化进程中的命运坎坷，但是儒教在日本现代化社会转型中的变化并非是简单的消失或隐形，而是呈现出多元化的趋向。日本儒教的基本特征在于多元性而非单一性，黑住真在《关于儒教日本化》一文中提到的“分散性统合构造”足以体现出日本儒教的多元化趋向。①现代日本社会通过生活实践、跨界交流，促进了一个多元文明的社会发展，这意味着不同思想达成更多文化共识的可能性。辻达也在《思考江户时代——德川三百年的遗产》一书中指出，“儒教日本化”之实现的标志并不在于上层阶级关注着多少儒家典籍，而在于儒教是否普遍“渗透民间”，认为近世以后，儒家思想已经在日本各阶层得以普遍传播与渗透，在此意义上可以说儒教完成了“日本化”。②辻达也所说的“日本化”意味着日本儒教性质的形成以及定型，他以日本元禄时代的古学派、折衷学派、石门心学为典型，认为这些儒教活动可谓是“儒教日本

① 〔日〕黑住真，《关于儒教日本化》，原载《日本学》第 12 号，名著刊行会，1988 年，第 266 页。
② 〔日〕辻达也，《思考江户时代——德川三百年的遗产》，中央公论社，1988 年，第 25 ～ 29 页。

化”之代表，最终实现了“儒教日本化”的思想形态。田尻祐一郎在《儒学的日本化——从暗斋学派的论争开始》一文中考察“儒教日本化”现象，文中提出“东亚的普遍性价值观”的问题，认为从暗斋学派的内部争论中可以看出江户儒学家在“儒教日本化”的过程中所呈现出的学术主张及其含义，最终提出“东亚的普遍性价值观”应当是指儒学价值观。[①]在此值得关注的是，在重视修养和实践这两点上，暗斋和仁斋同属一类。只是暗斋由佛僧转向朱子学者，而仁斋由朱子学者转向反朱子学者。

总而言之，对于不同道德规范的理解与尊重、融合与共存推动了日本现代社会道德共识的必然趋势。在当今社会，全球化和区域化、地方化同步而行，思想的多元化体现了人类累积的经验储备，折射了人类社会多元共生的现实和走向。“儒教日本化”思想的核心是接受并尊重异文化的差异，推进相互交融的一种社会训练，以寻求理解与和谐共处为目的。日本儒教始终是在与其他思想的交融互动中产生、发展的，因此“儒教日本化”的特征之一就是多元主义的价值观。

## 四、结语

中国儒学在传入日本的过程中，经过日本人的不断吸收、融化，加之与本土文化的融合，已成为日本大和文化的一部分。例如，汉字的使用、年号的运用、服装和建筑样式等表层文化方面，日本采取积极模仿的方式；律令官制、法律、科举、户籍等社会制度方面，采取先吸收后放弃的方式；社会结构和伦理道德、身份等级制度的改革方面，先进行一定的改造后再融合到日本社会中；生活方式和风俗习惯

① 〔日〕田尻祐一郎，《儒学的日本化——从暗斋学派的论争开始》，〔日〕赖祺一编，《日本近世13：儒学・国学・洋学》，中央公论社，1993 年，第 80 页。

等方面，日本不接受或抗拒中国文化的影响。儒学在传入日本的过程中，日本不是全盘照搬或全部接纳儒学的思想观念，而是根据日本的实际国情部分接纳或吸收，依据日本所特有的内涵和文化底蕴改造成一种符合日本社会发展的儒教，它是经过改造所形成并且成为日本所特有的儒教形态。

东亚的经济发展助长了儒家思想文化的复兴，东亚各国所取得的经济成就促使重新评估儒家思想在全球范围内的角色与作用。在现代社会，传统思想的命运如何或者如何面对传统思想的价值体系，都会体现出人类文明发展的共性，以及这种共性在全球化趋势背景下的发展前景。就近五年世界儒学大会的主题而言，国际儒学界重点关注儒学的当代价值及现代性转化。2015 年，第 7 届世界儒学大会的主题是“儒家思想与当代价值建构”；2017 年，第 8 届世界儒学大会的主题是“儒家思想与人类命运共同体”；2019 年，第 9 届世界儒学大会的主题是“用儒家文化讲好中国故事”。

在当今时代背景下，对江户朱子学以及东亚儒学现代性进行探讨，具有实质性意义。本文认为东亚儒学的现代意义具有以下几个特征：一是和谐性，儒家思想追求融合与和睦协调的精神、包容多元化和差异化的理念、注重伦理道德规范和社会秩序的观念对当今世界有巨大的正面影响。二是导向性，借用儒学的导向性意义可以探讨儒家思想的理论建构如何面对特定时代的变化和挑战，提出符合特定时代处境的新课题，从儒学的新视角对当今世界和人类境况的普遍性问题给出指引。在历史上儒学的价值取向曾经是东方文化的精髓，如今在全球化时代背景下则可以成为世界思想的精髓。三是学术性，儒家思想所包含的当代学术价值与理论导向，可以探讨如何把握东亚儒家思想历史发展变迁的脉络，梳理东亚儒学思想体系的建构、解体和重构的整个过程。四是日常性，当代新儒学的观点已丧失生活基础，它主要以哲学的形式建构理论体系，但儒学的现代出路应该在于生活中的日常化和习惯化。经过明清以来儒学与日常生活相结合的发展经验，儒学研究不能仅限于高等教育讲坛与学术圈里，不能止于“作为学问的儒学”，而必须结合当今社会的精神需求，同时发展“作为生活的儒学”，使儒家思想的精髓渗透在民众生活实践中，这正是现代儒学研究的生存和发展之道。

# 十六世纪朝鲜与明朝之间的“宗系辩诬”与历史书写*

黄修志**

靠兵变和政变而推翻高丽王朝的朝鲜王朝，自建立后就面临着无法抹除的合法性危机，这是朝鲜政治文化中的一个幽灵和阴影，所以朝鲜时代常借天命观、事大观、华夷观等巩固政权合法性。尤其是在以信奉朱子学的儒生为基石的王权体制中，朝鲜的合法性危机面临着前所未有的严峻形势。一方面，朝鲜对朱子学的贯彻越彻底，道德合法性危机的阴影就越浓郁，其对王朝起点的叙事也就越敏感；另一方面，朝鲜王权越是承平日久，其对王朝的控制力量就越是鞭长莫及，现实合法性论证的需求也就越迫切。

终朝鲜时代，“宗系问题”是萦绕朝鲜国王心头的那个幽灵和阴影。所谓“宗系问题”，是指朝鲜太祖李成桂的出身问题及建国问题，这涉及朝鲜建国前的两个疑点：一是李成桂是否为高丽权臣李仁任之子，二是李成桂是否弑高丽四位国王后而建国。“宗系辩诬”起源于朝鲜王朝建立之初与明朝的紧张关系之中，朝鲜从针对《皇明祖训》申辩到围绕《大明会典》辩诬，再到明朝最终颁赐刊正，共持续近二百年时间。但《皇明祖训》和《大明会典》的记载影响深远，直接影响到明清私著对朝鲜宗系及建国之事的记载。所以《大明会典》的

* 本文系“泰山学者工程专项经费资助”（tsqn201812095）和鲁东大学胶东文化研究系列项目阶段性成果。

** 鲁东大学文学院教授，东北亚研究院研究人员。

刊正颁赐并非宗系辩诬的结束，从晚明到晚清，朝鲜仍然在为宗系辩诬之事奔忙。可以说，“宗系辩诬”乃朝鲜王朝一个挥之不去的政治阴影。①

自20世纪上半叶始，国际学界对朝鲜的“宗系辩诬”事件就有所瞩目。管见所及，美、中、韩三国皆有学者著鞭在先：美国学者富路特（L. Carrington Goodrich）早在1937年就发文针对李成桂建国的“宗系之辨”和光海君被废的“仁祖反正”这两大政治事件的辩诬活动做了简要梳理；中国学者王崇武随后于1944、1947年研读朝鲜史料之时亦关注了“宗系辩诬”和“仁祖反正”辩诬；韩国学者黄元九、李成珪在1982、1993年分别梳理了朝鲜的大部分因书籍而引发的辩诬，皆涉及“宗系辩诬”。②另外，一些韩日学者在各自的高丽朝鲜史研究中常提到“宗系辩诬”的问题，但多视其为中韩关系史的插曲，如李铉淙、今西龙、末松保和等。③21世纪以来，国际学界尤其是东亚学界对“宗

① 关于明代朝鲜围绕《大明会典》的十几次宗系辩诬，朝鲜后期的李肯翊在《燃藜室记述》中对此有专门介绍，见［朝鲜王朝］李肯翊：《燃藜室记述》卷一七《宣祖朝宗系辩诬》，第四辑，韩国民族文化促进会，1966年，第768～773页。韩国学者林基中所编《燕行录全集》《燕行录续集》150册中，根据笔者翻检统计，涉及《大明会典》“宗系辩诬”的有：第2册，权橃《朝天录》两种；第3册，丁焕《朝天录》、裴三益《朝天录》；第4册，裴三益《朝天录》、裴三益《裴三益日记》、郑澈《郑松江燕行日记》、尹根寿《朝天录》、金诚一《金诚一朝天日记》、金诚一《朝天录》、崔岦《辛巳行录》；第5册，赵宪《朝天日记》；第6册，许篈《朝天记》、许篈《荷谷朝天记》；第7册，许篈《荷谷朝天记》、许篈《朝天录》；第101册，任权《燕行日记》、洪纯彦《唐陵君朝天奇事徵》；第102册，黄琎《朝天行录》。以上诸多燕行文献，多是同书多种版本混编在一起，且有错页衍文、张冠李戴之处，需研究者慎重鉴别。

② L. Carrington Goodrich, “Korean Interference with Chinese Historical Records”, *Journal of the North China Branch of the Royal Asiatic Society*, LXVIII（1937）, pp. 27 – 34.（〔美〕富路特，《朝鲜对中国历史记载的干预》，《皇家亚洲文会北中国支会季刊》1937年第68期。）王崇武，《〈明纪辑略〉与朝鲜辩诬》，《东方杂志》1944年第40卷第4号。王崇武，《读明史朝鲜传》，载台北“中央研究院”《历史语言研究所集刊》1947年第12本，第1～25页。〔韩〕黄元九，《清代七种书所载朝鲜记事辨正》，《东方学志》1982年第30期。〔韩〕李成珪，《明清史书的朝鲜“曲笔”与朝鲜“辩诬”》，载《五松李公范教授停年退任纪念东洋史论丛》，论丛编刊会，1993年。

③〔韩〕李铉淙，《对明关系》，《朝鲜：两班官僚国家的成立》，首尔国史编纂委员会，1974年，第336～338页。〔日〕今西龙著，今西春秋编，《高丽及李朝史研究》，国书刊行会，1974年，第127页。〔日〕末松保和，《高丽朝史与朝鲜朝史》，吉川弘文馆，1996年，第240～248页。

系辩诬”的研究日渐增多而深入。中国学者孙卫国、闫晓静、杨艳秋、高艳林、王玉蝶等[①]，韩国学者权仁溶、朴成柱、金暻绿、具都暎、金荣淑、郑厚秀、郑炳说、安素罗、张民英等[②]，日本学者桑野荣治、新加坡学者许齐雄等[③]，或描述“宗系辩诬”的前后原委，或关注不同阶段的辩诬个案，或观察辩诬过程中的两国关系，或比较“宗系辩诬”和“仁祖反正”辩诬的异同，皆在研究空间上有所推进。但是，限于研究视野和史料范围，以上大多数研究仍然偏重于其中一个方面。如在研究叙事上注重描述和梳理，而非解释和反思，且若干研究在史料解读上亦有失检之处；在研究视角上关注两国宗藩关系而非本国政治进程，缺少对权力结构和内部动力的讨论；在研究意识上强调中国文化对“宗

① 孙卫国，《〈明纪辑略〉之东传朝鲜及其引发之事件》，载台湾《书目季刊》1997 年第 30 卷第 1 期，收入氏著《明清时期中国史学对朝鲜的影响》，上海辞书出版社，2009 年，第 43 ～ 51 页。孙卫国，《清修〈明史〉与朝鲜之反应》，《学术月刊》2008 年第 4 期，收入氏著《明清时期中国史学对朝鲜的影响》，上海辞书出版社，2009 年，第 1 ～ 21 页。闫晓静，《朝鲜对明宗系辩诬研究》，吉林大学硕士学位论文，2009 年。杨艳秋，《朝鲜王朝仁祖反正辩诬与明史编纂》，载韩国《史丛》2009 年第 69 期。杨艳秋，《〈大明会典〉、〈明史〉与朝鲜辩诬——以朝鲜王朝宗系辩诬和“仁祖反正”辩诬为中心》，《南开学报（哲学社会科学版）》2010 年第 2 期。高艳林，《朝鲜王朝对明朝的“宗系之辨”及政治意义》，《求是学刊》2011 年第 4 期。王玉蝶，《朝鲜对〈大明会典〉宗系辩诬考》，《鞍山师范学院学报》2015 年第 3 期。

②〔韩〕权仁溶，《明中期朝鲜的宗系辩诬与对明外交——以权橃〈朝天录〉为中心》，《明清史研究》2005 年第 24 辑。〔韩〕朴成柱，《朝鲜前期朝明关系中的宗系问题》，《庆州史学》2003 年第 22 期。〔韩〕金暻绿，《朝鲜初期宗系辩诬的展开样相与对明关系》，《国史馆论丛》2006 年第 108 辑。〔韩〕金暻绿，《朝鲜后期对中国辩诬研究》，《工程论文集》2007 年第 58 辑。〔韩〕具都暎，《中宗代对明外交的推移和政治的意图》，《朝鲜时代史学报》2010 年第 54 辑。〔韩〕金荣淑，《译官洪纯彦与朝明外交》，《中国史研究》2011 年第 70 辑。〔韩〕郑厚秀，《从李尚迪的眼泪看 1863 年辩诬解决过程》《东方古典研究》2013 年第 2 辑。〔韩〕金暻绿，《宣祖代洪纯彦的外交活动与朝明关系》，《明清史研究》2014 年第 41 期。〔韩〕郑炳说，《朝鲜时代对中国历史辩诬的意义》，《历史批评》2016 年第 8 期。〔韩〕张民英，《朝鲜英祖代“明纪辑略事件”政治的性格》，西江大学硕士学位论文，2011 年。〔韩〕安素罗，《英祖代史册辩诬相关研究——以〈明史〉的朝鲜记事为中心》，成均馆大学博士学位论文，2017 年。

③〔日〕桑野荣治，《朝鲜中宗时代宗系辩诬的再燃》，载《久留米大学文学部纪要》2008 年国际文化学科第 25 号；〔日〕桑野荣治，《朝鲜中宗二十年代的对明外交交涉》，载《东洋史研究》2008 年第 3 期；〔日〕桑野荣治，《关于朝鲜中宗三十年代的对明外交交涉》，载《久留米大学文学部纪要》2009 年国际文化学科第 26 号。〔新〕许齐雄，《事大至诚——从 16 世纪末“昭雪国疑”和“壬辰请援”看朝鲜李朝政治核心对中国的想象和期许》，载复旦大学文史研究院编，《从周边看中国》，中华书局，2009 年，第 337 ～ 345 页。

系辩诬”的影响，忽视朝鲜儒学的深刻影响；在研究内容上较多注意当时朝鲜朝野文人的态度，较少涉及当时明朝文人的观感。

所以，这些问题也导致以往研究很难有效回答以下几个疑问：第一，为何七十多年来朝鲜历朝君臣皆众口一词呼吁解决《大明会典》的宗系问题？第二，16 世纪的朝鲜，其政治结构和儒学观念发生了哪些变化，促使朝鲜如此重视“宗系辩诬”？第三，朝鲜君臣和明朝皇帝想通过“宗系辩诬”解决现实中的哪些问题？即“宗系辩诬”如何影响了朝鲜和明朝的权力结构以及两国的宗藩关系？第四，《大明会典》“宗系辩诬”确立了怎样的礼法传统？对朝鲜王权和士林产生了怎样的影响？第五，《大明会典》的刊改并非意味着朝鲜“宗系辩诬”的胜利结束，为何后来又出现更多其他书籍而引发的“宗系辩诬”？对此，笔者不揣浅陋，尝试着在前辈学者的基础上，将 16 世纪作为一个整体时段，对上述问题进行追问和探索。

## 一、建国阴影：朝明关系的建立与“宗系辩诬”的产生

公元 1368 年，朱元璋在南京称帝，建立明朝，命徐达率军北逐蒙元，元顺帝逃至漠北。在元亡明兴的东亚变局下，高丽王朝面临舍元服明的重大抉择。朱元璋即位之后便遣使赐玺书，又送还高丽流人，向高丽表达和平诚意。高丽恭愍王王颛也向明朝朝贡，接受明朝册封，奉明正朔。[①]在朱元璋眼中，高丽“人知经史，文物礼乐略似中国，非他邦比”[②]。然而不久之后，高丽亲元派代表人物李仁任弑王颛，立辛禑为国王，后又向明朝请赐王颛谥号，这引起了朱元璋的不满：“颛被杀已

①《明史》卷三二《朝鲜传》，中华书局，1974 年，第 8279 ～ 8280 页。

②《明太祖实录》卷八八，洪武七年（1374）三月癸巳条。

久，今始请谥，将假吾朝命，镇抚其民，且掩其弑逆之迹，不可许。”[①]辛禑即位后，李仁任等亲元势力膨胀，崔莹秉权后又有攻辽企图。[②]洪武二十年（1387）十二月，明朝设立铁岭卫，激起两国在辽东边界上的冲突。次年，辛禑停用洪武年号，恢复元朝冠服，命令崔莹、李成桂率军进攻辽东，但李成桂认清形势：“若犯上国之境，获罪天子，祸立至矣，亟应除君侧之恶，以安生灵。”[③]在众将响应之下，李成桂返攻王城，囚崔莹，废辛禑，先后立辛昌、王瑶为王，李成桂掌控了高丽大权。洪武二十五年（1392），李成桂又废掉王瑶，转而杀之，易姓革命，建立朝鲜王朝，史称朝鲜太祖，自此奉行“慕华事大”之方针，改名李旦，向明朝贡。虽然明朝勉强承认了李成桂的朝鲜，但高丽四位国王连续被废、被弑及李成桂在边界挑起的事端引起了朱元璋的厌恶和愤慨。反对李成桂的尹彝、李初等人逃至金陵传播消息，且由于“以前的权臣李仁任是亲元派，其势力也曾在辽东铁岭问题上造成两国摩擦，杀了恭愍王，太祖朱元璋自然而然联想到李成桂乃李仁任之子这种错误的出身关系”[④]。

但是，揆情度理，对牢牢掌控国内和东北亚情报网络的朱元璋来说，自称帝起，他已与高丽周旋二十多年，对高丽政局密切关注，不可能对高丽末两大权臣李仁任和李成桂的关系如此混淆。考虑到当时“北虏南倭”的边疆形势及朱元璋一贯的外交手法，他常“利用高丽发生的宫廷政变来牵制高丽与北元之间的接近”，“明朝在表现出重视和维护礼的原则的同时，将册封作为外交游戏中的筹码来使用”。[⑤]所以，朱

---

①《明史》卷三二《朝鲜传》，中华书局，1974 年，第 8281 页。

②〔日〕池内宏，《满鲜史研究》中世第二册，吉川弘文馆，1963 年，第 265 ～ 332 页。

③［朝鲜王朝］安鼎福：《东史纲目》，景仁文化社，1970 年，第 426 页。

④〔韩〕朴元镐，《明初朝鲜的辽东攻伐计划与表笺问题》，载《明初朝鲜关系史研究》，一潮阁，2002 年，第 46 页。

⑤ 夫马进，《明清时期中国对朝鲜外交中的“礼”和“问罪”》，《明史研究论丛》2012 年第 10 辑。

元璋很可能并没有混淆李仁任和李成桂的关系，只不过恰好乘机作为道德礼制上的把柄，通过外交战术，对李成桂的合法性进行规训和牵制，使其不得不依靠明朝的册封，以此彰显明朝在东亚的权威，也借此考验新兴朝鲜对明朝的态度。

洪武二十七年（1394）四月，朱元璋派内史黄永奇等出使朝鲜，在《告祭海岳山川等神祝文》中威吓朝鲜："为昔高丽陪臣李仁任之嗣某，今名某者……今观李某所为，似非奉帝命主生民者……彼若肆侮不已，问罪之师，在所必举。"[①]听闻此语，李成桂马上向朱元璋奏明自己与李仁任毫无血缘关系："臣于仁任，本非一李。自臣与闻国政，将仁任所为不法，一皆正之，反为其党所恶，至有尹彝、李初逃赴上国，妄构是非，尚赖陛下之明，已伏厥罪。然其党与，潜伏中外，忌臣所为，至今纷纷不已。"[②]但朱元璋并未认可这一说法，仍然在次年修订刊正的《皇明祖训》中标明：

> 朝鲜国，即高丽，其李仁人（任）及子成桂今名旦者，自洪武六年至洪武二十八年，首尾凡弑王氏四王，姑待之。

且教导后世子孙：凡我子孙，钦承朕命，无作聪明，乱我已成之法，一字不可改易。[③]如此一来，朱元璋便通过《皇明祖训》将李成桂的出身问题及弑高丽四王的问题确定下来，后来明朝弘治年间纂修的《大明会典》亦沿袭了《皇明祖训》的这一说法。由此，《皇明祖训》和《大明会典》这两部分别代表帝王最高意志和国家最权威解释的典籍引发了此后明清四百余年断断续续的朝鲜"宗系辩诬"活动。

李成桂的宗系和建国问题乃朝鲜王朝的正统之源，更关联到后世王权谱系的合法性。所以李成桂自建国开始就着力修史以确立自身的合法

---

①《朝鲜太祖实录》卷六，太祖三年六月甲申条。
② 同上。
③《皇明祖训》，载《四库全书存目丛书》史部第264册，齐鲁书社，1996年，第168、165页。

性，这也为后世国王所效仿。[①]应该看到，李成桂出身的“宗系”问题与弑四王的“恶名”问题纠缠在一起，构成朝鲜宗系辩诬的一体两面，皆因两者具有历史和逻辑上的联系。虽然李成桂确非李仁任之子，但李成桂的篡位确实存在弑君行为，而李仁任也曾弑君，所以这也是朱元璋愿意相信李成桂乃其子的原因，若两者有其一成立的话，那么就很容易让人误解另一方面也是事实，皆从根本上威胁着朝鲜王朝的正统性。所以，朝鲜在宗系辩诬之时必须要同时解释这两个问题。

《皇明祖训》刊出后便引起了朝鲜使臣的注意，建文四年（1402年，朝鲜太宗三年），朝鲜使臣赵温自南京返国，将《皇明祖训》的相关记载报告给太宗李芳远，李芳远随即趁朱棣即位之机，在永乐元年（1403）遣使司平左使李彬、骊原君闵无恤赴京朝贡谢恩，并呈递宗系辨明奏本，奏称：“臣父已曾具本奏闻，臣今听知《祖训》条章内仍然记录，兢惶无已……（李仁任）于臣宗系各别，伏望圣慈垂察，令臣宗系，得蒙改录，一国幸甚。”[②]当时朱棣刚刚通过“靖难之役”取得帝位，在国内人心未稳，“新登宝位，天下诸侯未有朝者。独朝鲜遣上相进贺，帝嘉其忠诚，是以厚之”[③]，朝鲜的朝贡无疑为其合法性增光添彩。实际上对朱棣和李芳远来说，“政权合法性的证明是双向的”[④]。针对朝鲜的请求，朱棣下旨：“朝鲜国王奏，既不系李仁任之后，想是比先传说差了，准他改正。”[⑤]同时颁赐朝鲜《大统历》一百本、《古今列女传》一百一十部，又放还以前拘留的朝鲜使臣，以示恩赏。虽然朱棣

① Don Baker, Writing History in Pre-Modern Korea, in José Rabasa etc ed. *The Oxford History of Historical Writing Volume* 3: 1400-1800, New York: Oxford University Press, 2012, pp. 103-118.

②《朝鲜太宗实录》卷六，太宗三年十一月己丑条。

③《朝鲜太宗实录》卷六，太宗三年十一月丙子条。

④ 杨军、王秋彬：《中国与朝鲜半岛关系史论》，社会科学文献出版社，2006年，第176页。

⑤《朝鲜太宗实录》卷七，太宗四年三月戊辰条。

的慷慨承诺和恩赏令朝鲜“举国欣幸，上表陈谢，子孙世世仰戴皇恩”[1]，但是朱元璋早已告诫后世子孙对《皇明祖训》内容“一字不可改易”，这注定了朱棣是不可能真正顺应朝鲜的请求对《皇明祖训》的相关记载进行更正，所以明朝只能在其他书籍中对此事进行更改。

英宗天顺年间，明朝在刚修成的《大明一统志》中对李成桂的宗系及建国问题做了相关更改：“（洪武）二十五年，其主瑶昏迷，众推门下侍郎李成桂主国事，诏从其自为声教。成桂更名旦，徙居汉城，遣使请改国号，诏更号朝鲜。”[2]于是，朱棣准许改正的承诺和《大明一统志》的更改成为后来朝鲜围绕《大明会典》辩诬的依据和明证，常被朝鲜使臣在辩诬奏文中提及。

## 二、累朝陈辨：《大明会典》“宗系辩诬”的演进

《大明会典》乃明代官修典章制度大全，于弘治年间开始纂修，正德年间重校刊行，嘉靖年间续修但未及刊布，直至万历十五年（1587）才重修完毕付梓刊行。所以，朝鲜围绕《大明会典》的“宗系辩诬”实际上与《大明会典》复杂的纂修进程息息相关，它耗费了朝鲜巨大的精力，前后历经朝鲜中宗、仁宗、明宗、宣祖四朝共七十余年。

正德十三年（1518 年，朝鲜中宗十三年）四月二十一日，朝鲜使臣李继孟从北京回国后报告《大明会典》仍然延续了《皇明祖训》对李成桂宗系及弑四王的相关记载，朝鲜中宗闻此讯息，在五月七日马上召集众臣商议此事，众臣一致认为“《会典》所录，错妄至此，岂唯圣衷痛怛？百代臣庶之所共痛愤……无其实而被恶名，流布天下，实所痛

---

① 《朝鲜中宗实录》卷三三，中宗十三年六月甲申条。

② 《明一统志》卷八九《外夷朝鲜国》，载《景印文渊阁四库全书》史部第 231 册，台北商务印书馆，1986 年，第 875 页。

心"[①]，纷纷表明必须遣使辩诬。随即，朝鲜派出以南衮为正使、李耔为副使的奏请使团赴京辩诬，向礼部呈上南衮所撰的辩诬奏文，奏称："臣今听知《大明会典》所录，不惟宗系未蒙改正，又加先祖所无之恶名，一国臣民惶骇罔措……先臣新讳出处本末及四王终始，无一毫可疑之迹如此，而不逞之徒，造为诬辞，流闻上国，不惟地下之灵含怨抱痛于冥冥之中，抑亦圣朝宝典恐或未免于传讹。此臣之所以搨额搥胸而不知自止者也……伏望圣慈，仰遵先皇帝之命，许正传说之谬，臣一家得祖其祖，先臣某亦雪幽冤，不胜幸甚。"[②]对此，礼部建议："《会典》一书详载我国制度，其事关外国是非，嫌疑之间皆在所略，况成桂之得国，出皇祖之命，其不系仁人（任）后又有太宗诏可征，宜从其请。"[③]明武宗看到朝鲜奏文及礼部建议后下旨敕谕朝鲜国王："尔祖李成桂原不系李仁任之后，我太宗文皇帝已有旨，准令改正，今尔又具奏陈情，诚孝可念。特允所请，降敕谕以朕意，尔其钦承之。"[④]但朝鲜使臣倾向于尽快改正，以免传讹依旧，礼部尚书毛澄等人安慰说，《会典》所录专据祖训，不可追改，但《会典》随时而增损，不久就会重修，到时肯定会根据此圣旨改正。[⑤]

嘉靖八年（1529 年，朝鲜中宗二十四年），朝鲜从本国陈慰使李芃那里得知明朝要重修《大明会典》的消息，认为此乃辩诬改正《会典》之误的良机，便派出圣节使柳溥及进贺使李菡再次赴京就《大明会典》的宗系辩诬之事进行交涉。明世宗降旨礼部："是朝鲜国陪臣所呈本国宗系事情，既有节奉祖宗朝明旨，尔部里便通查，备细开载，送付史

① 《朝鲜中宗实录》卷三三，中宗十三年五月乙巳条。
② 《朝鲜中宗实录》卷三三，中宗十三年六月甲申条。
③ 《明武宗实录》卷一七一，正德十四年二月己卯条。
④ 《朝鲜中宗实录》卷三五，中宗十四年三月戊申条。
⑤ 同上。

馆，采择施行。”[①]当年十月，柳溥等人回国后向中宗报告辩诬情形，朝鲜大臣皆以为“虽已令史馆改之，其定改与否，时未得知”[②]。事实上，明世宗虽然对朝鲜的请求大为用心，正式命令史馆更改，但其与明武宗一样，都只是空头许诺而已，因为嘉靖朝重修《大明会典》也是费尽周折，断断续续，并未刊行。然而，朝鲜一心将此作为任重道远的大事，坚持不懈地在嘉靖十六年、十八年、三十六年、四十二年派出专门的辩诬使询问明朝重修《大明会典》的进展。[③]

万历元年（1573 年，朝鲜宣祖六年），朝鲜趁万历皇帝刚刚登基刷新朝政之机，遣使赴京为《大明会典》“宗系”“恶名”之事辩诬，但《大明会典》尚未修成，明朝也只能一如既往地许诺将在书中改正，不过此次与以往相比有所进展的是，明朝答应将朝鲜前后辩诬奏辞写入新修实录之中，以备后来纂修《大明会典》之时采纳。[④]从此之后，宣祖国王紧紧抓住每次朝贡机会，又分别在万历二年、三年、五年、九年、十二年、十五年派出专门的辩诬使不断提醒催促明朝，恳请早日颁赐刊正的《大明会典》。

万历十六年（1588 年，宣祖二十一年），随着《大明会典》接近完成，当年十月，宣祖国王命令谢恩使俞泓、书状官尹暹赴京做最后的努力。俞泓等人在礼部呈文乞请，而礼部认为《大明会典》虽然已经完成，但还未经御览，难于先赐，于是俞泓率一行人“泣血跪请之”，礼部尚书沈鲤“感其诚，即具题本，奏请顺付”，明神宗恩准，正式将刊正的《大明会典》宗系、恶名改正一册颁赐给朝鲜。[⑤]宣祖国王欣闻此讯，传于承文院和承政院曰：

---

①《朝鲜中宗实录》卷六六，中宗二十四年九月庚申条。

②《朝鲜中宗实录》卷六六，中宗二十四年十月戊子条。

③ 闫晓静，《朝鲜对明宗系辩诬研究》，吉林大学硕士学位论文，2009 年。

④《朝鲜宣祖修正实录》卷七，宣祖六年十一月丁丑条。

⑤《朝鲜宣祖实录》卷二二，宣祖二十一年五月甲申条。

> 古之后嗣之君，莫大于中兴祖业，光复旧物，然此不过外物耳，岂如今日得雪数百年至痛，使祖宗无父而有父，无君而有君，而环蝶域数千里之场，始得为人类，彝伦攸叙，东韩再造，祖宗在天之灵，以为如何？予可以有辞矣。

对此，政院回启曰："上自列圣，下至臣庶，含冤抱痛垂二百年。今观宝典新颁，东韩再造，无非自上奉先尽孝，事大至诚之致。"①次年五月，俞泓携《大明会典》一册，一路春风得意返回朝鲜，"乡程多逸兴，珠曲送娇莺。鸭渚春应好，烟花十里明"②。宣祖国王亲自在慕华馆迎接，对此次使团的众多人员都予以加封赏赐，宣祖国王称赞此次使行"间关万里，殚尽一心，手捧纶音，亲擎宝典，变禽兽之域为礼义之邦，是吾东方再造，箕畴复叙之日也"③。不久，圣节使尹根寿又赍《大明会典》全书及神宗敕谕回国④，正式标志着《大明会典》宗系辩诬宣告结束。

虽然《大明会典》卷一五《朝鲜国》开头坚持沿袭《皇明祖训》的记载，但朝鲜君臣很满意后面的叙述：

> 先是，永乐元年，其国王具奏世系不系李仁人（任）之后，以辨明《祖训》所载弑逆事，诏许改正。正德、嘉靖中，屡以为请，皆赐敕奖谕焉。万历三年，使臣复申前请，诏付史馆编辑，今录于后。

---

①《朝鲜宣祖实录》卷二二，宣祖二十一年三月辛亥条。

②［朝鲜王朝］俞泓，《松塘集》卷二《次山海关主事马维铭赠我韵》，载《影印标点韩国文集丛刊续》第3册，韩国民族文化促进会，2005年，第402页。

③《朝鲜宣祖实录》卷二二，宣祖二十一年五月甲申条。

④ 神宗敕谕曰："朕惟《会典》一书，我祖宗旧章，国家成宪，藏之内府，副在有司，其在外藩，未尝轻示。以尔世修职贡，夙秉忠诚，备屏翰于东韩，袭威仪于上国。雪累世不明之系，既遂恳祈。慕昭代不刊之书。仍思快睹。朕视犹内服，嘉与同文，敕赐全编，俾传永久。兹付陪臣，赍回本国，以慰尔惓惓陈情至意。尔奉兹图籍，式是章程。既全被于光荣，宜尊藏于秘密，尚念绥怀之宠，弥坚翊戴之忱。"《朝鲜宣祖修正实录》卷二三，宣祖二十二年十月乙亥条。

后面紧接着对李成桂的世系及李仁任的世系分别做了区分叙述，又称：

> 瑶妄杀戮，国人不附，共推成桂署国事，表闻，高皇帝命为国王，遂更名旦，赡瑶别邸，终其身。[①]

## 三、矫情伪饰：《大明会典》“宗系辩诬”的虚与实

虽然刊改后的《大明会典》对“宗系辩诬”的叙述文字令朝鲜君臣如愿以偿，但此段文字漏洞迭出，经不起史实推敲。首先，永乐元年，朝鲜太宗李芳远只是奏辨宗系差错，并未“辨明《祖训》所载弑逆事”，因为弑逆是不争的事实，且建国未久，难以遮掩。但《会典》文字却表明朝鲜对宗系和弑逆的辩诬早在永乐时期就“诏许改正”，这就为后来朝鲜历朝辩诬提供了合法证据和皇权保护。其次，李成桂确实主导了弑君事件，“妄杀戮”的不是王瑶，而是李成桂，王瑶死于非命，并未受李成桂赡养寿终，且明太祖因对其充满愤怒，“姑待之”，并未册封其为国王。但《会典》文字却把李成桂塑造成一个顺天命、应人心、获册封、守忠孝的开国之君，令读者认为朝鲜的“宗系辩诬”实乃理所当然，值得同情，必然成功。

实际上，在“宗系辩诬”过程中，李成桂的出身问题很容易辨明，关键在于朝鲜君臣如何解释弑四王尤其是弑王瑶这一确凿的事实。在李成桂建国过程中，太宗李芳远是主要参与者之一，他很清楚弑四王事件不仅与乃父有重大关联，即便自己也难脱干系。另一方面，两位太宗——朱棣和李芳远也都是通过流血兵变而篡权即位的，若与朱棣争辩弑四王事件，不单自取其辱，还会使朱棣感到含沙射影、指桑骂槐之

① ［明］申时行等修：《明会典》（万历朝重修本），中华书局，1989 年，第 571 ～ 572 页。

嫌，必然疑怒。所以这就是李芳远向永乐帝只奏辨宗系差错而不奏弑四王的原因所在。但自《大明会典》于正德年间刊出后，朝鲜中宗决意在奏文中将宗系差错连同弑逆恶名一起辨明，大胆说“无其实而被恶名”，然明朝的回答敕书却只提宗系，未提恶名，这令朝鲜君臣心虚焦虑。中宗执意奏请辨明恶名，但大臣颇有顾虑，反对强辨，认为若不成功，反而自曝祖宗丑事，名儒金安国提醒中宗：“太宗朝，只请宗系者，必有其意。”[①]后来赴京辩诬的奏请使林芑也承认：“连弑四王，实事难泯，吾不敢措辞。”[②]但对国王来说，宗系差错和弑逆恶名是同等严重的侮辱，若弑逆成立，则朝鲜的建国便是乱臣贼子的篡权，弑君王乃礼教诛伐的禽兽行为，更何况还是“连弑四王”！朝鲜国岂不沦为没有纲常名分的禽兽之邦？既然朝鲜是弑逆之邦，那作为天下文明领袖的明朝为何还要承认其为朝贡属国呢，岂不是败坏明朝名誉？所以当时使臣南衮、李耔等上书礼部：“小邦虽被诬于流言之口，已蒙高皇帝灼见其情，许同于声教之中。而至于百年之后，乃追举其事，申之策书，四海之人徒见此书，而未谙高皇帝之意者，必皆曰：‘朝鲜，弑逆之邦也。’又将曰：‘弑逆之邦，亦在朝贡之列乎？’则非惟小邦暧昧之名，久而逾新，抑恐圣朝以字恤小邦之故，有以致四海之议，尤所痛惜而不敢自安者也？”[③]事情真假不重要，对礼义形象的宣传和确认才最重要，所以之后的历代国王在宗系辩诬时坚持奏明弑逆恶名，志在一并澄清。

七十余年，朝鲜使臣络绎不绝，在北京、汉城日夜守望宗系辩诬的解决，对一切细节费尽心机，时时用心，斤斤计较，甚至过于敏感。在外交公关上，明使龚用卿、吴希孟、华察、薛廷宠赴朝，国王亲自过问

---

①《朝鲜中宗实录》卷三五，中宗十四年三月戊午条。

②《朝鲜宣祖实录》卷十，宣祖九年八月甲子条。

③《朝鲜中宗实录》卷三五，中宗十四年四月庚午条。

嘱咐辩诬之事。[①]朝鲜使臣赴京，每次皆耗费大量金钱、礼物和精力，并与明朝官吏周旋，以期满足需求，使之尽心为辩诬奔走。使臣与礼部官员百般交涉，当礼部官员援引祖训严令后，使臣也灵活回答：太祖是祖，成祖、正德、嘉靖等也是祖，同样是祖，为何不能改？当时万历年间修《武宗实录》《世宗实录》，耽搁了《大明会典》的修纂，使臣努力促使明朝将辩诬事宜写入实录，以便作为刊改会典的凭据。朝鲜还对一些字眼比较敏感，如礼部覆本说及朝鲜，称其为“夷人”，使臣马上交涉：“本国用夏变夷，有自来矣。今见题本有‘夷人’之语，窃所未安，望大人酌量何如?”礼部笑而答曰：即禀于尚书，改为“外国”。[②]

面对朝鲜围绕《大明会典》展开的“宗系辩诬”，明朝皇帝一般多有安抚怀柔。嘉靖帝即位后，朝鲜在不少事件上对嘉靖表达了忠诚，如嘉靖帝每在与群臣对战的“大礼议”中取得胜利，朝鲜就遣使庆贺；“壬寅宫变”中嘉靖帝险些被宫女勒死，后被救醒，朝鲜大提学金安国亲自写表，国王专派使臣慰问；[③]宫中发生火灾，朝鲜亦遣使慰问。朝鲜在政治上的支持和精神上的安慰，不能不使嘉靖帝对朝鲜产生好感。尤其值得注意的是，嘉靖帝与朝鲜中宗皆非按照父子相承的顺序即位，皆由非常事件而被群臣迎入，即位之初，皇权就面临着强大的相臣压力。所以嘉靖帝的“大礼议”与朝鲜中宗的“宗系辩

---

① ［朝鲜王朝］权橃，《朝天录》，林基中编，《燕行录全集》第 2 册，东国大学校出版部，2001 年，第 298 页。按，细考之，本册所收奏请使权橃两种《朝天录》实乃冬至使任权所写，不知何故被人编入权橃《冲斋先生文集》中。因当时奏请使权橃和冬至使任权一起赴京，国王交代，若有一人有变故，另外一人可代行。通读权橃《朝天录》，奏请使权橃一路生病，入京后便在玉河馆卧病不出，在“宗系辩诬”的大小事情上，皆是冬至使任权代行，吩咐通事李应星所做。《燕行录续集》第 101 册收录任权《燕行日记》，其文字与权橃《朝天录》大体相同，但亦有明显字句差异，基本可以推断权橃《朝天录》抄自任权《燕行日记》。

② ［朝鲜王朝］权橃，《朝天录》，林基中编，《燕行录全集》第 2 册，东国大学校出版部，2001 年，第 307 页。

③ ［朝鲜王朝］鱼叔权：《稗官杂记》，载《大东野乘》卷四，朝鲜古书刊行会，1909 年，第 395 ～ 396 页。

诬”在本质诉求上是一致的：都是为了确立父辈或祖辈在权力谱系中的正统地位，其真正目的也是借机打压群臣势力，强化自身君权。所以从这个层面来说，嘉靖帝和朝鲜中宗对彼此之间的需求存在不约而同的共鸣。于是，从嘉靖年间开始，明朝提升了朝鲜在藩国中的地位，给予不少专属的礼遇，其中誊黄制度的建立标志着中朝政治一体化最终完成。[①]所以，朝鲜感到“皇帝近来厚待我国，今若奏请，则必再蒙改正圣旨矣”[②]。果然，嘉靖帝对朝鲜的“宗系辩诬”给予热情支持，果断下旨更改。无论在弑四王的处理上，还是在《会典》修改文字的抄送上，嘉靖帝都尽可能满足朝鲜使臣的各种请求。可以说，朝鲜围绕《大明会典》的“宗系辩诬”到了嘉靖年间才出现转机，朝鲜一直忐忑不定的弑逆恶名也开始有望被解决。此后，万历帝也对朝鲜的“宗系辩诬”采取更加开明的态度，甚至为此在《明武宗实录》中增修两条关于朝鲜“宗系辩诬”的史实，为进一步修改《大明会典》做好了舆论准备。[③]

但是，与皇帝相比，明朝文臣对朝鲜连年奔走的“宗系辩诬”倒有些不耐烦，甚至产生一种反感和鄙视，觉得朝鲜在此事上“矫情”，居心不良。如正德年间，朝鲜遣使辩诬时，礼科给事中弹劾朝鲜的贿赂行为：

> 国王近亦矫情。因祖训有“姑待之”文，假来使，通贿赂之门，而求为更改，致蒙先帝误听。今者过腆之赐，安知非奸夷布计营求，以为夸大光重之具？[④]

而且，朝鲜使臣在京期间因其急迫心理，几乎是见缝插针地面见相

① 高艳林，《嘉靖时期中朝关系的新阶段》，《西北师大学报（社会科学版）》2008 年第 2 期。
②《朝鲜中宗实录》卷九一，中宗三十四年七月乙未条。
③ 高艳林，《朝鲜王朝对明朝的“宗系之辨”及政治意义》，《求是学刊》2011 年第 4 期。
④《朝鲜中宗实录》卷四二，中宗十六年七月丙寅条。

关官员，期待尽快解决辩诬之事。对此，明朝官员面对朝鲜使臣的不断催促，越发不满，斥责朝鲜使臣“为何疑虑至此”，“意欲何为”。[1]在朝鲜舆情攻势下，北京官员对朝鲜辩诬之事多有知晓，且对朝鲜的宗系差错和弑逆恶名两事有所感知。万历年间，宣祖认为每次辩诬都是两事并奏，显得诚意不专，不如仅对宗系之事申雪，但名儒奇大升坚持并举奏请，一并申雪。刊改的《大明会典》最终对朝鲜请求的两事都给予了修改和承认，但在明朝不少文臣士人看来，这有些过分了。且当时宗系辩诬结束不久，万历朝鲜之役又起，这使不少明人开始关注朝鲜史事，也常对朝鲜在战争中的表现和居心充满疑虑。所以他们在私著中对朝鲜“宗系辩诬”中的两事并未买账，要么仍然延续《皇明祖训》的记载，要么贬斥朝鲜欲借辩诬篡改史实的行为，“其后中朝野史，以皇朝并许申雪为过，所以起后来野史辩诬之议也”[2]。这些书籍如《吾学编》《皇明大政记》《弇山堂别集》《经世实用编》《续文献通考》《学海危言》《昭代典则》《灼艾集》《孤树裒谈》，在光海君时期流传到朝鲜，朝鲜不得已又针对这些私人著作展开了新一轮的“宗系辩诬”。[3]但“宗系辩诬”并未随着明朝的灭亡而终结，乾隆年间的私史《明纪辑略》、同治年间的通俗书籍《廿一史约编》中的宗系弑逆记载，仍然牵动了朝鲜敏感的神经，朝鲜亦为此大费周折派遣重臣赴京辩诬。

## 四、士林崛起：朝鲜政治与儒学视野中的“宗系辩诬”

在一些明朝官员看来，朝鲜国王汲汲于宗系辩诬，实属“矫情”，

---

① ［朝鲜王朝］金诚一，《金诚一朝天日记》，林基中编，《燕行录全集》第4册，东国大学校出版部，2001年，第319、324页。

②《朝鲜宣祖修正实录》卷二三，宣祖二十二年十月乙亥条。

③《光海君日记》卷九四，光海君七年闰八月壬子条。

那么是否真的“矫情”？在今天不少学者看来，朝鲜围绕《大明会典》的“宗系辩诬”主要是因为当时朝鲜基于儒家忠孝观念对本国的王权正统进行的维护，但是，这种解释毕竟浮于表面，更深层的原因和更广大的背景是什么呢？我们隐隐地感觉到，16 世纪的朝鲜，一定发生了什么，才会引起朝鲜君臣众口一词甚至罔顾史实地拥护“宗系辩诬”。我们也明显地察觉到，16 世纪朝鲜进行《大明会典》辩诬的过程中，处处充满了朝鲜名儒的身影，他们要么出现在北京或汉城的庙堂明处，直接参与“宗系辩诬”；要么隐藏在士林官场或江湖林下的暗处，或浓或淡地影响着“宗系辩诬”的舆论走向。

朝鲜建国初期，由于崇佛势力、勋旧派的压制，信奉朱子学的儒生士林阶层并未成长起来，在儒学义理的发展上也无特别进展，大体没有超出宋儒的理解范围。经过世宗朝各项文化制度的建设，士林派无论在解释经典还是在政治实践上都逐渐成熟起来，在 15 世纪后半期就已形成一个对旧有体制产生猛烈批判和冲击的新兴士大夫群体。他们高举道学旗帜，“追求严肃的合理性和规范性，具有正统主义信念”[①]，获得了政治上的独立地位，成宗时期以金宗直、金宏弼、金安国、金正国、赵光祖为代表的士林派开始在朝廷抬头。士林派标榜“至治主义”，坚持君臣名分，强烈反对篡权行为，这引起勋旧派和专制君王的怨恨。所以在燕山君时代，士林派遭受了第一次士祸（戊午士祸），又称“戊午史祸”，是由于士林派在史册中猛烈抨击世祖篡位的行为，被勋旧派诬为大逆不道，许多人物或死或贬。加上燕山君为解放王权而发动的“甲子士祸”，士林派遭受重大打击。

“中宗反正”后，士林派重返朝廷，金宏弼的弟子们在中央和地方推行着理想政治。赵光祖成为士林派在中央朝廷的道学领袖，金安

---

① 〔韩〕琴章泰著，韩梅译，《韩国儒学思想史》，中国社会科学出版社，2011 年，第 55 页。

国、金正国兄弟成为地方社会推行礼俗的代表人物。其中，赵光祖成为朝鲜王朝彻底实践道学精神的典范，被李滉和李珥共尊为道统先驱。赵光祖向中宗提出“崇正学”“正人心”“法圣贤”“兴至治”，强调士林应当成为国家统治教化的主体，君王应当保护和信任士林，并以制度化的方式把政治交给士林，方可使国家实现至治。赵光祖的道学政治理念为士林派的崛起提供了学理上的正当依据，使士林政治在中宗后期确立，成为此后朝鲜政治的重心。在赵光祖和金安国兄弟的努力下，《朱子家礼》传播到基层社会，忠臣、孝子、烈女的儒家伦理观念得到空前传播和普遍认可，士林派在全国范围内实现了儒学的礼俗化。但由于批判勋旧派和限制王权的观念，士林派很快遭受第三轮士祸，即“己卯士祸”，赵光祖直接牺牲，其众多弟子或士林派领袖又被逐出朝廷，其后明宗时期的“乙巳士祸”又将士林派推向权力边缘。

虽然四大士祸表面上是士林派备受重创，实质却是士林派的崛起引起了勋旧派的恐惧，且士林派经过士祸的洗礼，其儒学理念和政治思想在纷乱的现实中得到进一步升华，一大批名儒迅速成长起来。16 世纪后半期堪称士林派道学思想发展的黄金时期，当时涌现出李彦迪、曹植、金麟厚、李恒、奇大升、徐敬德、成浑、李滉、李珥等名儒。尤其是李滉和李珥两大高峰直接推动了朝鲜在“四端七情论”和“人物性同论”问题上的精进，也促成了两大学派的诞生。[①]在 16 世纪后半期，李滉、李珥及其门下弟子共同将朝鲜性理学推向系统化，展开热烈争论，并与现实政治紧密结合，促成了学派和党派的结合。李珥去世后，两大学派的政治分裂难以避免，演变成东人、西人两党，东人分裂为南人、

① 李滉系列的退溪学派（岭南学派），主要人物有赵穆、金诚一、柳成龙、尹斗寿、尹根寿、李廷龟、郑经世、张显光、李玄逸、李栽、许穆、尹镌、李瀷等；李珥系列的栗谷学派（畿湖学派），主要人物有成浑、宋翼弼、赵宪、姜沆、金长生、金集、金尚宪、朴世采、宋时烈、权尚夏等。

北人，西人分裂为老论、少论，朝鲜在16世纪末的宣祖时期进入党争时代。

16世纪朝鲜政治和儒学发生的深刻变化直接影响到《大明会典》“宗系辩诬”。首先，支撑“宗系辩诬”的思想动机，是朝鲜儒学的忠孝观念和“至治主义”。与明朝儒学相比，朝鲜的忠孝观念有其特殊性。朝鲜在改朝换代之际，儒学的推行伴随着排佛运动，它从一开始就决定了必须取代佛教成为一种带有宗教色彩、发挥宗教功能的伦理规范和政治理念，这使朝鲜社会极为重视家族系谱。[①]士林派通过推广《朱子家礼》《三纲行实图》《国朝五礼仪》，在地方基层实行乡约，使“孝”在观念和制度上皆成为一种坚实的伦理准则。因此，朝鲜礼学的风俗化和制度化比明朝更为彻底，朝鲜的“祖上崇拜最受重视，祠堂之礼居第一位”[②]。而且，士林派的“至治主义”突出强调儒学重视纯正的道德性和强烈的实践性，“即道德性与实践性的统一”[③]。中宗即位不久，赵光祖提出“格君心”的重要性；宣祖即位后，李滉在《戊辰六条疏》中第一条就提出“重继统，全仁孝”；李珥在《圣学辑要》中也特别强调“孝敬”的意义，指出“吾身即父母之身”。另外，士林派还通过解释经典及士祸中的节气表现强化了君臣名分的正统主义，强烈反对篡权，在遍地开花的书院中通过讲学确立了严格的义理观和名分观，并确立了鲜明的学统和道统。这些观念共识使朝鲜君臣面对《大明会典》中的宗系和弑逆叙事时，自然会从道德内心深处维护国初事迹。所以，16世纪乃朝鲜朱子学完成性理学转变的关键时期，此时期朱子学的道德伦理比当时的明朝更为广泛深刻地贯彻着。朱子学的光芒在朝鲜中央

---

① 黄俊杰，《东亚文化交流中的儒家经典与理念：互动、转化与融合》，华东师范大学出版社，2012年，第45页。

②〔韩〕尹丝淳著，陈文寿、潘畅和译，《韩国儒学研究》，新华出版社，1998年，第34页。

③〔韩〕崔英辰著，邢丽菊译，《韩国儒学思想研究》，东方出版社，2008年，第167页。

和地方、精英和民众之间如日中天，这也可以解释为什么16世纪朝鲜使臣赴京朝贡辩诬时，总是哀叹痛惜明代的各种败落现象，如书院萧条、学风颓废、士风日下、民风不古、政风贪腐、阳明学兴起等。即便当时明朝出现了反对阳明的罗钦顺（整庵）这等理学大儒，但在朝鲜性理学家看来，罗钦顺的儒学理念并未坚守朱子学的本义。[①]

其次，在朝鲜“宗系辩诬”的支持人员中，大多数是士林派或朝鲜儒林中的知名人物。且不说李继孟、李耔、权橃、赵宪、金诚一、尹斗寿、尹根寿、许篈、韩忠、梁彭孙等皆是辩诬使团中的核心人物，就连赵光祖、金安国、李彦迪、李滉、柳成龙等大儒也专门发表议论极力主张辩诬，李滉在明宗大王的行状中特意称赞其“宗系辩诬”体现的忠孝形象。[②]另外，李珥、奇大升还都亲自为赴京辩诬使团撰写了“宗系辩诬”的奏文。[③]特别是李珥，他曾亲自赴京朝贡，有过使华经历[④]，万历九年（1581），当他听说《大明会典》“宗系辩诬”仍未了结时，本想决意再次赴京亲自辩诬：

> 时宗系之改，虽被圣旨添入《会典》，而至今未蒙颁降。时《会典》纂修垂毕，李珥慷慨语人曰：“匹夫受诬，尚能申雪，安有国君受诬二百年而不申者乎？此由使价不得其人故也。”乃与同僚议启曰：“主辱臣死，宗系受诬，列圣之辱大矣。奏请之使，当以至诚感动天庭，事成则还国，不成则为埋骨燕山之计，然后庶可

① 林月惠，《异曲同调——朱子学与朝鲜性理学》第五章《十六世纪朝鲜性理学者对罗整庵“人心道心”说的回响与批判》，台湾大学出版中心，2010年，第239～284页。

② ［朝鲜王朝］李滉，《退溪先生文集》卷四八《明宗大王行状》，《韩国历代文集丛刊》第30册，第546页。

③ ［朝鲜王朝］李珥，《栗谷先生全书》卷十三《本国请改宗系奏本》，《韩国历代文集丛刊》第44册，第260～262页。［朝鲜王朝］奇大升：《高峰先生文集》卷二《辩诬奏》，《韩国历代文集丛刊》第40册，第59～60页。

④ 陈尚胜，《重陪鹓鹭更何年？——朝鲜李珥出使明朝诗歌初探》，《山东大学学报（哲学社会科学版）》2002年第6期。

成事矣，请别择专对之才。”上允之。朝议多以为李珥可遣，朴淳、李山海皆曰：“叔献不可一日去朝，宜思其次。”乃以继辉为使，继辉自请以高敬命为书状官，崔岦为质正官。上许之。①

由此观之，“宗系辩诬”之所以能历朝成行，且以一种主旋律和高规格的形式派到北京，实际上有着士林派对国王表现忠孝之心维护纯洁王权正统的鼎力支持，士林派基本主导了“宗系辩诬”的舆论导向和道德话语权。当然，士林派对“宗系辩诬”的支持也受到了勋旧派的排挤，如在《己卯党禁录》的名单中，不少士林派成员皆在辩诬使团中担任重要官职。如较早的南衮、李耔、韩忠使团在辩诬返回后，勋旧派南衮便极力排挤李耔、韩忠。②这也反映出“宗系辩诬”可为党派谋取政治利益，为党争博弈和君臣博弈提供政治筹码。

再次，朝鲜王权急需通过“宗系辩诬”摆脱现实困境，在维护先祖合法性的同时伸张自身的合法性。在朝鲜开国元勋郑道传主持制定的国家体制中，王权理应受到儒臣的牵制，《经国大典》的完成标志着以两班贵族为中心的官僚体制国家的建立③，朝鲜从制度上束缚着王权，即便能力强硬的世宗、世祖也无法对抗两班，燕山君发动的两次士祸直接导致其被废黜。16 世纪既是性理学昌盛的时代，也是朝鲜王权弱化的时代。成宗、中宗、明宗皆是年少即位，依靠王大妃垂帘听政，自小便无王权自由。尤其是士林派崛起后，无论是赵光祖，还是李滉、李珥，都专门提出限制王权或君臣共治的政治思想。16 世纪末，随着勋旧派的衰落，士林派直接掌控了朝廷，分裂而成的各种党派的斗争又使王权成为牺牲品。少年即位的宣祖即深受党争折磨，最终遭受了壬辰倭

① ［朝鲜王朝］李珥，《栗谷先生全书》卷三十《经筵日记》，《韩国历代文集丛刊》第 45 册，第 215 ～ 216 页。

② ［朝鲜王朝］李源益，《纪年东史约》卷十三，首尔国史编纂委员会，1989 年，第 581 页。

③〔韩〕李成茂著，杨秀芝译，《朝鲜初期两班研究》，韩国研究学会，1996 年。

乱这一前所未有的外侵[①]，更加削弱了王权威信。所以，焦虑的王权如此脆弱，需要通过“宗系辨诬”强化王权正统，表面上是论证国初叙事的正统性，其实质是借此种强化的历史记忆和严格的道德主义确认皇权对王权的尊重感，唤起士林对王权的敬畏感。更为重要的是，旷日持久的“宗系辨诬”总要有个完局，朝鲜王权需要在这个完局的安排上更进一步，将之转化为政治胜利成果，借机统御臣下，平衡势力，塑造正统。

## 五、光国志庆：“宗系辨诬”的政治安排和辨诬传统的开创

万历十七年（1589 年，宣祖二十二年）对宣祖来说，是一个喜忧参半的年份。喜的是，此年十一月，圣节使尹根寿赍《大明会典》全书及神宗敕谕回国，宣祖迎于弘化门外，在明政殿受贺，大赦国内，受徽号，加封赏赐黄廷彧、俞泓、尹根寿等前后对宗系辨诬有功之人[②]，几代朝鲜国王念兹在兹的“宗系辨诬”终于胜利结束。忧的是，由于东西两党势若水火的争斗，东人党成员郑汝立在此年发动叛乱，震荡朝野，他曾提出“天下公物说”，反对君主集权。这两件事预示着自李珥去世后失势的西人党迎来了政治反击的时刻，尹根寿的兄长，西人党首领尹斗寿，抓住时机除掉郑汝立，连坐攻击了其他不少东人党成员，使东人党元气大伤，西人党掌控了朝廷大权。

对宣祖来说，“宗系辨诬”终获昭雪，郑氏之乱也被平定，两个事件殊途同归，共同指向庄严的王权正统，接下来就必须通过盛大的典礼对两个事件的政治意义进行强化和宣扬，以彰显王权不容质疑的威信。于是次年，宣祖举行光国、平难大礼，颁布光国、平难勋臣

---

① 〔韩〕崔根德，《韩国儒学思想研究》，学苑出版社，1998 年，第 98 页。

② 《朝鲜宣祖实录》卷二三，宣祖二十二年十一月丙寅条。

券，祭告、会盟如仪，百官陈贺，赐宴阙庭。后来，宣祖还命臣下专门制成一本《光国志庆录》。本次庆贺大典，为“宗系辩诬”封光国功臣十九人，为平定郑乱封平难功臣二十二人，其中光国功臣的具体名单如下表：[①]

| 等级、勋号、人数 | 姓名 | 官职、封号 |
|---|---|---|
| 一等<br>输忠贡诚翼谟修纪光国功臣 3 人 | 尹根寿 | 贰相，海平府院君 |
| | 黄廷彧 | 礼曹判书，长溪府院君 |
| | 俞泓 | 右议政，杞溪府院君 |
| 二等<br>输忠贡诚翼谟光国功臣 7 人 | 洪圣民 | 吏曹判书，益城君 |
| | 李后白 | 吏曹判书，追封延阳君 |
| | 尹斗寿 | 领议政，海原府院君 |
| | 韩应寅 | 左议政，清平府院君 |
| | 尹暹 | 校理，追封龙城君 |
| | 尹洞 | 工曹判书，茂陵府院君 |
| | 洪纯彦 | 译官，唐陵君 |
| 三等<br>输忠贡诚光国功臣 9 人 | 奇大升 | 大司谏，追封德原君 |
| | 金澍 | 追封花山君 |
| | 李阳元 | 右议政，汉山府院君 |
| | 黄琳 | 户曹判书，义城君 |
| | 尹卓然 | 巡察使，漆溪君 |
| | 郑澈 | 左议政，寅城府院君 |
| | 李山海 | 领议政，鹅城府院君 |
| | 柳成龙 | 领议政，丰原府院君 |
| | 崔滉 | 贰相，海城君 |

① 此表系笔者根据《朝鲜宣祖修正实录》（卷二四，宣祖二十三年八月庚午条）制作。

在此名单中，东西两党成员基本平分秋色，这是宣祖鉴于郑汝立之乱的教训，努力平衡东西两党势力、调和两党矛盾的结果。但可以肯定的是，经过郑汝立之乱和西人党迎回《大明会典》及敕谕，东人党势力已经严重挫败，只能暂时蛰伏，待机决战。

值得注意的是，在光国功臣十九人中，有个特别人物——洪纯彦，他是唯一一个以译官身份被封的功臣。他在朝鲜王朝“宗系辩诬”中代表了非常重要的译官群体，他的父亲洪谦、弟弟洪秀彦也都是杰出的译官，父子三人为朝鲜中期的朝明外交做出了重大贡献。尤其是洪纯彦，被称呼“东方首译”[①]，他曾七次迎接明朝使臣到朝，九次陪同朝鲜使臣赴明[②]，汉语流利，文采出众，熟悉明朝各部门的情况，人脉广泛，手法灵活，是朝鲜使团与明朝部门进行交涉的真正执行者，他在壬辰倭乱的请兵过程中也立下了汗马功劳。

在光国志庆的典礼上，群臣百官纷纷赞扬宣祖乃忠孝之王，使百年屈辱一旦昭雪，礼义朝鲜摆脱了禽兽夷狄的嫌疑。但在无以复加的吹捧颂扬声中，有两种不安分的潜流暗自涌动，一是宣祖仍然为王权而担忧的焦灼内心，二是某些曾经的辩诬使臣为此次封功鸣冤叫屈的不满情绪。比如，曾于万历十五年（1587）担任陈谢使的裴三益就没有被封功臣，裴三益的儿子两次上疏鸣冤为乃父叫屈[③]，鱼叔权也曾在宗系辩诬中发挥了重要作用，其弟子闵仁伯也为乃师未被封赏而鸣不平。[④]朝鲜不得已，只好又进行了一次追封，但仍有鸣不平者。从这一点可以看

---

① ［朝鲜王朝］洪纯彦，《唐陵君朝天奇事徵》，林集中编，《燕行录续集》第 101 册，尚书院，2008 年。按，此书并非洪纯彦所写，乃后人所撰洪纯彦的传奇故事，编者失检。

② 〔韩〕金荣淑，《译官洪纯彦与朝明外交》，《中国史研究》2011 年第 70 辑。〔韩〕金暻绿，《宣祖代洪纯彦的外交活动与朝明关系》，《明清史研究》2014 年第 41 期。

③ ［朝鲜王朝］裴龙吉，《琴易堂先生文集》卷二《伸冤疏》，《韩国历代文集丛刊》第 62 册，第 40 ～ 41 页。

④ ［朝鲜王朝］闵仁伯，《苔泉集》卷二《师友录》，《韩国历代文集丛刊》第 59 册，第 20 页。

出，宗系辩诬直接为大臣带来一定的政治利益和党争资本，使人人都欲置喙分羹。

16 世纪朝鲜围绕《大明会典》展开的“宗系辩诬”不仅对当时的现实政治产生了重要影响，还为后世在处理辩诬的问题上创造了一种传统。这种传统“意味着一整套通常由已被公开或私下接受的规则所控制的实践活动，具有一种仪式或象征特性，试图通过重复来灌输一定的价值和行为规范，而且必然暗含与过去的连续性”①。《大明会典》“宗系辩诬”在各个方面开创了这个传统，如精心撰写辩诬奏文，派遣重臣赴京辩诬，采取各种手段打通关节，获取皇帝圣旨敕谕，辩诬成功后举行庆贺大典，包括大赦国内、封赏功臣、妓乐兽舞、国王受封徽号、告祭宗庙、赐宴群臣等。朝鲜因《大明会典》“宗系辩诬”开创的这些仪式传统不仅影响了朝鲜自身的一些礼仪程序②，还直接影响了此后朝鲜进行的各种辩诬活动。如朝鲜因丁应泰、徐光启弹劾而进行的辩诬，光海君时期的野史辩诬，清代的“仁祖反正”辩诬，乾隆、道光、同治年间的辩诬等，此后的各种辩诬基本直接复制了《大明会典》“宗系辩诬”确立的辩诬传统。在后世许多时候，当受到中原王朝的指责弹劾或出现一些有害王权和声誉的记载时，朝鲜就会向礼部提及《大明会典》“宗系辩诬”的典范意义，并在辩诬成功后直接采用 16 世纪形成的辩诬礼仪。孙卫国先生在探讨朝鲜围绕清修《明史》进行的辩诬时，指出朝鲜基于辩诬传统、正统问题和自我认同三方面的原因才不达目的誓不罢休地进行辩诬。③而实际上，这个“辩诬传统”，主要是朝鲜在 16

① 〔英〕E. 霍布斯鲍姆、T. 兰格著，顾杭、庞冠群译，《传统的发明》，译林出版社，2004 年，第 2 页。按，霍布斯鲍姆用“发明”一词具有特定的情境和含义，但笔者认为这段话也可以在一定程度上解释朝鲜为庆祝“宗系辩诬”的成功而创造出的辩诬传统。

② 〔韩〕金荣淑，《对朝鲜中期宗庙乐章的史的考察》，全南大学硕士学位论文，2010 年。

③ 孙卫国，《清修〈明史〉与朝鲜之反应》，《学术月刊》2008 年第 4 期，收入氏著《明清时期中国史学对朝鲜的影响》，上海辞书出版社，2009 年，第 1 ～ 21 页。

世纪围绕《大明会典》进行的“宗系辩诬”所开创的。

## 六、结语

明朝与朝鲜围绕《大明会典》展开的“宗系辩诬”，是在16世纪这一特殊时期展开的。与17世纪连绵的烽火岁月、18世纪漫长的安定岁月相比，16世纪，山雨欲来风满楼，是令人焦虑的转折岁月，正酝酿着一种新兴势力，逐步挑战着传统势力，不仅表现在政治上的反超，还表现在思想上的更新发展。在欧洲，随着大航海时代的开辟和全球殖民地的扩大，世俗权力已逐渐超越旧有的教会势力，随之而来的是文艺复兴思想的鼎盛。在明朝，16世纪正值正德、嘉靖、隆庆、万历几位典型“荒政”皇帝统治时期，相权和党争一度压过皇权，社会危机逐年加深，倭寇在东南沿海骚扰不断，女真部落正蛰伏东北趋向统一，随之而来的是阳明心学的出现和市井文化的繁荣。在日本，织田信长、丰臣秀吉结束了战国大名混战局面，使社会进入安土桃山时代，随之而来的是征服大陆意识的抬头。在朝鲜，16世纪既是士林派崛起最终形成强大党争势力的时期，又是王权逐步弱化渐被党争掣肘的时期，随之而来的是性理学的空前发展与朱子学的日益坚挺。可以说，16世纪是一个大变动即将到来的潜伏期，新兴与传统、东洋与西洋、中心与边缘等各种力量冲击着东亚海陆，尤其是明末边缘新力量和“边境社会”的兴起奠定了17世纪的东亚结构[①]，此时，多种类型、多重身份中的商贸群体也在冲击着东亚世界传统的贸易秩序和道德秩序。[②]因此，东亚正在经历一种巨大的转变，在笔者看来，可称之为“16世纪的转变”。正

① 关于明末“边境社会”的兴起意义，参看〔日〕岸本美绪，《“后十六世纪问题”与清朝》，《清史研究》2005年第2期。

② 李伯重，《多种类型，多重身份：15至17世纪前半期东亚世界国际贸易中的商人》，《南京大学学报（哲学·人文科学·社会科学）》2016年第1期。

是这种转变，才使16世纪的东亚波诡云谲，潜流暗涌，为明清之际一系列东亚热战积蓄了能量，为17世纪大清帝国的“洪业”与中华帝国的衰落埋下了伏笔[①]，也为明清易代后东亚文化共同体与“华夷秩序”的解体酝酿了情绪。[②]回到本文一开始提出的一系列疑问，归纳言之，无非是这样一个问题。16世纪朝鲜的儒学观念和政治结构如何影响了朝鲜君臣，使其如此重视“宗系辩诬”？或者进一步说，明朝皇权、朝鲜士林、朝鲜王权如何交织在一起形成一股齐旋的风力，共同影响了“宗系辩诬”的进程？

应该认识到，作为前朝高丽的国教，佛教不仅是社会的普遍信仰和行为规范，还是亲元势力的思想支柱，所以自建立伊始，朝鲜就必须一方面大力反佛，旨在摧毁亲元势力，确立朱子学的思想统治和儒臣的政治统治，另一方面全面儒化，以宗教化的儒学取代佛教为社会和人民提供具有同样功能的伦理规范。这就决定了朝鲜儒学一开始就比明朝儒学更为宗教化，在中央和地方上的礼俗化也较明朝更为彻底和深入。尤其是在16世纪，朝鲜儒学在学术发展和政治洗礼的过程中最终发展为性理学，更加重视政治层面的忠孝伦理和“至治主义”，突出强调纯正的道德性和强烈的实践性，朱子学中的正统性和排他性越发明显。一个很明显的对比是，朝鲜儒林中的不少名儒多在庙堂之上占据高位，但明清儒林中的名儒在政治实践上多是默默无闻。故而面对“宗系辩诬”事关忠孝继统和至治圣王的事件时，朝鲜儒林的反应甚至比国王更为激烈，儒林也借助诸多名儒重臣这些更充分的政治力量推动“宗系辩诬”

---

① 〔美〕魏斐德著，陈苏镇、薄小莹译，《洪业：清朝开国史》，江苏人民出版社，1992年。〔美〕魏斐德著，梅静译，《中华帝国的衰落》，民主与建设出版社，2017年。

② 葛兆光，《从“朝天”到“燕行”——17世纪中叶后东亚文化共同体的解体》，《中华文史论丛》2006年第1期。葛兆光，《地虽近而心渐远：十七世纪中叶以后的中国、朝鲜和日本》，《台湾东亚文明研究学刊》2006年第5期。韩东育，《“华夷秩序”的东亚构架与自解体内情》，《东北师大学报（哲学社会科学版）》2008年第1期。

的进展，不仅是儒学观念的推动，确立道德话语权，也是政治利益的驱使，培养政治力量。伴随着性理学在学术上的发展和在政治上的扩大，朝鲜士林派逐渐分化，学派与党派开始结合，“思想、学风常常靠着现实利益而伸张，思想常常乘着现实之翼而前行”[①]，儒臣的分化和斗争深刻改变了朝鲜的政治结构。士林派的崛起和党争势力的分化，逐渐压制了王权，促使王权进一步萎缩式微，王权甚至成为党派斗争的工具和牺牲品。现实困境中的王权，与历史困境中的宗系记载相比，在合法性危机上，具有情境上的相似性，所以，“宗系辩诬”成为王权伸张自身利益诉求的手段。在“宗系辩诬”中，王权既可以在辩诬过程中主导和支配大臣，打压和平衡党争势力，获取明朝皇帝的认可，树立忠孝的仁君形象，还可在庆典仪式上进一步扩大形象宣传，消解反对势力，巩固胜利成果。即，王权借助辩诬，不仅为历史上的王权争取正统，还为现实中的王权争取正统。面对朝鲜纷纷扰扰的“宗系辩诬”，明朝是如何看待的？一方面，皇权多是积极顺应朝鲜请求，出于同样的用心，投桃报李，争取朝鲜王权对自身皇权的支持，不惜改变真实记载以维护两国的宗藩关系。以“宗系辩诬”为契机，皇权与王权进行了合法性的互动，这在非常规即位的皇帝与国王之间表现得尤为突出。比如 15 世纪的永乐帝和李芳远皆是兵变篡权，推动两国进入亲密期，永乐帝对“宗系辩诬”的修改诏令也成为 16 世纪朝鲜“宗系辩诬”的常用证据。另一个是嘉靖帝和中宗亦非按照常规程序即位的，两者之间也进行了合法性的互动[②]，嘉靖帝的“大礼议”与朝鲜中宗的“宗系辩诬”，共同目标皆是维护父辈或祖辈的正统地位，所以两者之间相互支持，使两国

---

① 王汎森，《权力的毛细管作用——清代的思想、学术与心态》（修订版），北京大学出版社，2015 年，“序论”第 19 页。

② Seung B. Kye, “Huddling under the Imperial Umbrella: A Korean Approach to Ming China in the Early 1500s”, *Journal of Korean Studies*, volume 15, 2010, pp. 41-66.

关系又得到很大提升。从这个角度来讲，以“宗系辩诬”为契机，明太祖与朝鲜太祖、明成祖与朝鲜太宗、明世宗与朝鲜中宗、明神宗与朝鲜宣祖，分别使两国关系进入不同的发展阶段。但另一方面，在明朝不少官员文人看来，朝鲜的辩诬充满了一些矫情伪饰的成分，既揭露了朝鲜欲借助辩诬获得实际利益的目的，也从一个侧面反映出两国儒学观念的某些差异。

不宁唯是，16 世纪围绕《大明会典》展开的“宗系辩诬”并没有毕其功于一役，因为虽然《大明会典》刊正，但无法促使当时和后世无数文献一一尽改，而且，后来的朝鲜王权会面临比 16 世纪更加复杂的政治形势，因王权利益而对“宗系辩诬”的政治需求更为旺盛。当王权饱受压抑，“宗系辩诬”可能就成为一种希望，激励着王权在与中原王朝的交涉中，再次获得中国的支持，借用天子威权和褒奖巩固王权正统的合法性与宗藩关系的稳定性。[①]要言之，朝鲜王朝建国初期的合法性问题在一定程度上决定了朝鲜“慕华事大”的生存方式，后世王权必须强调王权谱系的纯正性和明朝册封的正统性，方可稳固王权和政权根基，故“宗系辩诬”是由朝鲜王朝的政治逻辑所决定的，只要朝鲜王朝一天不脱离朝贡体系，便不会停止辩诬。朝鲜国初的合法性问题，只有遭遇了特殊的朝鲜王权、特殊的朝鲜儒学、特殊的宗藩关系以及特殊的 16 世纪，才演化为声势浩大的“宗系辩诬”外交事件。

但无论如何，在 16 世纪围绕《大明会典》展开的“宗系辩诬”中，皇权、王权、士林形成了一股齐旋的风力。虽然在齐旋上升和吹拂过程中，每种风力大小不同，且各怀心思，但其风源，皆源自东亚共同的朱子学观念，共同参与开创了辩诬传统。三者都企图在参与这个辩诬

---

① 黄修志，《“书籍外交”：明清时期朝鲜的“书籍辩诬”述论》，《史林》2013 年第 6 期。

传统的过程中，在16世纪这个山雨欲来风满楼、令人焦虑不安的转折岁月中，确保自身的存在感和对方支持的稳定感，以便在新旧秩序交替的序曲中奏响有利于自身的政治旋律。而朝鲜王权实践辩诬传统的关键在于：建构历史记忆，重温光辉岁月，统一思想舆论，凝聚身份认同，完成合法论证，解决现实危机。

# 如何认识武英殿本《周易注疏》的价值

孙　蕴*

清乾隆武英殿本《十三经注疏》的学术评价似乎没有引起学术界的足够重视。清代阮元校勘《十三经注疏》甚至没有把殿本列为校本，而浦镗、卢文弨却直接或间接地采用了殿本的长处。目前为止，学界研究武英殿本《周易注疏》的成果有谷继明《〈周易注疏〉版本流变及阮刻〈周易正义〉补议》以及张丽娟《〈周易〉注疏合刻本的卷次与体例》两种。前者着眼于对《周易注疏》版本流变的梳理，通过对阮元校刻本《周易正义》以及武英殿本《周易注疏》的探讨，说明了《周易注疏》版本发展的总趋势是趋于综合这一问题。后者“旨在分析自宋至清《周易》注疏合刻诸本的卷次、体例之异同，以见历代《周易》注疏合刻本之版刻源流，并利于对诸本的使用”①。该文将《周易》注疏合刻本分为南宋初八行本、元刻十行本及明清通行诸本、武英殿本及四库本三大系统，分别加以讨论。二者皆是将武英殿本《周易注疏》作为《周易》版本系统的一部分加以研究，而非将其作为唯一的研究对象，因而研究成果不甚全面。我们认为殿本的学术价值必须予以研究，必须给出合乎实际的结论。本文首先讨论殿本《周易注疏》的学术评价问题，希望就此引起对殿本《十三经注疏》价值的全面讨论。

笔者参加杜泽逊教授主持的《十三经注疏汇校》工作，对《周易

* 鲁东大学文学院讲师，东北亚研究院古文献研究所所长。

① 张丽娟，《〈周易〉注疏合刻本的卷次与体例》，《儒家典籍与思想研究》2012 年第 4 辑，第 191 页。

注疏》各版本经过逐一的详细校勘，发现武英殿本的《周易注疏》实现了很多创举，在《周易》的注疏合刻系统里具有特殊的价值。其特殊性主要体现在六个方面：其一，内容直接来源于南宋八行本①。其二，将《经典释文》散入经注之后，成为《周易》注疏系统中第一部真正意义上的经注疏释文合刻本。其三，首次将《周易经传原目》与《周易注解传述人》合入卷首。其四，首次附入校勘记——《周易注疏考证》。其五，首次出现具有现代意义的句读。其六，雕刻精工，影响深远。

一，明国子监刊行《十三经注疏》之后，以其校刊精良被奉为定本，天下流传。乾隆即位之后，继续奉行“稽古右文”的文化政策，因北监本《十三经注疏》“岁月经久，梨枣日就漫漶”，故令词臣重加校正，其成果便是武英殿本《十三经注疏》。乾隆四年（1739），朱良裘等人奉敕校勘经史，广罗旧本，“得文渊阁所藏不全《易疏》四册”，“凡监本舛错缪讹之处，证以旧本，如覆得发，如垢得梳。惜自《晋》卦以下旧本残缺，然监本之不可复读者已十去其六七矣”。可见武英殿本《周易注疏》乃是以此旧本校改北监本，而非如其余诸经那样以北监本为主②。

从分卷上看，殿本《周易注疏》末有朱良裘跋语，称其所得旧本“上经三十卦厘为五卷”。通过对《周易》注疏一系列合刻本的汇校，可发现这一格式与唐宋以来的单疏本以及南宋绍兴时两浙东路茶盐司刊刻的八行本一致，而与闽刻十行系统诸本皆不同③。

① 按：武英殿本《周易注疏》虽以北监本为底本，然据旧本校改甚多，且分卷亦随旧本。据下文考证，旧本即源于南宋八行本，故称武英殿本《周易注疏》的内容直接来源于南宋八行本。

② 按：考武英殿本《周易注疏考证》，北监本与阁藏旧本相讹总十七处，皆依阁本校改。其中，称“阁本”者八处，称“旧本”者两处，称“古注本”者七处。

③ 按：元刊明修十行本、永乐本、李元阳本、北监本、汲古阁本、阮元南昌府学各本上经三十卦皆为三卷。

在《周易正义序考证》中，朱良裘按曰：“此孔颖达所著《正义》十四卷之首卷也，通论易义，不在经疏、传疏之列，故《馆阁书目》不数之，谓止十三卷。并此则为十四，非书有缺也。”武英殿本《周易正义》卷首包括孔颖达的《八论》，且据朱良裘的按语可知，其所见旧本中《八论》亦在卷首。而唐宋以降，单疏本皆以《八论》为第一卷，从八行本合并经注疏文之后，《八论》方归入“卷首”，不再单作一卷。

至此可以断定，武英殿诸臣所得既非单疏本，亦非十行本系统，乃是南宋时两浙东路茶盐司刊刻的八行本，世称“越八行”。该本的内容源于唐宋递修的单疏本，成书较早，基本保存了单疏本的原始面貌。

现存的南宋两浙东路茶盐司刻八行本诸经，如《尚书》《周礼》《礼记》《左传》，其卷次基本与单疏本相同，唯独《周易》为十三卷，不同于单疏本的十四卷。究其原委，单疏本《周易正义》乃以《五经正义表》与《周易正义序》为卷首，《八论》为卷一，《周易正义》正文为卷二至卷十四。八行本因已将经注疏合刊，结构相对清晰完整，为避免内容上的繁沓，故未将孔颖达总论《周易》作者、内容与成书源流的《八论》再单独作为一卷，而是将其合入“卷首”，其正文分卷则完全依照单疏本而未做改动，故成十三卷。这属于比较合理的调整。

闽刻十行本问世于八行本之后，属于书坊刊刻的科举参考读物。为方便阅读，十行本将《经典释文》缀于经注之后，成为经注疏音义合刻本。由于内容的增加，诸经既有的分卷体系失去了平衡。为解决这一问题，刊刻者根据合并后的各本情况重新划分了诸经的卷次，打乱了原书的结构安排。闽刻十行本非为官刻，数量极少，今日所谓十行本者，乃元代翻刻、元明递修的十行本，其递修过程中讹误纷增，其后果直接波及明清各本，至万历北监本据此刊刻成为通行本，则《周易正义》的原始面貌遗失殆尽。

武英殿刻《十三经注疏》在卷次安排上基本以北监本为准，独

《周易》因得到了半部八行本，从而以八行本为标准，对八行本残缺的部分则仿其例而制，避开了十行本系统擅改卷次的不妥之处，基本保存了单疏、八行本的面貌。

在武英殿本卷末《周易注疏考证跋语》中，朱良裘称“孔颖达《易疏·序》云为之《正义》十有四卷，《经籍考》《馆阁书目》云今本止十三卷。监本分为九卷，盖据王弼注《六十四卦》六卷、韩伯注《系辞》以下三卷之文，而又不依其篇第也”，又称所得四册文渊阁藏本《易疏》“上经三十卦厘为五卷，始知孔疏王注已分六卷为十卷，合之韩注三卷而十三卷自备”。虽然“孔疏王注已分六卷为十卷，合之韩注三卷而十三卷自备”乃是在不见单疏、八行本，而北监本之韩注为三卷的情况下，根据半部旧本“上经厘为五卷”而推出下经亦为五卷的错误臆断[①]，但也显示出武英殿诸臣对十行系统诸本擅改卷次之举的思考。这种情况下，武英殿本《周易注疏》采用了八行本分卷体例，也因此在很大程度上超越了通行本。

从注疏结构的缀合演变上看，《周易》经注本的结构为：

（经文1）……（注文1）……（经文2）……（注文2）……

单疏本将经注本此段作为一节，加起讫语标明，之后先整释经文，再整释注文：

（经疏起讫语）“某某”至“某某”（经文1、2之疏）正义曰……（注疏起讫语）注“某某”至“某某”（注文1、2之疏）正义曰……

八行本《周易注疏》首次将经注疏合并，遵照单疏本的分节，将疏文散入相应的经注之后，有时在注文前加“注云”二字，删去了经

① 按：今存单疏本、八行本中，王注皆为九卷，而韩注《系辞》《说卦》《序卦》《杂卦》则为四卷。北监本韩注为三卷，乃根据十行本而来。

疏起讫语"'某某'至'某某'"，在疏文前加圆圈大字"疏"作为标识，其他文字基本不予改动：

（经文1）……（注文1）注云……（经文2）……（注文2）……（经文1、2之疏）疏正义曰……（注疏起讫语）注"某某"至"某某"（注文1、2之疏）正义曰……

八行本遵照单疏本的分节，根据疏文合并经注，只在起讫语上略做增减，既做到了经注疏的一一对照，方便阅读，又很好地保存了经注本与单疏本的原貌。八行本《周易注疏》是《周易》注疏合刻系统中第一块里程碑。

为方便将《经典释文》与经注疏本合刊，十行本一反八行本先例，选择以经注本为基础，将单疏本的一节疏文拆开，分别置于相应的经注之下。需要指出的是，十行本《周易兼义》虽未将《经典释文》的内容散入，而是将其完整附录于书后，但在分卷上，《周易兼义》大体上还是依据了经注本九卷附录《略例》一卷的结构安排，对八行本的卷次进行了很大的调整，具有明显的坊刻本特征。其结构为：

（经文1）……（注文1）……（经文1之疏）……（注文1之疏）……（经文2）……（注文2）注……（经文2之疏）……（注文2之疏）……

在拆分疏文并将其缀入经注的过程中，十行本对单疏本标识经注的起讫语也做了大量删改，使得单疏本的原本面貌完全被打乱，这一举动受到后人的广泛批评。

武英殿本依八行本体例，并在此基础上，于疏文之前散入《经典释文》，加圆圈大字"音义"作为标识，于注文之前加入圆圈大字"注"作为标识，删去了注疏起讫语"注'某某'至'某某'"，代之以圆圈小字"注"：

（经文1）……（注文1）注……（经文2）……（注文2）

注……（音义）音义……（经文 1、2 之疏）正义曰……（注文 1、2 之疏）注正义曰……

由上可见，武英殿本《周易注疏》缀合结构与单疏本更为接近，避免了十行本系统拆分疏文入经注、随意增改起讫语引起的一系列混乱与讹误，更保留了《周易》注疏合刻本的原始面貌。由于直接来源于八行本，武英殿本《周易注疏》内容错误较少，质量较通行的十行系统各本要高。崔富章先生对武英殿本《周易注疏》这一体例特点也有很高的评价："……《兼义》实后人从王、韩注本合并，与孔书原貌相去甚远，乾隆间《钦定十三经注疏》，黜《兼义》，用《注疏》，殊为有见。"①

二，《十三经注疏》系统包括十三部儒家经典及其经文、古注、音义、疏文，这些在不同时期出现的文本经过了漫长而复杂的演变历史，才形成了今天所看到的《十三经注疏》经文、注文、音义、疏文合刻本。

自东汉蔡邕将《诗》《书》《易》《仪礼》《左传》"五经"刻石始，至北宋徽宗时将《孟子》刻入蜀石经，"十三经"的白文系统正式形成。汉晋间人为经书作注，《周易》方面，东晋韩康伯在魏王弼注的基础上又补注《系辞传》二卷与《说卦传》《序卦传》《杂卦传》一卷，撰成《周易注》三卷，再加王弼注六卷及《略例》一卷，共十卷。这一版本具有较高的权威性，成为后世《周易》注文的定本。国图有王世贞旧藏宋刻《周易》九卷、《周易略例》一卷，台湾"中央"图书馆藏宋刻《纂图互注周易》十卷，民国时期《四部丛刊》影印宋淳熙抚州公使库刻递修本《周易》九卷、《略例》一卷，卷七以下配补清影宋抄本，这些是现存常见的《周易》经注本。

① 崔富章，《四库提要补正》，《杭州大学学报（哲学社会科学版）》1990 年第 1 期。

南北朝时期，出现了注解字音字义的“音义”及疏解经注义理的“义疏”这两种新的诠释经注的方式。至隋代陆德明撰《经典释文》，不仅保存了十四部经书中大量的古音、古义，且收录了同一经书不同文本之间的异文，具有极大的学术价值。唐代孔颖达主持编纂的《五经义疏》是对“五经”所做的疏文，由于是奉敕所撰的官方定本，故又称《五经正义》，其中的《周易正义》成为之后《周易》系统中疏文的标本。北宋时孙奭撰《孟子注疏》，南宋时朱熹将《孟子》纳入“四书”，正式确立其作为儒家经典的地位。至此时“十三经”系统最终形成，其经文、注文、音义、疏文的定本也随之确立。

唐宋以来专录疏文、只在每条疏文之前以简单起讫语提示经注的文本，则被称为“单疏本”。北宋国子监有诸经正义单刻本，南宋时又复刻之，今世诸经注疏皆以单疏本为最早。国图藏有孔颖达《周易正义》宋刻递修单疏本，《中华再造善本》据以影印。

随着“十三经”被纳入科举考试范畴，其市场需求迅速增加，而白文本、经注本、单疏本、音义本各自单独发行，查询不便的缺陷迅速凸显。为弥补这一缺陷，南宋初年的两浙东路茶盐司刊行了经、注、疏合刻本，这个系统的本子行文是半页八行，故简称“八行本”。此本将各节疏文散入相对应的经注之下，成为“注疏本”的原型。汪绍楹先生有言：“考正经注疏萃刻本，莫先于浙东提举茶盐司本《易》《书》《周礼》三书。”[①] “八行本”现存有二：一存于日本足利学校遗迹图书馆，一为国图藏铁琴铜剑楼旧藏本。足利藏本较早且完整，未经修补，为陆游旧藏，有其子陆子遹识语。严绍璗先生《日本藏汉籍珍本追踪纪实——严绍璗海外访书志》谓：“此本《周易注疏》实在是最初‘注疏’合刻本的一种，目前不仅日本无第二本收藏，就是国内原先铁琴铜

① 汪绍楹，《阮氏重刻十三经注疏考》，《文史》1963 年第 3 辑，第 39 页。

剑楼藏本，亦只是后来的印本，并非原刊，故此本于汉籍史上实在是至为贵重的。”“江户时代日人山井鼎据此本而著《七经孟子考文》中《周易考文》，清人阮元又据此《考文》而校《十三经注疏》中《周易正义》。”[①]日本汲古书院1973年影印。对于国图藏宋刻本《周易注疏》，李致忠先生《宋两浙东路茶盐司刻本〈周易注疏〉考辨》一文称：“此书表、序、卷一原刻均缺，清陈鳣依周猗唐影宋抄本，觅善书者补全。”“此书明朝盖为孙景芳藏书，清朝又为陈仲鱼（鳣）珍藏，最后成了瞿氏铁琴铜剑楼的插架秘籍。书中诸家藏印宛然，可以为证。建国之初，瞿氏铁琴铜剑楼由瞿凤起、济苍二先生经手，悉数捐给了北京图书馆，此书亦随之入藏于北图。”[②]该书末有陈氏跋，《铁琴铜剑楼藏书目录》亦载此书详情。《中华再造善本》据以影印。

与此同时，福建刻书坊中还出现了经文、古注、释文的合刻本，称“附释文本”或“附释音本”。更进一步，则出现了经文、古注、释文、疏文合刻的本子。这种合刻，是以经注释文合刻本为基础，将疏文散入其中，其行款为半页十行，世称“十行本”。清阮元《重刻宋版注疏总目录》对此有载：“右《十三经注疏》共四百十六卷……有宋十行本注疏者，即南宋岳珂《九经三传沿革例》所载建本附释音注疏也[③]。其书刻于宋南渡之后，由元入明，递有修补。至明正德中，其版犹存……”美国加州大学伯克利分校藏有刘承干旧藏元刊十行本《周易兼义》一部，乃现知唯一存世的元刊十行本，未经修版，保存了元刊本的旧貌。

---

① 严绍璗，《日本藏汉籍珍本追踪纪实——严绍璗海外访书志》，上海古籍出版社，2005年，第217页。

② 李致忠，《宋两浙东路茶盐司刻本〈周易注疏〉考辨》，见《肩朴集》，北京图书馆出版社，1998年，第100页。

③ 按：据业师杜泽逊先生考证，“廖氏《九经》，元荆溪岳氏翻刻，增益《三传》，并将廖氏校刊旧例略加点窜，刻成《刊正九经三传沿革例》，校勘家奉为圭臬。旧以《沿革例》归岳珂，误”。《刘向刘歆文献学简论》，《古籍整理研究论丛》，山东大学古籍整理研究所，1991年，第132页。

此外，北京大学图书馆、北京市文物局、开封市图书馆、国图、北京图书馆、台湾“中央”图书馆，美国哈佛燕京图书馆等处皆藏有明代递修十行本，日本静嘉堂文库亦收两部，各本修版情况不一。十行本《十三经注疏》各经大多是将单疏本散入附释音本之中，《周易兼义》却以改造过的注疏本为底本，将《经典释文》附于全书之后，而未并入正文，这一特殊传统被之后的明代递修本、永乐坊刻本、李元阳本、北监本、汲古阁本、阮元本继承，使得《周易兼义》一直没有实现与其他诸经体例上的一致。

武英殿本《周易注疏》在八行本结构的基础上，第一次将《经典释文》散入正文各经注之后，从而实现了真正意义上的《周易》经注疏音义合刻，这在《周易》注疏系统中属于首创，有利于读者对照阅读，方便检索，也使《十三经注疏》的体例更加严谨划一。

三，武英殿本《周易注疏》的特殊性之三，即将《周易经传原目》与《经典释文》中的《周易注解传述人》放在了卷前，这也是殿本的首创。

《周易经传原目》是《周易》经注本的分卷目次，为《周易上经乾传第一》《周易上经泰传第二》《周易上经噬嗑传第三》《周易下经咸传第四》《周易下经夬传第五》《周易下经丰传第六》《周易系辞上第七》《周易系辞下第八》《周易说卦第九》《周易序卦第十》《周易杂卦第十一》。此《周易经传原目》前八卷与《周易》经注本的分卷完全吻合，而《周易说卦第九》《周易序卦第十》《周易杂卦第十一》在经注本中则合为一卷，为卷九。单疏本《周易正义》亦将此三传合为一卷，为卷十四，并于经文标识语“周易说卦第九”之下做一段疏文，以说明《易经》两种传本的演变。武英殿本《周易经传原目》摘录了此段疏文解释《说卦》为何为第九的内容作为疏文，置于经文“周易说卦第九”之下。这一调整，有助于读者理解《周易》的传本体系。

陆德明在《经典释文·序》中，有名为《注解传述人》的内容，乃陆氏对各部经典的注解、师传情况的说明，有助于儒生了解儒家经典的演变历史。陆氏对《注解传述人》中的生僻字词亦标注了音义，因而将《周易注解传述人》纳入《周易注疏》之中，既有利于更完整地囊括《经典释文》的内容，更开门见山地将《周易》的经注本分卷与《周易》的师传、注解情况予以交代，对读者了解《周易》的诠释史很有帮助。这一创新为《四库全书》及《四库全书荟要》本《周易注疏》所沿用。

四，武英殿本《周易注疏》的特殊性之四，是在每卷之后皆增加了校勘记。“其于经文误字以及传注笺疏之未协者，参互以求其是，各为《考证》附于卷后”，这是《周易》注疏史上第一次将校勘记附于每卷正文之后，也是《十三经注疏》发展史上的一大进步，是具有开拓意义的创举。武英殿本《周易注疏》以北监本为底本，依八行本进行校改，遇到明显的讹误则直接改动原文，于本卷末《考证》中说明。尤其值得称道的是，殿本《周易注疏考证》中，朱良裘等人将汉唐传《易》诸家见解中有补于王孔程朱李等人之说者，择取录入。其中取李鼎祚《周易集解》相关条目三十处，列郭京《周易举正》相关条目七十八处，其他如《五经文字》《六经正误》《群经音辨》《韵补》等，亦多有采辑，这一做法为后来的浦镗、卢文弨、阮元等沿用。兹举例如下：

1. 北监本卷第五四十六页十六行经文：

六五。艮其辅。言有序。

殿本《考证》：“序”，《集解》本作“孚”。虞翻曰“动得正，故言有孚”。

2. 北监本卷六第二十五页一行经文：

豚鱼吉。信及豚鱼也。

殿本《考证》：豚鱼吉。信及豚鱼也。郭京曰“及”字下误增“豚鱼”二字。彖例不重言爻文。

浦镗《十三经注疏正字》：豚鱼吉。信及豚鱼也。案：郭氏京云“及”下误增“豚鱼”字。

3. 北监本卷六二十九页十行经文：

柔得中，是以小事吉也。

殿本《考证》：柔得中，是以小事吉也。郭京曰“是以”下误增“吉”字。彖举卦辞例无增损，若“可小事”下合有“吉”，则“不可大事”下合有“凶”。

浦镗《十三经注疏正字》：柔得中，是以小事吉也。案：郭氏京云“是以”下脱“可”字，“小事”下误增“吉”字。

4. 北监本卷六第三十三页八行注文：

阳已上，故止也。

殿本《考证》：阳已上，故止也。郭京曰经注“止”字并误作“上”字，注下“故也”误作“故止也”。

阮元《周易注疏校勘记》：阳已上，故止也。岳本、闽、监、毛本同，《释文》本又作“阳已上，故少阴止”。

5. 北监本卷六第三十四页五行经文：

彖曰：既济，亨小者亨也。

殿本《考证》：既济，亨小者亨也。郭京曰：按“亨”字下脱“小”字。臣清植按：《本义》谓卦辞“亨小”当为“小亨”，故于此云“济”下疑脱“小”字。郭京于卦辞仍作“亨小”，故此云“亨”字下脱“小”字。然“亨小”之义陆铨说极善，《折中》从之，则此处当为“亨”下脱“小”字，如京之说。

浦镗《十三经注疏正字》：既济，亨小者亨也。案：郭氏京云“亨小”下脱“小”字。

6. 北监本卷六第四十页十一行经文：

六三：未济，征凶，利涉大川。

殿本《考证》：六三：未济，征凶，利涉大川。臣良裘按：程《传》曰“未济有可济之道，险中有出险之理”。“征凶”、“利涉”，义得兼之。《易》本或于“利”字上增一“不”字，真附会《本义》之失。

浦镗《十三经注疏正字》：利涉大川。案：朱子云或疑“利”字上当有“不”字。

7. 北监本音义卷第三十三页四行：

之策。初革反。字亦作筴。

殿本《考证》：策。初革反。字亦作筴。臣清植按：《史记·封禅书》“黄帝得宝鼎、神策，于是迎日推策”，字作“策”。《仪礼·士冠礼》“筮人执筴”，《礼记·曲礼》“龟为卜，筴为筮”，字作“筴”。盖“策”与“筴”古字通也。

8. 北监本音义卷第三十七页十一行：

蜀本作奇，通。

殿本《考证》：倚，蜀才作奇。《周礼注》作“奇”。

由上可见，武英殿诸臣在校考《周易》之时，不仅仅是简单列举前人观点，更以理校法参之，从而做出自己的判断并得出结论，展现了整理者的校勘意识及较高的学术水平，也代表了当时校勘学的发展程度。

武英殿本《周易注疏考证》虽不甚完备，然校勘错误较少，质量较高，可知校勘者的确“深知测海之难，实切负山之惧”[①]，其心矜矜，其意兢兢，深思严谨，令人敬服。

---

① 清乾隆武英殿本《周易注疏考证跋语》，天津图书馆藏乾隆四年（1739）刊本。

五，武英殿本《周易注疏》全文施加句读。韩愈《师说》有言："授之书而习其句读""句读之不知，惑之不解"，可见句读的功夫是儒学传道授业解惑的入门功课。不通句读则无法断句，更无法读懂文意。《十三经注疏》的内容涵盖了从先秦至宋代的学术成果，语言经历了漫长的演变过程，极难理解。句读不通，则入门无路。而《周易》成书时间古远，其注疏体系的演变更是复杂难谙，整理出一部结构清晰完整的注疏本已是难事，更勿论添以准确句读。武英殿本《周易注疏》增加了高水准的句读，这是又一项了不起的开创之举。

六，武英殿本《周易注疏》刊刻精美，雕镂精工，影响广泛而深远。从雕刻水平上看，武英殿本之前只有北监本《周易兼义》可与之媲美，但监本的整体结构亦不及殿本紧凑简洁。尤值一提的是武英殿本直接衍生出了另外两种版本——《四库全书》本与《四库全书荟要》本。《四库全书》与《四库全书荟要》的纂修是中国文化史上堪称宏伟的巨大工程，他们所采用的底本是经过严格挑选的，而其最重要的正经、正史部分，即"十三经"与"二十一史"的底本则几乎全部采用武英殿本，在内容结构、版刻格式上更是完全继承了武英殿本《十三经注疏》的传统，采用其经注疏释文合刊的完整体例。当然，采用殿本做底本有其特殊的政治原因，但客观上来说，不能不承认殿本在文字校勘方面超越了其余的明北监本、明毛氏汲古阁本，是当时最权威的版本。由殿本衍生出的四库本和《四库全书荟要》本在近十余年间的影响几乎超越了武英殿本。因此，对殿本给予合乎实际的、恰如其分的学术评价，不仅对殿本具有重要意义，对四库本和《四库全书荟要》本也同样具有重要意义。

# 唐人尚法与书写新秩序的确立

## ——以唐代书论为中心

张广村*

唐人尚法是世人皆知的话题。然而，尚法体现在哪些方面，其形成的深入原因是什么，对后世有哪些影响，该如何评价，仍然是书法史上需要探讨的有意义的话题。

### 一、唐人尚法的诸面向

唐人尚法是后人的提法。清代梁巘在《评书帖》中说："晋尚韵，唐尚法，宋尚意，元明尚态。"[①]唐人尚法，提倡的却是晋人的"法"，是对东晋书法尤其是"二王"书法的总结。当然，在总结的过程中，因为不能全面把握传承"二王"的笔法，最终形成的是有唐一代的书法特色。晋代书法则成为难以逾越的高峰。

唐人尚法，尚的是"二王"的法，其方法是总结而非创造。所以，其法就有所秉承，有所来源。为了证明自己的正统地位，唐人主要做了以下三个方面的工作：一是确立王羲之的一尊地位和最高法则，继承齐梁以来为历代书家排座次的论书方法，写了诸如《书断》《书后品》等理论作品，进一步强调王羲之的正统一尊地位；二是叙述笔法传承图，为"二王"笔法做了一个清晰的族谱，列入族谱中的书家即是"二王"

* 鲁东大学文学院讲师，东北亚研究院研究人员。

①《历代书法论文选》，上海书画出版社，1979 年，第 575 页。

真传，未列入的书家不言而喻就是野路子，这一点唐人一直在不懈地强调；三是总结“二王”笔法，晋人尚韵，当时追求的是超凡脱俗、不拘一格的韵致，并不提倡什么笔法，唐人以晋人为最高法则，所以千方百计地总结他们传承的笔法，还秘而不宣。下面展开论述。

### （一）法门不二，一尊共主：确立王羲之的一尊地位，使其书法成为最高法则

关于王羲之“书圣”地位的确立，首先要提到李世民的提倡和率先垂范。在东晋，随着王献之书法名声的提高，关于羲、献的比较就一直存在，谢安就有与王献之“卿书何如右军”的对话，由于受齐梁时期尚媚美学思潮的影响，王献之纵逸不群、偏于软媚的书风得到推崇，其影响力一度盖过王羲之。隋唐统一后，由于李世民的推崇，王羲之才最终登上“书圣”的宝座。李世民以帝王之尊，亲自撰写《王羲之传论》，其影响力自然强大：

> 所以详察古今，研精篆、素，尽善尽美，其惟王逸少乎！观其点曳之工，裁成之妙，烟霏露结，状若断而还连；凤翥龙蟠，势如斜而反直。玩之不觉为倦，览之莫识其端。心摹手追，此人而已。其余区区之类，何足论哉！①

李世民称颂王羲之书法尽善尽美，为其余诸人所不逮，并亲自为后世的羲、献之争定了基调：“献之虽有父风，殊非新巧。观其字势疏瘦，如隆冬之枯树；览其笔踪拘束，若严家之饿隶。”②李世民不仅著文宣传，还利用权力之便，在全国范围内搜求王羲之真迹，并亲自临摹，在朝野形成了学习王羲之书法的风气。其率先垂范，引领了整个唐代的书学风潮，学习王羲之成为书家的一致选择。

---

①《历代书法论文选》，上海书画出版社，1979 年，第 122 页。
② 同上注，第 121 页。

唐人书论也给予王羲之很高的地位。如李嗣真《书后品》："右军正体如阴阳四时，寒暑调畅，岩廊宏敞，簪裾肃穆。其声鸣也，则铿锵金石；其芬郁也，则氤氲兰麝；其难征也，则缥缈而已仙；其可觌也，则昭彰而在目。可谓书之圣也。若草、行杂体，如清风出袖，明月入怀，瑾瑜烂而五色，黼绣摛其七采，故使离朱丧明，子斯失听，可谓草之圣也。"[①]张怀瓘《书议》："惟逸少笔迹遒润，独擅一家之美，天质自然，风神盖代。且其道微而味薄，固常人莫之能学；其理隐而意深，固天下寡于知音。"[②]

（二）身份合法，传承有序：述笔法传承，为"二王"笔法做家谱

确定王羲之笔法一尊地位后，唐人还追本溯源，叙述笔法传承图谱，以示渊源有自。张怀瓘《玉堂禁经》："夫人工书，须从师授。"[③]李嗣真《书后品》："太宗与汉王元昌、褚仆射遂良等皆授之于史陵，褚首师虞，后又学史，乃谓陵曰'此法更不可教人'，是其妙处也。陆学士柬之受于虞秘监，虞秘监受于永禅师，皆有法体。今人都不闻师范，又自无鉴局，虽古迹昭然，永不觉悟，而执燕石以为宝，玩楚风而称珍，不亦谬哉！"[④]张彦远的《法书要录·传授笔法人名》中记载："蔡邕受于神人而传与崔瑗及女文姬，文姬传之钟繇，钟繇传之卫夫人，卫夫人传之王羲之，王羲之传之王献之，王献之传之外甥羊欣，羊欣传之王僧虔，王僧虔传之萧子云，萧子云传之僧智永，智永传之虞世南，世南传之，授于欧阳询，询传之陆柬之，柬之传之侄彦远，彦远传之张旭，旭传之李阳冰，阳冰传徐浩、颜真卿、邬彤、韦玩、崔邈，凡二十

① 《历代书法论文选》，上海书画出版社，1979 年，第 135 页。
② 同上注，第 145 页。
③ 同上注，第 217 页。
④ 同上注，第 134 页。

有三人。”[①]

由此可见，唐人特别强调笔法的传承有序，这就更加表明了笔法的神秘性。而由传承人叙述笔法的精妙就很有必要了。

### （三）有法可依，无论巨细：全面总结“二王”技法

唐人对笔法做了细致入微的总结。张怀瓘在《玉堂禁经》中讲：“夫书第一用笔，第二识势，第三裹束。三者兼备，然后为书，苟守一途，即为未得。”[②]

1. 执笔法。唐人重视执笔，论及用腕、掌、指及握笔尺寸。虞世南《笔髓论·释真》谓：“笔长不过六寸，捉管不过三寸，真一、行二、草三。指实掌虚。”[③]虞世南传授了指实掌虚的原则和捉管不过三寸，真一、行二、草三的具体要求。李世民对指实掌虚做了进一步阐发：“大抵腕竖则锋正，锋正则四面势全。次实指，指实则节力均平。次虚掌，掌虚则运用便易。”[④]张怀瓘对执笔深浅做了进一步解释：“然执笔亦有法，若执笔浅而坚，掣打劲利，掣三寸而一寸着纸，势有余矣；若执笔深而束，牵三寸而一寸着纸，势已尽矣。其何故也？笔在指端，则掌虚运动，适意腾跃顿挫，生气在焉。”[⑤]韩方明对此阐述更为详细，并从原理上做了解释。“执笔于大指中节前，居动转之际，以头指齐中指，兼助为力，指自然实，掌自然虚。虽执之使齐，必须用之自在。今人皆置笔当节，碍其转动，拳指塞掌，绝其力势。况执之愈急，愈滞不通，纵用之规矩，无以施为也。”[⑥]在《授笔要说》中甚至总结出执管、拙管、撮管、握管、搦管五种不同的执笔方法。

---

① ［唐］张彦远辑，洪丕谟点校，《法书要录》，上海书画出版社，1986 年，第 14 页。

②《历代书法论文选》，上海书画出版社，1979 年，第 228 页。

③ 同上注，第 111 页。

④ 同上注，第 118 页。

⑤ 同上注，第 215 页。

⑥ 同上注，第 286 页。

2. 用笔法。唐人对如何用笔亦多方论述。卢携《临池诀》:“用笔之法:拓大指,擫中指,敛第二指,拒名指,令掌心虚如握卵,此大要也。”[①]“凡用笔,以大指节外置笔,今动转自在。然后奔头微拒,奔中中钩,笔拒亦勿令大紧,名指拒中指,小指拒名指,此纲要也。”[②]卢携指出,用笔关键在于使笔动转自在,张旭和颜真卿师徒对用笔也有类似的说法。“真卿前请曰:‘幸蒙长史九丈传授用笔之法,敢问攻书之妙,何如得齐于古人?’张公曰:‘妙在执笔,令其圆畅,勿使拘挛。’”[③]唐人总结出具体的用笔方法,最著名的当属“八法”“九用”。“八法”“九用”是张旭教学所用,张怀瓘、韩方明均有著录。“八法”云:“夫书之为体,不可专执;用笔之势,不可一概。虽心法古,而制在当时,迟速之态,资于合宜。大凡笔法,点画八体,备于‘永’字。”[④]“侧不得平其笔,勒不得卧其笔,努不得直,趯须蹲其锋,策须背笔,掠须笔锋,啄须卧笔疾罨,磔须趑笔。”[⑤]“九用”云:“一曰顿笔,摧锋骤衄是也,则努法下脚用之。二曰挫笔,挨锋捷进是也,下三点皆用之。三曰驭锋,直撞是也;有点连物则名暗筑,‘目’‘其’是也。四曰蹲锋,缓毫蹲节,轻重有准是也,‘一’‘乙’等用之。五曰踌锋,驻笔下衄是也;夫有趯者,必先踌之,‘刀’‘冖’是也。六曰衄锋,住锋暗挼是也;烈火用之。七曰趯锋,紧御涩进,如锥画石是也。八曰按锋,囊锋虚阔,章草磔法用之。九曰揭笔,侧锋平发。‘人’‘天’脚是也,如鸟爪形。”[⑥]“永字八法”,基本囊括了八面出锋的所有训练,在唐代影响很大。“九用”涵盖了用笔过程中完整的起、行、收的笔法,其中包括

---

① 《历代书法论文选》,上海书画出版社,1979 年,第 295 页。
② 同上。
③ 同上注,第 28 页。
④ 同上注,第 218 页。
⑤ 同上注,第 219 页。
⑥ 同上注,第 22 页。

起笔的衄锋、蹲锋、驭锋，行笔的趯锋、按锋、踔锋，收笔的顿笔、挫笔、揭笔，笔法已经完备。韩方明《授笔要说》："至张旭始弘八法，次演五势，更备九用，则万字无不该于此，墨道之妙，无不由之以成也。"①

3. 笔势论

张怀瓘《玉堂禁经》："夫人工书，须从师授。必先识势，乃可加工。"②张旭的传授有五势："八法起于隶字之始，后汉崔子玉历钟、王已下，传授所用八体该于万字，墨道最不可遽明，又先达八法之外，更相五势以备制度：一曰钩裹势，须圆而憿锋，'冈''闵'二字用之。二曰钩努势，须圆角而趯，'均''匀''旬''勿'字用之。三曰衮笔势，须按锋上下衄之，'今''令'字下点用之。四曰抬笔势，紧策之，钟法'上'字用之。五曰奋笔势，须险策之，草书'一''二''三'字用之。"③

"五势"之外，张怀瓘总结烈火异势、散水异法、勒法异势、策变异势、三画异势、啄展异势、乙脚异势、宀头异势、倚戈异势、页脚异势、垂针异势等。如烈火异势："出于正体，书于铭石时，或用之。法以发势筑，迅激而劲侧，'从'字头、'佥'字脚用之。"④

4. 结裹法

《玉堂禁经》讲了结裹也就是结字法，包括突显阴阳矛盾对比的抑左升右法、举左低右法、促左展右法、实左虚右法和突显字势的左右揭腕之势、一上一下不齐之势、钩裹之势、欲挑还置之势、钩努之势、欲放而更留等两个方面。"夫言抑左升右者，'图''国''圆''冏'等字是也。夫言举左低右者，'崇''岂''嵩'等字是也。夫言促左展右

① 《历代书法论文选》，上海书画出版社，1979 年，第 286 页。
② 同上注，第 217 页。
③ 同上注，第 219 页。
④ 同上注，第 22 页。

者，‘尚’‘势’‘常’‘宣’‘寡’等字是也。夫言实左虚右者，‘月’‘周’‘用’等字是也。夫言左右揭腕之势者，‘令’‘人’‘入’等字是也。夫言一上一下不齐之势者，‘行’‘何’‘川’等字是也。夫言用钩裹之势者，‘罔’‘冈’‘白’‘田’等字是也。夫言欲挑还置之势者，‘元’‘行’‘乙’‘寸’等字是也。夫言用钩努之势者，‘均’‘匀’‘旬’‘勿’等字是也。夫言将欲放而更留者，‘人’‘入’‘木’‘火’等字是也。”[①]总括而言，结裹法体现的是结字上突显左右、高低、虚实、促展、留放、挑置、努裹等矛盾关系的思想。

隋代释智果的《心成颂》和唐欧阳询所著的《三十六法》也是专门探讨结字的，其思想内容与《玉堂禁经》多所一致。如《心成颂》："回展右肩，头项长者向右展，‘宁’‘宣’‘台’‘尚’字是。长舒左足，有脚者向左舒，‘宝’‘典’‘其’‘类’字走。峻拔一角，字方者抬右角，‘国’‘用’‘周’字是。"[②]如《三十六法》："顶戴字之承上者多，惟上重下轻者，顶戴欲其得势，如‘叠’‘垒’‘药’‘鸾’‘惊’‘鹭’‘髻’‘声’‘医’之类。向背字有相向者，有相背者，各有体势，不可盖错。相向如‘非’‘卯’‘好’‘知’‘和’之类是也。"[③]

但是，字势和结裹法都不是死的，掌握基本方法后，关键还在于懂得权变、互出之道，所谓运用之妙，存乎一心。"夫用笔起止，偏旁向背，其要在蹲驭。起伏失势，岂止于散水、烈火？其要在权变。改置裹束，岂止于虚实展促？其要归于互出。晓此三者，始可言书。"[④]

5. 工具

唐人还论述了纸墨等书写工具对书法的影响。"纸墨相发，四合

---

① 《历代书法论文选》，上海书画出版社，1979 年，第 227 页。
② 同上注，第 93 页。
③ 同上注，第 99 页。
④ 同上注，第 228 页。

也……纸墨不称，四乖也”[1]，孙过庭《书谱》提出“纸墨相发”的概念。虞世南《笔髓论》谓：“书弱笔强纸，强纸弱笔，强者弱之，弱者强之。”[2]卢携《临池诀》解释较为详尽：“用水墨之法，水散而墨在，迹浮而棱敛，有若自然。纸刚则用软笔，策掠按拂，制在一锋。纸柔用硬笔，衮努钩磔，顺成在指。纯刚如以锥画石，纯柔如以泥洗泥，既不圆畅，神格亡矣。画石及壁，同纸刚例，盖相得也。”[3]

6. 精神

唐人重视精神以及心意关系。写字前要澄神静虑，志气冲和，意在笔前，如此则精神洒落，下笔恣肆矣。欧阳询《八诀》：“澄神静虑，端己正容。秉笔思生，临池志逸。虚拳直腕，指实掌空。意在笔前，文向思后。分间布白，勿令偏侧。墨淡则伤神采，绝浓必滞锋毫。……斜正如人，上称下载，东映西代，气宇融合，精神洒落。”[4]李世民《笔法诀》：“夫欲书之时，当收视反听，绝虑凝神。心正气和，则契于玄妙；心神不正，字则欹斜；志气不和，书必颠覆。其道同鲁庙之器，虚则欹，满则覆，中则正。正者，冲和之谓也。”[5]

## 二、唐人尚法的形成因素

### （一）政治的大一统要求有统一的审美规范

隋唐的统一结束了南北朝的分裂局面，大一统的强势王朝建立，各项文化事业逐渐繁荣。大一统的王朝需要有统一的思想和文化，唐代各项文化制度逐步完善，官方出面组织编纂《五经正义》作为科考

①《历代书法论文选》，上海书画出版社，1979 年，第 127 页。
② 同上注，第 111 页。
③ 同上注，第 295 页。
④ 同上注，第 98 页。
⑤ 同上注，第 117 页。

标准，统一的经学思想被确立。士人的思想也从南北朝时期崇尚玄学、表现自我逐步回到儒家礼乐文化的范畴上来。思想的统一也影响了书法的审美，并促成了唐楷的成熟。魏晋南北朝社会的动荡和思想的活跃为多变、动态行草书风提供了自由表现的理想背景，唐代思想的统一也限制了书家的想象力，工稳、静态的楷书更适合时代的需要。对法度的严苛要求，使楷书这种讲究规则的书体在唐代发展到了鼎盛，以后再也无法超越。于是唐代涌现出虞世南、欧阳询、褚遂良、颜真卿、柳公权等一大批独具特色的、有代表性的楷书大家。

（二）书体变革基本完成，进入书法理论的总结阶段的必然结果

当然，楷书的兴盛与书体的发展规律相关。汉代以来，隶书演变朝着行书、草书、真书的方向发展，从技法上讲，真书的要求是最高的，也应该是最晚成熟的。行草书在王羲之的手里已经发展成熟，足以表率后昆，楷书终于在唐代书法技法总结中达到最后的成熟。各体书法的成熟要求对书法理论进行总结。

（三）李世民的推崇推动了笔法的研究与完善

唐人尚法局面的具体形成是在李世民的个人提倡下完成的。李世民推尊王羲之为“书圣”，确立了王字的一尊地位和示范作用。上行下效，众臣传承和总结王羲之的技法就成为风尚。

## 三、唐人尚法的影响

（一）建构了从技法到批评完整的书法理论体系

唐人的书法理论包含两个方面，一是系统总结“二王”技法，二是建构了自己的书法批评体系。技法上的总结，上承隋代释智果的《心成颂》，经欧阳询《八诀》《传授诀》《三十六法》《用笔论》、虞世南

《笔髓论》《书旨述》、唐太宗《笔法决》《论书》、孙过庭《书谱》、张怀瓘《论用笔十法》《玉堂禁经》、蔡希综《法书论》、徐浩《论书》、颜真卿《述张长史笔法十二意》、韩方明《授笔要说》、林蕴《拨镫序》、卢携《临池诀》。这些书论有的侧重讲笔法，如唐太宗《笔法决》；有的侧重讲结字，如欧阳询《三十六法》；到张旭所授"五执笔""八法""九用""五势"等内容，笔法体系逐渐完善起来。书法批评上，有李世民《王羲之传论》、李嗣真《书后品》、张怀瓘《书议》《书估》《书断》《文字论》《六体书论》、窦臮《述书赋》和孙过庭《书谱》。《书后品》遵从《书品》的模式，把书家分上、中、下三品，每一品又分为三等；《书议》则从书体的角度，分真书、行书、章草、草书对书法家进行排序；《书估》则把历代书家分为上、中、下三等进行评估；《书断》梳理了古文、大篆、籀文、小篆、八分、隶书、章草、行书、飞白、草书十种书体的历史，又把书法家分为神品、妙品、能品进行排序。张怀瓘的书法批评已经比较全面、系统。唐代最重要的书法批评著作是孙过庭的《书谱》，从书法史、用笔论、创作论等角度对书法理论和批评展开论述，产生了重要影响。笔者有《论〈书谱〉的价值》[①]一文专门讨论，此不赘述。

### （二）开创了有唐一代的严谨书风

唐代系统的书法批评理论对书体源流、书家优劣、用笔论、创作论做了全面而系统的论述，并用来指导书法的学习和创作，影响了唐代的书法学习和创作，形成了有唐一代讲究法度的严谨书风。与晋代千姿百态、潇洒飘逸的书风不同，唐代书法显得更加庄重、谨严，书法性格较为内敛。

---

① 张广村，《论〈书谱〉的价值》，《中国书法·书学》2016 年第 12 期。

### （三）创造了彪炳后世的唐楷书体

法度的森严正好适应了楷书的需要，所以，唐代的楷书特别发达，形成了虞体、欧体、褚体、颜体、柳体等风格各异的楷书书体。楷体的兴盛成为唐朝书法的象征和标志。

## 四、唐人尚法平议

从用笔、识势、结裹三个方面来看，唐人之“法”是总结前人用笔并加以归纳命名的结果。用笔解决的是点画的书写问题，识势实际上是把单个汉字分解成多个符号模块，结裹是把这些符号模块组合成完整的汉字。“点画—字势—结裹”就完成了整个字的书写，由此可知，唐人采用的是先分析后综合的思维方法。其着眼点多在汉字书写的形质层面，虽然唐代书论也提及精神、性情等概念，但毕竟不占主导地位。这一点而言，与晋人唯观神采的尚韵书风是有很大区别的。晋人清通简要，崇尚精神，最怕烦琐，不愿意像唐人一样总结出这么复杂的方法、规矩。据韩方明所云，张旭之前并无“九用”“五势”的说法，只是张旭为教学需要做的总结。总结的结果就是把无形存在的阴阳转接的规律进行了高度的概括归类并命名，使后学者便于入门操作，这是其优点所在。便于操作的同时，唐人也用具体命名的名相为本来如云龙般自如变化的书法特性加上了一层枷锁。对法度的过度强调，增强了唐人书法的程式化，唐楷的出现就是一个明证。不光唐楷，就连行书在师徒授受之际，也有太多的相似之处，陆柬之的《文赋》在形神上都有欧阳询的影子。

从某种程度上说，对法度的过度崇尚，限制了唐人书法的想象力和创造性。当然这也与当时大一统的文化特性相关。总的来说，与千姿百态的晋人书法相比，唐人书法更加讲究规范，虽然也强调权变，但是思想行为的禁锢，导致大部分人墨守成规，张旭、怀素也是由于其癫狂的个性才创造出别具一格的狂草体，而大部分唐人喜欢写规矩有度的楷书，楷书在唐代的兴盛也超过了任何朝代。

唐人尚法，至高境界亦是无法，也提倡如晋人般萧散简远的风致和书写时自由自在的状态。如张怀瓘《评书药石论》："圣人不滞于物，万法无定，殊途同归，神质无方而妙有用，得其法而不著，至于无法，可谓得矣。"①也提到了书法追求意态纵横、幽若深远、不可测度、无法言说的美学境界。"皆亦萧散，恣其运动。然能之至难，鉴之不易，精察之者，必如庖丁解牛，目无全形，析之分理。其有一点一画，偃亚中间，绰有余裕，结字峻秀，类于生动，幽若深远，焕若神明，以不测为量者，书之妙也。"②然而，唐人终究限制在了规矩里，能如晋人般自在书写，作品呈现出多种面目的少之又少。

虽然说唐人千方百计地证明自己的笔法就是"二王"的"法"，但是，归根结底与晋人书法崇尚自由精神、着重表现自我的尚韵之风是背道而驰的。所以，能不能这样说，唐人的"法"实际上是总结或是提炼了晋人的用笔技巧而已，把一些无形的笔法规律总结命名了。

重视规矩、总结规矩可能是任何一项事物发展的必然阶段。规矩太甚就会有"反之动"的力量来改变它，那么，接下来宋人尚意的书风也就不难理解了。

---

①《历代书法论文选》，上海书画出版社，1979 年，第 229 页。
② 同上。

# 论越南使臣对儒学思想的承继与变新*

严　艳**

儒家思想在越南的传播最早可追溯到郡县时代秦汉时期。何成轩称此一时期在中原战乱中有数十万移居岭南的中原人，这一大规模的人口迁徙会有意无意地将儒家思想及其意识形态带到岭南。[①]秦始皇在交趾建立政权后推行“书同文”的政策进一步促使儒学在越南的传播，正如阮朝使臣李文馥所描绘的在越南民众中出现“家孔孟而户程朱”[②]的现象。越南使臣是越南文人中独特的群体，他们多出身于科举，有浓厚的儒家思想。此前学界有关越南儒学思想的研究取得一定成果，很多研究都有真知灼见，如孙衍峰指出越南儒家思想中的忠孝问题与中国儒学有明显的差异[③]，梁志明在研究中称越南所流传的儒学根本没有独立于中国儒学之外，而是直接将中国儒学体系应用于本国。[④]然越南使臣的儒学思想却缺乏具体研究，本文拟以使臣这一文人群体为关注点，阐述他们对中国儒学思想的承继与变化。

* 基金项目：2018 年国家社科基金一般项目“越南北使汉文文学整理与研究”（18BZW094）、2019 年国家社科基金重大项目“东亚汉诗史（多卷本）”（19ZDA295）阶段成果。

* 佛山科学技术学院特聘青年研究员。

① 何成轩，《儒学南传史》，北京大学出版社，2000 年，第 69 页。

②〔越〕李文馥，《闽行诗话》，见《越南汉文燕行文献集成》（越南所藏编），第十二册，复旦大学出版社，2010 年，第 260 页。

③ 孙衍峰，《儒家思想在越南的变异》，《解放军外国语学院学报》2005 年第 4 期。

④ 梁志明，《论越南儒教的源流、特征和影响》，《北京大学学报（哲学社会科学版）》1995 年第 1 期。

## 一、中国儒学南播对越南文人思想的影响

郡县时期中国儒学在越南就有广泛传播。越南独立自主之后，自李朝始就以儒家思想作为维持统治秩序的思想理论，李朝于1070年“修文庙，塑孔子像”[①]，并设立国子监，培养儒士。李朝不仅仅在形式上“尊孔”，还将之制度化，据《大越史记全书》载，李太宗规定各级官吏每年都必须到铜鼓神庙行盟礼，宣读“为子不孝，为臣不忠，神明殛之”等誓词。虽然李朝时期佛教占据国家主导地位，但其所尊奉的治国国师却多兼具儒家思想，如满觉禅师“学通儒释”；宝鉴禅师“幼习儒业，诗书礼易，无所不究”。至陈朝时期，儒学就已取代僧、道成为社会中的主流思想，儒士的地位也获得显著提高。“在政权机构中儒士出身的官吏日益占优势，他们担当着朝廷中的重要职务。文学创作也完全由儒士阶层承担起来。”[②]黎朝时期，儒家思想在越南社会中已占据正统地位。黎朝统治者在全国推行儒学，就连新开发的边境地区也同时推行以家族为核心的儒家伦理教义。[③]阮朝作为越南封建社会中最后一个王朝，也以儒家思想为正统治国理念，如嘉隆三年（1804）阮朝第一代皇帝阮福映发布诏书宣称：“王者以孝治天下，而孝莫大于尊亲，追崇祖宗，所以致敬而达孝也”[④]，并将以儒家思想为主导的《皇越律例》作为治国法典。可以说郡县时期之后儒家思想在越南社会中仍具有重要地位。

随着儒学的传播，儒家思想对越南文人也影响深远。在陈朝时期，儒家思想就已在文士中有一定的影响，如张汉昭作《浴翠山灵济塔记》

① 〔越〕吴士连著，陈荆和编校，《大越史记全书》卷一，东京大学东洋文化研究所，1985年，第245页。

② 越南社会科学委员会编著，北京大学东语系越南语教研室译，《越南历史》，北京人民出版社，1977年，第249页。

③ 〔新〕尼古拉斯·塔林主编，陈明华等译，《剑桥东南亚史》，云南人民出版社，2002年，第221页。

④ 阮朝国史馆，《大南实录正编第一纪》卷二十四，庆应义塾大学语学研究所，1968年，第656页。

时云："为士大夫者非尧舜之道不陈前，非孔孟之道不著述。"后黎朝的开国功臣阮廌（1380 ～ 1442）在抗明胜利后写下著名的《平吴大诰》，开头即宣称"仁义之举，要在安民；吊伐之师，莫先去暴"，以儒家"仁义"作为立章立论的重要依据。广南阮氏翰林院阮光前因坚持儒家正统观，反对阮主向清朝申请册封被罢职，"时闽浙干总黎辉德难船泊我洋分，厚赐遣归。因送清俘李文光等十六人于福建。命光前为书以'安南国王'称之。光前执不可，上怒罢其职"①。从中可见，儒家思想已被越南民众广泛接受，尤其成为越南文人的主导思想。

人员流动与书籍流动也促进了儒家思想在越南的传播。在郡县时期，中国派驻的官吏对儒学的传播起到积极推进作用，如被越南人民尊称为"士王仙"的士燮。他在任职期间大力在交趾地区推广中原文化。郡县时期历朝南迁的中原士大夫以及被贬为官朝臣都自觉不自觉地将儒家思想南传。在中越宗藩关系中，中国政府也多次颁发给越南朝廷与儒学相关的学籍，如《大越史记全书》载：己亥（1419）春二月，明遣监生唐义，颁赐"五经""四书"、《性理大全》《为善阴骘》《孝顺事实》等书于府州县儒学。②《明太宗实录》亦载："永乐二十年（1422）五月庚申，交趾宣化、太原、镇蛮、奉化、清化、新安等府及所隶州县学师、生员贡方物诣阙，谢赐"五经""四书"、《性理大全》《为善阳骘》书。皇太子令礼部赐赉之。"中国儒学典籍对越南文学产生了进一步影响。"自明成祖颁定五经、四书、《性理大全》于府州县学，而文学始渐发达，至黎而文献得称于中国矣。"③越南学者武跳在《古今儒教》中也同样称越南诸多儒学家虽然培养了众多学子，也撰写了许多

① 阮朝国史馆，《大南实录前编》卷十，庆应义塾大学语学研究所，1961 年，第 148 页。

②〔越〕吴士连著，陈荆和编校，《大越史记全书》卷一，东京大学东洋文化研究所，1985 年，第 245 页。

③ 佚名，《大南郡县风土人物略志》，越南汉喃研究院藏抄本，编号 A. 1905。

“四书”“五经”的注解，但他们只是停留在对中国儒学的理解和应用上，很少能提出批判意见或违背之说。[①]

在儒学南播的影响之下，儒家思想始终是越南文人的核心思想，他们以儒学为立身德行之本。在时代和环境的影响之下，越南使臣作为越南文人的代表，他们自然也深受儒学的熏陶。

## 二、科举取士对越南使臣的儒学思想的影响

科举制作为封建社会选官的重要方式，自产生便与儒家思想密切相关。儒学在中国的升沉与科举制的发展演变同步，而儒学在中国的广泛传播也正得力于科举中的倡导利诱，儒家思想成为中国传统文化的主体也在于科举制度的支撑。因而，某种意义上可以说科举制是儒学制度化的核心。

儒家思想在越南民众中的传播也与越南科举制度密不可分，如黎阮时期进士科中第一场考经义，以“四书”“五经”等儒家经典为主。在乡试中，经义之考常被列为考试第一场，如洪德六年（1475）规定会试考试内容：“第一场，四书八题，其中《论语》三题、《孟子》四题、《中庸》一题，士人自择四题作文，不可缺。五经每经各三题，独《春秋》二题。”[②]阮朝时期第一场制艺考试也规定以经传为内容，如嗣德四年（1851）规定乡试、会试均出：“五经”各一题，“四书”中《大学》《中庸》一题，《论语》《孟子》一题。甚至殿试中也以“四书”“五经”为主要考察内容，如景统五年（1502）壬戌科殿试中的策问中一道“《论语》二十篇，何篇无‘子曰’句”[③]，直接考察对儒家经典

①〔越〕武跳主编，《古今儒教》，越南社会科学出版社，1990 年，第 30 页。
②〔越〕陈文为撰，陈积校删，《黎史纂要》卷三，越南汉喃研究院藏抄本，编号 A. 1452/1。
③〔越〕陈维撰，《登科录搜讲》，越南国家图书馆藏印本，藏书号 R. 21。

的熟知程度。可见儒家经典已经是越南科举中从乡试、会试乃至殿试一以贯之的主要考察对象。经义成为越南科举考试中各类科举文体的基础。为切合科考内容，越南教育中将儒家经典作为重要的教学内容，如阮圣祖时，国子监置祭酒、司业、学正，担任教职。生徒有三种：来自皇室子弟的被称为“尊生”，来自官吏家族的被称为“荫生”，以及来自于普通民间家庭的“学生”。生徒学习的主要内容便是“四书”“五经”。越南封建政权在具体社会导向上也促进儒家经典传播，如阮朝实行以儒学为主导的教育制度，“社择一人有德行文学者，免其徭役，使以其学教授。邑中子弟人年八岁以上入小学，次及《孝经》《忠经》。十二岁以上，先读《论》《孟》，次及《庸》《学》。十五岁以上先读《诗》《书》，次及《易》《礼》《春秋》，旁及子史”[①]。“熟读四书二三卷或课间一章中者亦酌免徭役”[②]。越南科考中侧重考察儒家思想及汉语文学能力。这一以儒学为核心的取士标准促进了儒学在越南的传播和发展，也加深了儒学在越南民众思想中的影响力。越南科举与儒学密不可分，正如中国学者陈文指出，越南科举“主要以儒家纲常伦理和道德规范为标准”[③]。其主要表现在以下几个方面：一是在科考形式上以儒家思想为规范。越南科考资格受儒家思想观念的影响，潘辉注《历朝宪章类志》中记载越南科举考试规定“其不孝、不睦、不义、乱伦及教唆之类，虽有学问词章，不许入试”[④]，将儒家忠孝悌义纳入科举考试的规定之中。二是在科考内容上以儒家经义为准则。王小盾在《越南汉喃文献目录提要·序》中就指出，越南经学古籍中留存有“举业用书

① 阮朝国史馆，《大南实录正编》卷二十二，庆应义塾大学语学研究所，1963 ～ 1968 年，第 636、346 页。

② 阮朝国史馆，《大南实录正编》卷五，庆应义塾大学语学研究所，1963 年，第 374 页。

③ 陈文，《科举取士与儒学在越南的传播发展——以越南后黎朝为中心》，《世界历史》2012 年第 5 期。

④〔越〕潘辉注，《历朝宪章类志·科目志》卷二十六，越南汉喃研究院藏抄本，藏书号 A. 2061。

多的特点"，"《四书策略》则有五种抄本存世——表明科举造成了对经学书籍的广泛需要。"[①]越南现存经学古籍大多与科举相关，且出现多种不同抄本，可见这类书籍在越南文人中有广泛的需求。越南举业书中还留存大量依据中国典籍，尤其是"四书""五经"的内容所编撰的廷试经义文集，既有依据单部经史取材的，如取材于《论语》的《论语制义》《论语习业》《论语精义》等，也有杂取多部经典的，如《论孟策段》（又名《论孟策附性理》）、《时文纂要全集》、《精义抄集》（又名《精义别裁》）、《经传精义》等，都是依据《论语》《孟子》《中庸》《书经》《诗经》及中国史籍等编撰的。

越南使臣多出身于科举，尤其是在儒学繁荣的时期，如后黎朝如清使有除了三位使臣未见有相关科举记录外，其他 608 人均有进士身份。[②]越南科举取士促使儒学思想在士人中的传播，对"勤于举业"的使臣更是影响深远。如阮辉僅"尝自节略《五经》《性理》印行，取便举业"[③]。汉儒主要提倡《春秋经》；唐儒多集中谈论"四书"，尤其强调《论语》及《孟子》，他们在儒家思想中又常常融入道家思想；宋儒则多关注"经易"，因而儒士中多精通中国哲理者。越南使臣同时受中国汉儒、唐儒、宋儒三种思想的影响并能融会贯通，其中一部分使臣还融汇释、道思想，如被称为"越南大儒"的黎贵惇即兼儒、释、道三家思想。越南使臣儒学著述繁多，尤其多的是对儒家经典撮要及注疏的专著。如黎贵惇对"四书""五经"都进行了深入研究，并撰有《诗说》《书经衍义》《礼说》《易经肤说》《春秋略论》等著作；阮辉僅据中国《性理大全》与"四书""五经"分别撰有《性理纂要》《四书五经纂要》。还有一部分为应对科举中儒家经义而对儒家经典进行摘节，如吴

---

① 王小盾，《越南汉喃文献目录提要·序》，台北"中央研究院"中国文哲研究所，2003 年，第 xiv 页。
② 佚名，《大越历代登科录》，越南国家图书馆藏印本，藏书号 R. 116。
③《皇越诗选》中卷，越南汉喃研究院藏抄本，藏书号 A. 3162。

时任撰《春秋管见》，阮文超撰《诸经考约》《四书摘讲》等。

越南使臣积极投身于科举也正是儒家积极入世的外在体现，正如潘辉益在书室所题对联“学为君子儒以辰（时）进德修业，身居太平世所志显视（世）扬名”①。

## 三、越南使臣对儒学思想的承继

越南使臣的儒学思想主要体现在他们的著述中。越南使臣与儒学有关的著述数量繁多，除了在科举中专门对儒家经典进行撮要注疏外，他们还专门著文阐释儒学思想，而一些儒学思想也展现在诗文甚至小说中。

越南使臣的儒学思想主要承继于中国儒学，如吴时任在《芹曝卮言序》中云：“不知《大学》，不可以经纶天下之大经；不晓《周官》，不可以理会三才之能事。”②后黎朝黎贵惇作为越南使臣儒家思想的代表人物，黎氏众多著述中的儒学思想都直接承继于中国书籍，如《群书考辨》主要摘录《尚书》《春秋》等中国经史中先贤大儒的观点，《圣模贤范》则摘抄中国儒家经典和名儒家训格言，《阴骘文注》增删黄正元所著的《丹桂籍》和宋思仁的《阴骘文注》成书。越南使臣著述中流露出浓厚的儒学思想。在数量众多的诗文创作中，使臣常常将儒家思想融入其中，如颜保先生在论及中国小说在越南传播时云：“儒家思想对越南作家的深刻影响，使他们无法对历史小说，甚至对颇受广大市民群众欣赏的志怪小说产生兴趣。至今没有发现几本这类小说的改编本。”③而中国才子佳人小说在越南的广泛传播正是符合儒家观念影响下的越南

---

①〔越〕潘辉益，《裕庵文集》，越南汉喃研究院藏抄本，藏书号 A. 604。

②〔越〕吴时任，《金马行馀》，见《吴时任全集》（一），越南社会科学出版社，2005 年，第 747 页。

③〔法〕克劳婷·苏尔梦编著，颜保等译，《中国传统小说在亚洲》，国际文化出版公司，1989 年，第 196 页。

文人思想及审美心理。越南研究者陈光辉所撰《越南喃传与中国小说关系之研究》认为越南喃传的作者多为士大夫，他们强烈的儒家思想，对于常被冠以“诲淫”“诲盗”罪名的《水浒传》《金瓶梅》《红楼梦》等明清小说名著不免敬而远之，而才子佳人小说取材中士大夫意识和儒家伦理精神符合越南士大夫的士人思想。[①]“乐而不淫”的恋情符合儒家思想影响下越南文人对女性的传统要求，即“发之于情守之于礼”的心理。阮朝使臣阮攸在改编《金云翘传》时便刻意省略或是淡化处理原作中的“性”，代之以诗化朦胧的语言，如删节楚卿骗奸翠翘的情节，用“七字”“八艺”统称翠翘所需学习妓女“接客”的内容。

越南使臣所提出的具体的儒学观念也承继于中国儒学。如越南使臣中多人都论述到“纯儒”问题，阮朝使臣阮思僩作应制文《纯儒论》中云：

> 盖纯者纯一而不二也，心纯乎义理，虽见于事纯正，而无私尤难处。常事而纯诚乎于人固难，临大事而忠纯见于世，又难之难矣。自非粹然道义充积于中，所守确乎不拔，心事磊磊落落，如青天白日者，未足以尽乎纯之量也。左氏以石蜡为纯，臣此亦就大义灭亲一节称之。李世勣则无论矣。尝观古大臣之心之事，而更得所谓纯臣焉。行一不义杀一不幸，不为也，伊尹之志也。故能咸有一德，尧舜其君……君臣道合以功业显，故不以纯臣名。非以伊固所事者，太甲、成王中材之主，故独以臣道重名于古也。纯乎纯如二公者，盖视石碏不啻千百之于十一矣。后世如诸葛武侯遭汉末运，鞠躬尽瘁死而后已，其亦伊周之遇，而庶几伊周之心之纯欤……宋儒曰：“平日期虽犯颜也谏之士，则临事与仗节死义之臣，此则所

① 陈光辉，《越南喃传与中国小说关系之研究》，台湾大学中国文化研究所博士学位论文，1963 年。

以求乎忠纯之臣之道也。”①

在阮思僴看来，纯儒之纯就是忠于义理，心无二念，进而阐发“忠臣”“纯臣”之道。阮文超亦有此论，他在《御批作王阮亭国士桥诗论》中云：“夫人臣委质而不贰也，不择事而安之也。文王终身事纣而不见其他。柳下惠三黜于鲁而不步去。诚以君臣之义，无所逃于天地之间。惟尽其职竭其诚，而上之知不知，已之当报不当报。无容拟议也。夫是谓之忠臣纯臣。”②“纯儒”之说并非越南使臣自我生发，也是直承中国文人之论，如《汉书·叙传下》：“谠言访对，为世纯儒。”《后汉书·郑玄传》：“至于经传洽孰，称为纯儒。”但越南使臣又进一步做了具体阐释，他们眼中的纯儒具有“忠”“义”思想，应为忠臣死义之士。

越南使臣所承继的中国儒学思想主要有以下几个方面：其一，忠义思想。中国儒家思想的核心是“忠”与“义”，这也在越南使臣文集中多有体现，如阮仲常评丁儒完的《默翁使集》云：“国音、唐律互相发明，五言、七言不一而足，要其情词感慨，不外乎忠君、孝亲两端而已。”③中国文人缪艮、杨瑜对李文馥的评价：“所过名山大川，皆当日龙门所不及到此。雕题凿画、骇浪惊涛，怪怪奇奇、千态万状，而遥吟俯唱，总不越忠君爱国之思。是其鸿爪雪泥，非若风云月露可比。”④“山川跋涉，风浪为邻，乃与万死一生之中，不改挟册沉咏之乐，履危而安。古人云‘忠信涉波涛’不信然欤?”⑤陈名案在《谅山感题》（其二）诗中写“一片孤忠日月明”，黎光定《题湘山寺》“亦将忠孝渡迷

① 〔越〕阮思僴，《纯儒论》，见《石农文集》，越南汉喃研究院藏抄本，藏书号 Vhv. 1389。

② 〔越〕阮述，《荷亭文抄》，越南汉喃研究院藏抄本，藏书号 Vhv. 2359。

③ 〔越〕阮仲常，《默翁使集引》，见《越南汉文燕行文献集成》（越南所藏编），第一册，复旦大学出版社，2010 年，第 303 页。

④ 〔清〕缪艮，《西行诗记序》，见《西行诗记》，越南汉喃研究院藏抄本，藏书号 VHc. 2603。

⑤ 〔清〕杨瑜，《西行诗记跋》，见《西行诗记》，越南汉喃研究院藏抄本，藏书号 VHc. 2603。

津”，吴时位评：“此句若与韩公辨，省得《佛骨表》许多笔力”，亦寓排佛之意。韩愈一生力辟佛道，为纯儒之士。越南使臣文章中也强调“义”字，正如李文馥在《三之粤集草·引》中所云：“前两次以护送风难师船去，义也；此则以护解洋俘去，亦义也，俘曷由水路解乎！乙未夏，粤有水匪，抢掠于广东洋分者，获其党三人，余皆奔逃，夫天下之恶一也。”[①]将一“义”字视为最重要的精神。其二，孝悌思想。“孝悌”即孝顺父母、兄弟友爱，这被儒家视为做人、为学的根本。使臣在个人诗文集中多表达孝悌思想，如李文馥在广东公干期间阅读中国《二十四孝》并依据其作《二十四孝故事》演音。其三，仁智统一。越南使臣诗文中常提到“智仁”“仁智”，如胡士栋《游二贤祠》：“造物多情厚智仁，烟花犹似往时春。”[②]“仁智”思想语本《论语·雍也》：“智者乐水，仁者乐山。”“仁”成为儒家最高的道德准则和境界，仁也构成儒家伦理忠、孝、礼、信等思想的核心。“仁”不仅与“智”统一，还常与“义”并举，如黎光定“求仁自古得仁难，饮义如君死亦欢”[③]，将“仁”与“义”视为重要的人生价值标准。

越南使臣的忠君、仁义、孝悌等儒家思想都不出中国儒学藩篱，他们在熟读中国儒学书籍之后，直承于其中的思想。

## 四、越南使臣儒学思想中的新变

中国儒家思想传播至越南后也经过接受与整合，越南文人对儒家思想也进行了选择与重构，同时融入越南本土文化因素。一些研究者也指

---

①〔越〕李文馥，《三之粤集草》，见《越南汉文燕行文献集成》（越南所藏编），第十三册，复旦大学出版社，2010年，第236页。

②〔越〕胡士栋，《花程遣兴》，见《越南汉文燕行文献集成》（越南所藏编），第六册，复旦大学出版社，2010年，第16页。

③〔越〕黎光定，《华原诗草》，见《越南汉文燕行文献集成》（越南所藏编），第九册，复旦大学出版社，2010年，第143页。

出，中国儒学传播到汉文化圈中各国家时，儒家思想也随着当地的地域文化产生了一定的变异：朝鲜儒学以“礼”与“纯”为主导思想，日本以“忠”为主要的思想观念，在越南则是“把儒家思想中‘义’作为主要精神”[①]。越南使臣对中国儒学的接受中也体现了这一差异性，表现出对中国儒学思想的突破与变新。

越南使臣对儒家思想的新变中最突出的是他们的“忠”的思想。中国文人士大夫所表达的“忠”是忠于君，而越南文人的“忠”却是忠于国。如作为西山朝的使臣潘辉益，先仕后黎，后又改仕西山朝，最后又为阮朝效刀笔之劳。他有《叹忠义》一诗：

> 铁石肝肠断无疑，挺然独立固邦基。临危守节心无改，忍死捐生志不移。刚劲直须安国祚，英雄还是出天资。真乡汲黯今何在，烈日秋霜四海知。[②]

潘辉益在后黎朝将要灭亡之际多次参与战斗，但终于败于西山军。他出仕西山王朝之后，又在西山与阮朝的战争中奋勇护国，直至西山被阮朝取代。在阮朝建国后，他又为阮朝政权服务，多次担任中越邦交文书的书写者，还因自己所写文书受阮帝赏识而沾沾自喜。潘辉益自视为“忠臣”，因为他一直实践着“固邦基”的行为，为保家卫国矢志不移。

越南使臣对儒家思想的另一新变是他们融佛、道入儒学。如黎贵惇在政治上主张儒家“民本”，却又融合老庄“无为而治”的思想，从而提出“取德而宽民力”的观点，主张“治以无事，不生事亦不废事，则民自称臣”[③]。黎贵惇有名的“理气说”也是在接受宋代儒家理学的基础中，融入释、道的影响。他认为：

> 天地之间皆气也，理者言其实有而非无也。理无形迹，因气而

---

① 〔越〕黎文诗，《19 世纪越南诗歌的儒家文化透视》，广西大学硕士学位论文，2012 年。

② 〔越〕潘辉益，《裕庵吟录》，越南汉喃研究院藏抄本，编号 A. 603。

③ 〔越〕黎贵惇，《全越诗录·例言》，越南汉喃研究院藏抄本，藏书号 H. M. 2139。

> 见，理即在气之中。阴阳奇偶知行体用，可以对言，而理气不可对言也。太极者一也，混元一气也。一生二，二生四，以生万物。是太极有一也。大衍之数五十，虚一不用以象太极。非有而何一阖一辟谓之变，往来不穷谓之通……天属阳，地属阴。阳主动，阴主静，比分配言之也。天之用常动，而其体未尝不静。地之体本静，而其用未尝不动。[①]

“天地理气”之说原本出自朱熹《朱子大全》，朱熹称：“天地之间有理有气。理也者，形而上之道也，生物之本也。气也者，形而下之器也，生物之具也。是也人物之生，必禀此理，然后有性；必禀此气，然后有形。”何成轩在研究越南儒学时即指出，黎贵惇所主张的理气之说所融入道家阴阳等观念，与宋儒又有所不同。[②]越南学者也认为，“黎贵惇一反宋儒‘理为本’的思想，提出理因气而生，理存于气中，有气然后有理，理仅为气之属性，无气则理无所依的看法”[③]。黎贵惇融佛、道思想入儒学在其他使臣身上亦为常见。如西山朝使臣吴时任云：

> 自生民以来，文章之圣，莫如孔子。孔子文章，见于六经。六经之蕴，只是浑然一太极，太极之道，六经特载之尔。然则，六经者舟也，道者舟中人也。孔子以道为体，以六经为舟，故曰百家风涛而中流帖然不动。杨朱、墨翟、韩非、李斯之徒，破坏之而不沉，如日月星辰，昏霾不能掩其光明；山岳河海，烟雾不能损其高深。是以谓太极之粹。《孟子》七篇以后，杨之太玄，韩之原道，周之易通，程之易传，张之启蒙，邵之经世，皆六经之余裔，然其发挥阃奥，主意不一。朱子出而集其大成。[④]

---

①〔越〕黎贵惇，《芸台类语·卷一》，法国国家图书馆藏抄本，藏书号 HM2204。
② 何成轩，《儒学南传史》，北京大学出版社，2000 年，第 357 页。
③ 徐远和、李甦平、周贵华、孙晶主编，《东方哲学史》，人民出版社，2010 年，第 521 页。
④〔越〕吴时任，《金马行馀》，见《吴时任全集》（一），越南社会科学出版社，2005 年，第 832 页。

越南很多使臣虽精通儒学，却常有浓重的佛、道思想，如潘辉益在其所作《南程续集》中《读〈南华经〉譛述庄子》中云："天机浩荡思无涯，掇拾乾坤辩出来。奇谲有言成意象，虚明无物动形骸。百家未必窥玄旨，千古谁非企绝才。二十九篇寻嶷会，仙文切莫等齐谐。"①

越南使臣有着"三教统一"儒学观的原因在于：一方面，儒、释、道思想在越南民众中流传广泛。越南民间"好巫崇佛"，佛、道都在越南民众中有广泛信仰。儒学传入越南之时，佛、道二教也相继在越南传播。道家老庄及佛教禅宗思想在越南文人中亦很盛行。越南民众对多种宗教常表现出兼容并蓄的态度，如《大南实录》载阮朝时期各地的风俗中，丧葬用儒、佛二家。越南政权对佛道虽有抑制，如《大越史记全书》载黎太祖顺天二年（1429）六月十日下旨："诸僧道有通经典，及精谨节行，期以今月二十日就省堂，通身检阅考试，中者听为僧道，不中者仍勒还俗。"然打击力度都不大，"在越南，佛与儒的关系虽然有时儒教对佛教进行打击，但时间不长，程度不深，影响不广，一般都属于儒佛同行的状况"②，儒、释、道仍并行于普通民众之中。越南使臣作为掌握汉文学的优秀之士，在儒、释、道合流的文化背景下，文人意识与宗教思想相碰撞，在他们创作的汉文学作品中时有体现。如黎贵惇在儒、释、道三家思想之中回旋有余，佛教、道教清虚超寂，高谈道德，纵论形神。在他的 14 部著作中，有 7 部与哲学有关，尚不包括如《金刚经注解》《道德经演说》《存心录》《太乙卦运》等被一些学者寄于其名下的哲学著作。另一方面，他们受时代的影响易于接受佛老观念。黎阮时期南北战乱频仍，虽有太平时期（如《大南实录》中载黎阮南北政权曾"休兵三十年"），百姓得以安居，但不久又因西山战乱

① 〔越〕潘辉益，《裕庵吟录》，越南汉喃研究院藏抄本，藏书号 A. 603。

② 〔越〕释清决，《越南禅宗史论》，中国社会科学院博士学位论文，2001 年。

打破平静。即使在南北停战时期，各地盗寇也频繁扰民，官兵为剿匪四处征战。在这样的时代背景之下，佛老思想更容易被当时文人所接受。禅宗思想注重个人主观上的体悟，强调心境上一种随缘自适的状态。而老庄更是以注重自然的方式达到精神上的自适自得。越南使臣在对社会时代的困顿之下，儒家积极入世思想已无法解决现实中自身所遇到的矛盾，在理想破灭后，便会在佛老思想中寻找精神上的寄托。在儒家“达则兼济天下，穷则独善其身”观念的影响下，越南使臣早年多积极于科举仕进，中晚年后则多转向追求一种自适自足的生活道路。在“独善其身”期间，他们的超然洒脱、和谐旷达又在一定程度上受佛老思想的影响。因而，在这种民众内心多服膺于释道的大环境背景之下，越南使臣多存在“三教合一”，儒、释、道并重的思想。

## 五、结语

在中国儒学南播的大环境之下，越南使臣身受儒学影响，思想中都有很深的儒家观念。越南使臣直接承继中国儒学思想，他们精通汉字，在越南科举制度中，他们对中国儒家有深入研究。但在越南本土地域环境的影响之下，儒学在越南传播中又产生一些变异。越南使臣在接受中国儒学中的新变体现了中国儒学传播至越南时受地域、环境影响后实现的本土化。越南使臣作为越南文人的典型代表，他们对中国儒学的承继与变新体现了越南文人对儒学接受的过程与态度。

# 横井小楠“三代之道”理念

## ——尧舜三代与西洋近代之间

党蓓蓓*

## 一、导言

横井小楠（1809～1869）生于肥后藩（现今熊本县），是幕末著名的思想家。他的思想和理念对坂本龙马以及西乡隆盛等一批杰出的幕末维新的英雄豪杰产生了非常大的影响，被誉为幕末日本的时代的先觉者。通过他在送子侄赴美留学时所作的“明尧舜孔子之道，尽西洋器械之术，何止富国，何止强兵，布大义于四海而已”这首有名的汉诗，可以窥见他对“尧舜三代”理想社会的无限追求。小楠主张以儒学应对来自西洋开国通商的要求以及解决国内所面临的各种问题，提倡回归儒学的原点“三代之道”，并用“三代之道”来理解接受西洋的学问和政治制度，这便是小楠思想最大的特点所在。

作为理想社会最高典范的“尧舜三代”是指尧、舜、禹时代或将夏、商、周三代并称为“唐虞三代”。传统概念上的尧舜三代最早出现在春秋战国时期，虽然先秦诸子都曾不同程度上对“三代”有所论及，但儒家有关“三代”的论述影响最为深远。孟子在《孟子·离娄章句上》中曰：“三代之得天下也以仁，其失天下也以不仁。国之所以废兴

* 北京外国语大学日本学研究中心博士研究生。

存亡者亦然。”《大学》亦道：“尧舜率天下以仁，而民从之。”可见在儒家看来，“三代”是仁义礼和谐的时代。后又通过历代儒家的阐释，“三代”被塑造成为一个传统儒学理念的具有完善文物制度的理想时代，是实行民主制的太平时代。历代士大夫以怀念“三代”的方式来批判现实政治，提出改革变法设想，以求实现“三代”这一理想社会。故如何实现“三代”之治是儒家传统政治思想中的一个核心命题，亦是后世知识分子士大夫一生所追求的最高政治理想。[①]

然而，这一最高政治理想不仅为中国历代儒家知识分子所称颂，而且在日本奉朱子学为官学的德川时代的思想家之间也是共通的。在德川思想史上，“三代”同样是一个重要的概念，以荻生徂徕、服部南郭为代表的儒学者都对此有所论述，他们同样视“三代”的礼乐制度为社会理想的典范。但在德川幕府末期，随着西学东渐和来自西洋的威胁中，“三代”在近代逐渐改变了其以往思想史上的含义，被处于变革期的思想家们当作一种文明的准则去认识衡量西方社会[②]，并由此形成了一种认识西洋的媒介，成为德川后期日本人认识西洋的，除基督教概念的西洋观以外的另一种西洋观，即所谓“唐虞三代”的西洋观[③]。通过把“唐虞三代”由古代中国转移到近代西方，那么向西方学习就取得了普遍的合理性，为变法改制塑造了正当性。而本文将要讨论的横井小楠，作为对尧舜三代治世的热烈崇拜、追求其实现的思想家而为大家所知晓，他的“三代观”正体现了上述转型时期“三代观”的变化，在日本近代历史上可谓最独创、最具代表性的理念之一。

关于横井小楠，经过日本战后以源了圆为代表的多位思想史学家长

① 刘明，《西学东渐与晚清“三代观”的变迁》，《武汉大学学报（人文科学版）》2017 年第 4 期。
② 同上。
③ 渡边浩曾在《作为“唐虞三代”之西洋——中国学术对“明治维新”的影响》演讲中对此问题有所提及。

年的不断努力，横井小楠思想的研究在日本学术界已经取得了相当多的优秀成果，《季刊日本思想史研究》分别于1991年以及2002年出版了“横井小楠特集”。虽然中国学界对横井小楠的关注度和研究深度，可以说尚处于起步阶段，但近年来出现了以高增杰、陈毅立等为代表的一大批优秀的中青年学者对小楠进行研究。综观中日两国对小楠的研究，主要关注以下几个方面：小楠的儒学思想、政治思想（“公论”思想）、对外思想、教育思想、经济思想、藩政改革思想等。其中，有关横井小楠的儒学思想，一直以来是研究的热点。在进入正式论述之前，首先来回顾一下本文将要论述的横井小楠“三代之道”的研究史。

首先，作为小楠研究的里程碑式的人物源了圆在论文《明治维新和实学思想》[①]中，指出小楠后期的三代理念具有超历史性的性格，不是以往所谓的“向后看”的尚古主义，而是面向未来的具有实践意义的思想。平石直昭在1973～1974年所发表的《主体、天理、天帝——横井小楠的政治思想》[②]中，通过与朱子学的比较，来考察小楠后期三代思想的特质。松浦玲在《横井小楠何谓儒学的正义（增补版）》[③]一书中，认为之所以小楠在40岁左右的时候强调“尧舜三代”的理念，是因为小楠认为朱子学已经无法对抗西洋的冲击，必须要回到“尧舜三代”才能应付当时所面临的内忧外患的局面。源了圆在20世纪末发表的《横井小楠在“三代学”中的基本概念的探讨》[④]一文中，将横井小楠的完成期思想视为“三代学”，从“诚”和“仁”、“思”与“格物”、“天”、“理”这四个侧面着手，在与大塚退野、荻生徂徕的思想进行比较的基础上，探讨了这些基本概念的内涵与相互关系。2011年

① 〔日〕坂田吉雄编，《明治维新史的问题点》，未来社，1962年。
② 〔日〕平石直昭，《主体、天理、天帝——横井小楠的政治思想》，《社会科学研究》1974年第3期。
③ 〔日〕松浦玲，《横井小楠何谓儒学的正义》，朝日出版社，2000年。
④ 〔日〕源了圆，《横井小楠在“三代学”中的基本概念的探讨》，东京国际基督学大学学报Ⅲ－A亚洲文化研究所别册，2005年。

野口宗亲整理出版了《横井小楠汉诗文诠释》[①]，其中收入并详细解释了小楠在后期经常诵读的《沼山闲居杂诗十首》等诗篇。对研究小楠后期的三代理念有较大的帮助。

通过梳理小楠的“三代之道”理念的研究史，可以了解到关于“三代之道”的先行研究以从思想史学视角出发的概念性的考察为主，源了圆和平石直昭的关注点主要是后期小楠与朱子学之间的关系，而缺乏对小楠政治思想与政治实践的关联性的关注。笔者在分析的过程中，发现“三代之道”的理念在不同时期内涵均有所不同，与小楠不同时期所面临的现实问题密切相关。本文将通过梳理横井小楠“三代之道”的形成与发展，来分析小楠“三代之道”理念在变革时期的内涵和特点。

本文对小楠“三代之道”理念的考察，大体上继承并参考了源了圆对横井小楠“三个时期”的分法，将其分成前期、中期、后期三个阶段来分析。前期从1840年小楠的江户游学时期到1854年；这一时期横井小楠关于三代的构想主要是继承了儒学中“修己治人”的理念，以自我修养和追求实现仁政（王道）政治为核心；中期主要是指在安政年间（1855～1860），这一时期，随着与越前藩藩士频繁的交流所获得的思想上的刺激，以及通过阅读《海国图志》所受到的西洋文明的冲击，使得小楠关于三代的思想不断地发生新的变化，赋予了三代新的理解；后期，是指从1860年开始到1869年小楠被暗杀为止的生命的最后阶段。

## 二、前期横井小楠“三代之道”理念的萌发

关于小楠提到“三代”的文字，笔者始见于小楠作于1843年11月

①〔日〕野口宗亲编，《横井小楠汉诗文诠释》，熊本出版文化会馆，2011年。

《题见闻私记后》的汉诗。在诗中，小楠提到了试图践行“三代”理念的大名——长州藩藩主毛利齐广。小楠在《题见闻私记后》一诗中说到毛利齐广时说，“信圣人之道，治民必以修身为本”[①]，认为毛利齐广从家庭礼仪等日常生活开始致力于自身修养的提高，并在此基础上治民，虽一生短暂却深受领民的爱戴。并评价“其立志之大，见识之明直比三代”，将其誉为以“三代之治”为政治目标的统治者。此外，还有一位被小楠誉为“三代”式理想君主的便是米泽藩藩主上杉鹰山。小楠曾评价他：“当今列藩之中，信圣人之道，以忠孝礼节立为国本者，乃米泽的鹰山公也。”[②]并在1845年7月1日给立花壱岐的书信中将其誉为实现了“三代之治道”的明君，“在皇朝三代之治道唯独此公”（注：此公为上杉鹰山）[③]。

而同时代的诸侯中，由于长期处于太平之世，使得当权者骄奢成风，而且武士皆沐浴太平之恩，多为游手好闲之辈，即使有所谓的明君，也都是以“功利”主义（即一己私利）治理天下，所以越治理民众就越贫困。小楠认为这便是导致幕府末期生民贫困交加的原因所在。所以，在这个时期的小楠看来，统治者所应追求的理想政治，不能是像秦朝汉朝一样以追求功利为目的的政治，而应该是“三代之治”。“三代之治”在这里具体是指君主应首先从心底立志于学习，并从家庭等日常生活中提升修养开始，最后达到治人这一《大学》所提倡的“修身，齐家，治国，平天下”的思想，唯有践行仁政和德治才能获取民心，从而实现太平之世。

从以上两处具有代表性的早期小楠对于“三代”用法的引用来看，这个时期“三代”一词只是与具体的特定人物比如上杉鹰山、毛利齐

---

①〔日〕山崎正董编著，《横井小楠·遗稿篇》，明治书院，1938年，第695～696页。
② 同上注，第67页。
③〔日〕山崎正董编著，《横井小楠·遗稿篇》，明治书院，1938年，第603页。

广等关联在一起片断性地出现在小楠的言行中。可见此时有关“三代”的思考在小楠心目中仅为萌芽状态。“三代”开始频繁地出现在小楠所作的诗文中是1855年以后的事情了。小楠从1855年开始逐渐喜用“三代”这个词来明确地表达自己的政治理念，后又变化出很多不同版本的说法，例如有“三代之治”“三代治道”“三代之工夫”“三代治道的格物”“尧舜三代的工夫”。笔者决定在这里用“三代之道”这个词来概括他完成期的思想。

## 三、中期横井小楠“三代之道”理念的发展：尧舜三代与西洋近代的结合

笔者发现，随着时间的推移，安政年间小楠的“三代”理念不再仅仅局限于当政者的相关内容，内涵变得更具体，思考的范围也逐渐涉及政治制度和经济。而且，这个阶段还有一个特点，即小楠强调“三代”时，在前面加上了“尧舜”二字，小楠在后期（40岁以后）开始注重三代以前神话中的皇帝尧、舜的事迹，“尧舜三代”这一说法逐渐增多。自1853年美国佩里率舰队驶入江户湾要求日本开国通商路之后，俄罗斯也相继率领舰队试图敲开日本的国门。这一连串的事件给小楠带来了巨大的危机感。1855年小楠通过阅读魏源的《海国图志》，了解到西洋世界，这也成为他转向开国论者的决定性原因。在转向开国论者的同时，小楠还萌生出在传统的朱子学的框架内无法解决目前的内忧外患等各种问题的想法。因此，小楠认为要改革儒学，恢复它本来的面目，返回《书经》中所描绘的“三代之道”，以谋求日本面对西方文明时所受到的冲击以及国内纷繁复杂问题的解决之道。

根据小楠年谱记载，在1855年，即小楠47岁时，发生了对他思想转变产生重大影响的一连串事情。首先，由于学问和政治路线的对立，

小楠与自己曾经的实学党盟友长岡监物绝交。又在同年，小楠在离熊本城近郊的沼山津开设了私塾，从夏天开始，用了三个月的时间，对魏源编著的世界历史地理书《海国图志》进行了集中讲授。横井小楠通过阅读《海国图志》从攘夷论转向开国论的同时，随着对未知西洋文明理解的加深，对文明的吸收也实现了质的飞跃。

尤其是在1857年，小楠将自己阅读以及讲授《海国图志》后的思考，通过题为《沼山闲居杂诗》的一组汉诗表达了出来。组诗的中心内容是小楠认为只有尧舜之道才能使当今日本民众过上安定的生活。《沼山闲居杂诗》原本有十首，后来被删除了三首。其主要内容大致如下：(1) 尧舜的禅让；(2) 尧舜的君臣关系；(3) 尧舜的政治；(4) 舜的经济（交易·富国）；(5) 舜的天下巡幸；(6) 周朝的太公望；(7)(删) 万国之图；(8) 西洋的正教；(9)(删) 诵七月之诗；(10)(删) 攘夷乃治国的肝要。

从内容概要上可知，《沼山闲居杂诗》从第一首到第十首大致按照时代顺序记述的是从古代尧舜到周朝太公望君臣以及政经关系。仅从标题就可见是考察小楠“三代”思想的重要史料之一。下面将选取其中最具代表性的第一、三、四、八首来考察小楠在此时期关于“三代”理念的具体内涵。

【第一首】人君何天职，代天治百姓。自非天德人，何以惬天命。所以尧巽舜，是真为大圣。迂儒暗此理，以之圣人病。嗟乎血统论，是岂天理顺。[1]

诗的前六句论述的是古时尧舜禅让的事情。小楠一直以来就对君主世袭制颇有微词，尤其是在1855年读到《海国图志》中所描述的华盛顿将大统领的职位传给了有能之人而非自己的儿子时，不禁将“华盛

[1]〔日〕野口宗亲编，《横井小楠汉诗文诠释》，熊本出版文化会馆，2011年，第180页。

顿”赞为“白面尧舜”。小楠从华盛顿将“全国大总统之权柄让贤不传子”，把最高统治权力让给贤明的人，废除君臣之间的尊鄙观念，专以公共和平之心为务，不禁联想到了尧舜的禅让。且在儒家知识分子的头脑中实行过禅让的只有上古贤王尧舜，而在大洋彼岸的美利坚却在华盛顿身上真正实现了儒家的理想政治，这一震撼对于视“三代之治”为最高政治理想的儒者小楠来说不可谓不大。而反观小楠所处的时代，德川幕府家、诸藩的藩主一直奉行的是子子孙孙享受世袭罔替的血统世袭制，也就是小楠所谓的“私心”，这让小楠深为痛恨。小楠认为如果君主被所谓的血统的继承规则所束缚，那么选择真正有才能又有众望的人成为君主的道路就会被封闭。接受天命的具有天德的人，若不是为了天下众生而施政，而是为了维护君主的血统实施统治的话，就会引起纷争，民不聊生。于是，当华盛顿将“大总统之权柄让贤不传子”的事迹映入小楠眼帘时，被他视为理想的尧舜之治便和美国的共和政治、尧舜便和华盛顿的形象自然而然重叠在了一起。①

【第三首】唐帝则昊天，授民以四时。继之虞帝圣，七政齐其仪，所以天人间，脉络不相离。规模何其大，治化及蛮夷。后世失其道，天人总乖违。虽有贤明君，治术出其私。私心临天下，朝盛忽暮衰。前车与后车，覆辙百不差。嗟乎二帝道，置之民何治。②

尧舜时代的政治乃授意于天，这种符合天道运行规律的政治方针（治术）在后世由于君主们为一己之私施政，导致三代治术的失传，没想到现今却在西洋得以延续。小楠的政治理念的实现几乎取决于有能力的君主。在小楠看来，如果君主不是具有天德的人，就不能践行他所认为的理想政治。与小楠开始主张“回归三代”的初期一样，他这时考

①〔日〕源了圆著，郭连友译，《德川思想小史》，外语教学与研究出版社，2009 年，第 197 页。
②〔日〕野口宗亲编，《横井小楠汉诗文诠释》，熊本出版文化会馆，2011 年，第 185 页。

虑的也是“三代”人君和辅佐者所应有的姿态，尤其是“人君”所应有的思想准备。在这种情况下，在小楠身上，最重要的是，当政者所追求的是他的德性，“其根本在于尧舜精一之心术的磨炼、没有丝毫私心之修养乃第一”所述，即以为政者道德内在的陶冶为基础，还要重视为政者心术的纯粹性和公平无私性。

【第四首】虞帝举八政，其中有百工。财利之所生，人情之所同。治而和其职，百货四海通。后王不法此，天下常困窘。小人起利政，富豪逞奸凶。世世祸乱本，浑坐财用空。吾闻西洋夷，治术百工攻，以之富其国。①

在这首诗中，小楠列举了舜以“八政”治“百工”，通过通商贸易的行为达到国富民强的事迹。同样在《国是三论》中，在批判诸位大名的“利政聚敛之政”的基础上，认识到《时务策》（1843）所提出的“节俭之政”的局限性，认为要解决眼下万民贫困的局面就要培养“百工”（即国内产业），打通国内通商贸易的渠道，并强调了实施使民众富起来的“财用”（即商品经济）的重要性。这才是真正的“尧舜之治道”。在这时期所作的《国是三论》中提出：“尧舜治天下亦出此。（中略）即八政亦先食货，九经亦有子庶民，来百工之事。此皆为大圣立定之善教仁政，亘万世亦宜永赖之大经大本也。”②亦能见到类似的描述。另一方面，小楠所主张的富国经济思想不仅仅局限于促进国内商品经济的发展，还具备另一个层面的意思。那就是世界范围内的通商贸易。此时的小楠已经摆脱传统华夷思想的束缚，认识到世界是一个整体，“今宇内之势，轮船出世，已然天涯宛若比邻，形成互相交通执行时”，通商贸易已经是国家与国家交往中的重要一环，以此为基础，小楠还曾为

① 〔日〕野口宗亲编，《横井小楠汉诗文诠释》，熊本出版文化会馆，2011 年，第 188 页。

② 〔日〕横井小楠著，花立三郎注释，熊达云、管宁译，汤重南校译，《国是三论》，中国物资出版社，2000 年，第 41 页。

未来日本设计了一条和平通商发展路线，希望日本能够像英国一样成为世界贸易国。

【第八首】西洋有正教，其教本上帝。戒律以导人，劝善惩恶戾。上下信奉之，因教立法制。治教不相离，是以人奋励。虽我有三教，人心无所系。神佛良荒唐，儒亦落文艺。政道与教法，聩聩见其弊。洋夷交进港，必以货利曳。人心溺异教，虽禁是其势。嗟乎唐虞道，明白如朝霁。拾之不知用，甘为西洋隶。世岂无鲁连，去踏东海澨。①

这首诗作为小楠谈及其基督教认识的史料较为有名。在上述引用中，在小楠看来，儒学乃文人骚客的文字游戏，神道和佛教颇为“荒唐”，乃欺骗愚夫愚妇的把戏，从而导致了一个国家“无宗旨的国体”，致使人心不一，此时若有“异教”入侵，则会使整个日本陷入一片混乱的局面。而唯一能解决此问题的就是“唐虞之道（三代之道）”。“不明三代之道，不熟三代治道之人必流溺于西洋，此乃必然之势，今日之最大忧虑之处除此道之外别无其他。”（安政三年十二月二十一日致村田巳三郎书简）②

而且，在小楠看来，来自西洋的危机感，并非表现在“船坚炮利”上的军事技术方面的优越性，而是以基督教为主干的西欧“政教一致”的体制。在深感“政教一致”体制优越性的同时，反思类似于西欧“政教一致”的体制在日本是否存在时，作为儒学家的小楠从古代中国“三代之道”中追求本源性的儒学的精髓便是理所当然了。于是在1856年12月21日，小楠给村田氏寿的书信中写道：“于其所置、深达三代之道、明通今日之事情、纲领条目巨细分明之大经纶之有，若无大有识之君，岂可扳廻落日耶。”③如上所述，小楠在表示对现实强烈关心的同

---

①〔日〕野口宗亲编，《横井小楠汉诗文诠释》，熊本出版文化会馆，2011年，第194页。

②〔日〕山崎正董编，《横井小楠遗稿》，日新书院，1942年，第239页。

③ 同上注，第241页。

时，认为克服现实危机的关键存在于“三代之道”中。

此时期还有一点值得关注的是小楠的西洋认识，小楠对西洋的认识与“三代之道”理念的内涵与外延有着密切关系。上文提到1855年小楠从锁国攘夷论者转变为开国论者，实际上，这并不是表面上从攘夷向开国的骤变，而是随着获取到西洋诸国相关的内政实际情况的信息，对西洋的评价逐渐发生转变的过程。在这个阶段，“尧舜三代”这个理念与至今为止没有关系的西洋开始产生了联系。而传统的“三代”的概念是一个理想社会的准则，在时间上属于“三代”，空间上则被限定于“中国”。然而，随着近代西洋知识和文化的大规模流入，儒学者们心目中的世界观也发生了巨大转变，开始用“三代”作为文明的丈量标杆，来评价和正面认识西洋社会，不再视西洋为夷狄。小楠在《国是三论》中，对西方诸国“政教悉据伦理，皆为生民”的内政成就高度赞扬，称为“殆至符合三代之治教”。

“美利坚自华盛顿以来立三大规模，一、因天下之惨毒莫过于杀戮，故顺天意以息宇内战争为务；二、求知识于世界万国，以裨益治教为务；三、全国大总统之权柄让贤而不传子，废君臣之义而专以公共和平为务。以至于政法治术及其他百般技艺、器械等，凡地球上称美善者悉取而为吾所有，弘扬好生之仁风。（中略）其他以俄罗斯、各国勿论文武之学校，多设病院、幼院、哑聋院等，政教悉据伦理，皆为生民。殆至符合三代之治教。”①

在这个阶段，小楠将尧舜三代视为理想的政治。而且，此时在小楠心中形成了“尧舜三代 = 西洋”这一等式。小楠将西方的“爱人”理解为儒学的“仁政”。他通过《海国图志》了解到西洋各国大多设立医

① 〔日〕横井小楠著，花立三郎注释，熊达云、管宁译，汤重南校译，《国是三论》，中国物资出版社，2000年，第42页。

院、幼院、哑聋院帮扶老弱。这便与小楠心目中《孟子·梁惠王上》中所描绘的“老吾老以及人之老，幼吾幼以及人之幼，天下可运于掌”的形象重合。在西方，“爱民”这个传统儒学概念中被奉之为最高政治理念且已经不再是统治者的理想精神状态的东西，在西洋正在被作为实际的制度践行着。

综合以上的考察，我们是否能描绘出这一时期小楠心目中“三代”具体是怎样一个理想模式呢？可以归纳整理成以下几点：

第一，“三代”时期的君臣关系。在小楠的心目中，君主乃“代天治百姓”的存在，所以就必须身先士卒按照“修身，齐家，治国，平天下”的要求治理天下，而不能以一己私利来实施统治。故此，君主的地位也不能拘泥于“血统”，而应该像三代时期的尧禅让帝位给舜一样，让有“天德”的人居之。并且圣君还应使良臣信任，接受良臣的劝诫，才能像周王一样取得不朽的功业。反观安政年间的政治，1857年到1858年由开港问题所引发的一桥派与南纪派关于十三代将军德川家定继嗣问题的政治争论。一桥派联合松平庆永、岛津齐彬等外样大名①主张限制幕府独裁，拥立英明而负有盛誉的一桥庆喜（德川齐昭的第七子）；与此相对，南纪派则想要保持幕府独裁，主张拥立与现将军血缘相近的德川庆福（后来的家茂）。此时，小楠正是处于争论中心人物的松平庆永的政治顾问，所以小楠的这番主张另一方面可以说是对现实问题的回应与思考。

第二，应对现实政治、经济问题的政策。“冠有四海”的日本物资丰富，何以造成了现今民穷国贫的局面呢？小楠认为这是由于统治阶层不顺应天命，像水户藩的德川齐昭那样以私心临天下，诸大名不重视“百

① 外样大名：日本江户时代的大名分类之一。德川氏在关原之战确立霸权后，从追随自己的家臣中提拔了多数大名，这部分大名被称为亲藩、谱代大名；而旧族大名和丰臣系大名等新臣服于德川氏的大名则被称为外样大名。

工之政”，富豪们独占利益的缘故所导致的。只有像三代那样，兴“百工”，重视通商贸易活动，才能国富民强，振兴士气，从而抵御外敌。并且还应顺应形势，坚持开国通商的原则，才能达到国富民强的目的。

第三，西洋之所以能够实现“三代”的理想之治，那是由于有基督教，所有法制皆源于此，“政教一致”的政治得以实施的缘故。相反，日本虽有“儒神佛”三教，但皆无用，并在“政道”“人道”方面开始显现出弊害。在这种情况下，若是外敌进犯，那么就必然会成为“西洋之隶”。小楠在对“基督教”持有较深的危机感的同时，认为只有以“唐虞之道”才能与之对抗。虽然随着后来对基督教实情了解的增加，对基督教的评价也不断降低，但对“三代之道”的信赖和依存却逐渐加深。

以上便是小楠在熟读《海国图志》中的西洋文明的刺激下，联想起《书经》中存在于神话中的三皇五帝的事迹后的思考。虽然此时期小楠把西洋作为理想社会的模范称赞，但随着他的西洋知识的增加，产生了对英、法等国家殖民主义的强烈批判，逐渐发现西洋各国的实际状态，其实与儒学最高政治理想——“三代”之治相距甚远。在接下来的内容中，我们来看看小楠后期“三代”观念是如何变化发展的。

## 四、后期“尧舜三代”与西洋的分离

这部分以从1860年开始到1869年小楠被暗杀为止的最后九年的言行为线索，简要考察这个时期三代理念内涵的变化。晚年时期小楠的三代理念，可以说与安政年间基本相同。小楠仍是主张以尧舜和三代的圣贤为模范的尧舜三代的理念来接受西洋文明，为民众兴物产，通贸易，为生民开创更多的生业之道乃为政者的义务。但随着小楠远离政治中心，随着西洋列强的实力不断通过占领殖民地的方式予以展现以及小楠对西洋实际情况的把握，小楠重新审视了“西洋”和“尧舜三代”之间的关系。曾经在小楠心目中完美的“西洋”形象，不再是践行“三代”理念的化身了。在这个阶段，小楠打破了“西洋＝尧舜三代”这个等式，把“西洋”从“尧舜三代”这个等式中拿下来，至死都一直信奉儒学最高理念的“尧舜三代”。

1864年秋，在时习馆学习的井上毅拜访了横井小楠。井上毅将他与小楠之间的对话记录在《沼山对话》中。小楠对井上毅说：“西洋之学唯事业之上之学，非心德上之学。……以事实之学无心德之学，无可止西洋列国战争之日。”[①]其背后的原因在于西洋列强正在发动战争。小楠认为要想停止战争，除需要事业之学，还需要有心德之学。唯有正德、利用、厚生这“三事”之学，才是真正的“三代之道”。只有“尧舜三代之道”既具备“事实之学”又具备“心德之学”，“通于世界人情”，乃全人类共同的理想，能为世界带来真正的长久的和平。这里还需要指出的是，小楠认为西方和日本都应该追求最高的“三代之道”这一理想政治。不难看出，小楠独创性地将原本有严格空间限制的“三代之道”的理念扩大到西洋乃至全世界，认为“三代”所蕴含的作为国际社会的信义原则，即“大义”思想，能克服欧美各国追求“割据”所产生的国际秩序的不稳定，实现真正的世界和平。

小楠不仅认为西洋之学乃“事实之学非心德之学”，还认为虽然西洋凭借其“经纶穷理之学”发明了蒸汽船、火车、电报机等一大批能够提高人民生活水平的机械和技术，但是这种“经纶穷理之学”有末而无本。也就是说，它只是从利害得失出发，注重结果与否，所以它只不过是表面上接近于仁，不是真正的“仁”。通过看清西洋诸国的实态以及重新审视“西洋”与“三代之道”的关系，小楠越发坚定了他对

①〔日〕山崎正董编，《横井小楠遗稿》，日新书院，1942年，第922页。

“尧舜三代之道”理想的追求。小楠还确信“三代之道”“必可兴于本朝”[①]，他本想将其想法通过开明藩主的招聘运用于幕府改革政务以及刚刚发足的明治政府的建设中，然而小楠却于1869年惨遭暗杀，导致其理想未能付诸实践。

## 五、结语

以上，本文将小楠“三代之道”理念的形成和发展分成初期、中期、后期三个阶段来进行考察。对“三代之道”的思考，初期小楠主要考虑的是为人君主和辅弼者应有的样子，特别强调了为人君主的胸怀，但是后来随着他对西洋了解的加深，他将“三代之道”的思考与西洋密切地结合起来了，并且通过“尧舜三代之道”这个理想化的模式，积极接受了近代西洋的学问和政治制度，一度曾在他脑海中形成了“西洋近代=尧舜三代”这样一个等式。与早期片断式的仅在提及具体特定人物时使用“三代”一词相比，中期随着小楠对“三代”一词的频繁运用，“三代”理念的内涵也由刚开始的仅限于为政者（君主），扩展到“三代”的君臣关系、政治经济制度等方面。到了后期，小楠仍是主张以尧舜三代的理念来接受西洋文明，为民众兴物产，通贸易，为生民开创更多的生业之道乃为政者的义务。另一方面，小楠逐渐从国家利益这个视角出发，看到一个更为真实的西方诸国，因此“西洋近代=尧舜三代”这一等式也随之解体。可见前期，三代的理念主要目标是实现自身修养和仁政的儒学理想主义，到了后期，一方面继续保持这一要求的同时，另一方面受到西洋的冲击，面对世界形势，丰富了三代的内涵，并将“三代”理念的外延扩张至世界，成为世界通用的理念。

① 中国实学研究会、韩国实学学会、日本东亚实学研究会编著，《影响东亚的99位实学思想家》，中国财富出版社，2015年，第264页。

## 第二编

# 人文天地

# 妈祖文化

## ——明末中朝（韩）海上文化交流的重要内容

陈爱强*

明末，因东北地区后金政权的崛起，朝鲜半岛李氏王朝与明朝往来的陆路通道被阻隔，从天启元年（1621）开始，出使明朝的朝鲜使臣只能乘船沿辽东沿海走海路，或经庙岛群岛由登州（今山东省蓬莱市）登陆，或在辽西觉华岛（菊花岛）附近登陆，有时还从觉华岛南下，在天津沿海一带登陆。由于妈祖文化在中国北方沿海一带的普及，它就成了明末中朝（韩）海上文化交流的重要内容。从天启元年（1621）到崇祯九年（1636），凡是出使明朝的朝鲜使臣，在沿途均有祭祀妈祖的活动，有的还留下了祭祀妈祖的祭文和赞咏妈祖的诗篇。从朝鲜使臣的航海经历中，可以清楚地看出，妈祖文化曾对明末朝鲜使臣产生过重要影响。

### 一、明末朝鲜使臣祭祀妈祖

明末出使明朝的朝鲜使臣均举行过祭祀天妃[①]的活动。

天启元年（1621）的朝鲜使臣在返程途中经登州乘船回国，途经庙岛群岛的庙岛时，在庙岛天妃庙举行了祭祀妈祖的活动，朝鲜书状官安璥在《驾海朝天录》中记载："庙堂作祭文，烧香祈风"，祭文中说：

* 河北师范大学文学院教授。

① 天妃，即妈祖。本文"天妃"一词均指妈祖。

“海东回槎，故国遥在于日域。苟非感应之助，谁得利涉之便？……欲免鱼腹之灾，愿借鸿毛之顺。”①意思是说，我们要乘船回朝鲜了，我们的国家在遥远的日出之地，如果没有神灵的帮助，谁能顺利地回到家乡？为了免除葬身鱼腹的灾难，祈求神灵能帮助我们一帆风顺地回到祖国。这批朝鲜使臣为了航海中的安全，在面对狂风巨浪却无能为力的情况下，只能寄希望于神灵，希望得到老天的眷顾。

天启三年（1623）的朝鲜使臣也在庙岛举行过祭祀天妃的活动，当年九月出使途中途经庙岛时，朝鲜正使赵濈在《燕行录》中记载：“二十六日，辰时到庙岛。一、四两船昨日已先到泊。岛上有娘娘庙，故号为庙岛。娘娘乃女号之尊名。昔者，有一女子死为海神，能号令四海之神、河伯、江神，故自前敕封娘娘圣女庙。……到此，即令船人沐浴，炊饭做饼且兼果实以祭之。”②第二年三月，朝鲜使臣一行返程途中路经庙岛时，再次举行了祭祀天妃的活动：“（三月）二十五日，己卯。晓洒雨、海雾。卯时，乘船行大海神祭，各船各自祭之。”正使赵濈还撰写了祭文《庙岛娘娘庙文》，其中写道：“来渡沧溟，已受神护，去涉海渤，翼蒙神佑”③，说朝鲜使团一行来时远渡沧海，得到了天妃的保佑；返程时又要漂洋过海，希望天妃再次护佑他们。

天启四年（1624）的朝鲜使臣在航海途中举行了祭祀天妃的活动，当年八月十九日路经广鹿岛（今大连市长海县广鹿岛）时，朝鲜使团听从当地僧人的建议，祭祀众海神时，把天妃放到首位，本文在下面还会具体谈到。这批朝鲜使臣往返庙岛时，也均举行了祭祀天妃的活动，来时当年八月二十二日，“移舟神女庙前，为文祭谢海神”。④在庙岛天

---

①〔韩〕林基中编，《燕行录续集》第104册，尚书院，2008年，第346～348页。
②〔韩〕林基中编，《燕行录全集》第12册，东国大学校出版部，2001年，第277～278页。
③ 同上注，第430～431页。
④〔韩〕林基中编，《燕行录全集》第17册，东国大学校出版部，2001年，第132～134页。

妃庙举行祭祀活动感谢天妃，其原因祭文中写道：“累濒颠危，五日广鹿；一踔庙岛，实神阴骘。”[1]说朝鲜使臣一行在广鹿岛一带海域连续遭遇狂风恶浪，差点翻船丧命，但祭祀了天妃之后，迎来了顺风，很顺利地把他们送到了庙岛，这都是天妃娘娘给他们带来的，所以，要在这里举行祭祀活动，表达他们的感激之情。第二年三月朝鲜使臣返程时，二十三日“早朝进天妃庙焚香”。[2]这说明，他们在航海途中多次举行了祭祀妈祖的活动。

天启五年（1625）的朝鲜使臣在朝鲜宣沙浦起航时举行了开洋祭，祭祀以天妃为首的大海诸神，进入庙岛群岛后，先在隍城岛祭祀了包括天妃在内的大海诸神，因为在隍城岛祭祀海神之后，迎来了利于航行的大顺风，所以到了庙岛之后，朝鲜正使全湜赋诗《庙岛偶吟》以谢天妃圣母[3]，感恩天妃帮助他们脱离了险境，并送来利于航行的顺风。

天启六年（1626）的朝鲜使臣也在航海途中多次举行了祭祀天妃的活动，正使金尚宪还亲自作有多篇祭祀天妃的祭文。如在《祭海神文》中有“天妃降灵”，“鲸鲵屏息，蛟鳄遁形，风伯叶顺”的记载。[4]意思是说，希望妈祖显灵保佑朝鲜使臣一行，让大鲸鱼屏住呼吸，让水怪不要现形，让风伯能辅佐他们一帆风顺。这批朝鲜使臣途经长山岛（今大连市长海县大长山岛）举行祭祀活动时，金尚宪还撰写了《长山岛天妃祭文》[5]，歌颂天妃娘娘多次显圣于人间，用天地正义来主持人间的事情，并被历代皇帝恩宠而兴隆于盛世。他们从登州返航启程前，也举行了祭祀以天妃为首的海神活动，金尚宪在祭文中还说：“昔之来

① 〔韩〕林基中编，《燕行录全集》第17册，东国大学校出版部，2001年，第132～134页。
② 同上注，第297～300页。
③ 〔韩〕全湜，《沙西集》卷一，韩国民族文化推进会，《韩国文集丛刊》第67辑，东洋印刷株式会社，1996年，第38页。
④ 〔韩〕林基中编，《燕行录全集》第13册，东国大学校出版部，2001年，第267～268页。
⑤ 同上注，第272～274页。

也，神既惠之。今之归也，神其卒之。”说来的时候，天妃等神灵一路保护着我们，现在要乘船回国了，希望天妃能继续保佑我们。

崇祯元年（1628）的朝鲜使臣在航海途中也多次举行了祭祀以天妃为首的诸海神活动，路经庙岛祭祀天妃时，书状官申悦道还写有《祭天妃神文》：“松为舟兮布为帆，受王命兮朝上国。邈海中兮有仙山，瞻灵庙兮熏沐。馨余酒兮洁余羞，荐玉盘兮侑以文。生东国兮倥倥，考往牒兮有闻，云明神兮灵且异，驾驭风云兮驱除恶物；使我行兮不迷，涉重溟兮如平陆，登蓬莱兮早维舟。执壤奠兮侧玉帛，归来报祀兮益虔，留与东人兮颂神德。”[①]祭文赞扬天妃有奇异的神通，能驾驭风云，能驱除作恶的妖怪；能让航船不迷失方向，远涉重洋如同走在平坦的陆地上。祭文还表达了朝鲜使臣一行人虔诚的祭祀态度以及报答天妃恩德、颂扬天妃功德的决心和愿望。

崇祯二年（1629）的朝鲜使臣于八月八日在朝鲜大同江入海口举行了祭祀以天妃为首的诸海神活动，正使李忔还撰写了起航前的《祭大海神文》[②]，希望航海途中得到大海神天妃的护佑。航海途中他们也举行了多次祭祀以天妃为首的诸海神活动，“还有几次专门祭祀天妃的活动，九月十七日在北汛口，‘行天妃神祭’。崇祯三年（1630）三月八日，在山海关，‘向望海亭行娘娘庙祭’。正使李忔还亲自撰写了《北汛口祭天妃神文》《望海亭祭天妃文》，在《北汛口祭天妃神文》中还说道：‘曾临樯上，救护唐臣’，说天妃曾亲临航船的桅杆之上，解救了北宋时期在大海中遇险的出使高丽的官员”[③]。这批朝鲜使臣还于三

① 〔韩〕申悦道，《懒斋集・卷六・祝文》，韩国民族文化推进会，《韩国文集丛刊・续》第 24 辑，东洋印刷株式会社，2006 年，第 104 页。

② 〔韩〕李忔，《雪汀集・卷五》，韩国民族文化推进会，《韩国文集丛刊・续》第 15 辑，东洋印刷株式会社，2006 年，第 548 页。

③ 刘晓东、祁山，《妈祖文化与明末朝鲜使臣》，中国海洋大学出版社，2009 年，第 202 页。

月十七日在天津娘娘庙天妃神像“参拜烧香”[①]，举行祭祀妈祖的活动。

崇祯三年（1630）的朝鲜使臣在航海途中也举行了祭祀天妃的活动，正使高用厚在航海途中创作的诗歌中有“长山岛上祝天妃”[②]，这说明，在途经今辽东大长山岛时举行了祭祀天妃的活动。

崇祯五年（1632）的朝鲜使臣也多次举行了祭祀天妃的活动，七月十六日起航前就在平壤附近的石多山举行了隆重的开洋祭，祭祀以天妃为首的大海诸神，祭文中还写道：“第念此行之万全，亶不外乎风不烈雨不淫而波不扬，愿令阳侯而先导兮。利涉乎艰险，奉敕而言旋。”[③]意思是说，我们希望这次出使明朝的航程能安全顺利，希望没有暴风骤雨，海面平静没有大浪，所以祈求天妃娘娘您能下令，让水神阳侯在前面给我们引路，使我们航程顺利而没有危险，让我们能完成使命并凯旋。这批朝鲜使臣在航海途中也多次举行祭祀以天妃为首的大海诸神活动。“逐日祭神，祈祷甚渎”[④]，“屡设神祭”[⑤]，说明了他们更加迷信和敬畏天妃，以天妃为首的海神文化对朝鲜使臣有着越来越大的影响。

崇祯九年（1636）的朝鲜使臣是朝鲜王朝派往明朝的最后一批出使官员，朝鲜使臣起航前，七月十六日在朝鲜石多山海边举行了开洋祭，祭祀以天妃为首的大海诸神，祭祀活动非常隆重，正使金堉亲自献祭，并撰写祭文，祭文中还写道：“惟我天妃，在帝左右。德著慈仁，万舶为母。斋心洁虑，荐之牲酒。冀垂矜怜，终始灵佑。”[⑥]意思是说，您天妃伴随在天帝的身旁，传递着天帝的仁慈和恩德，在大海中航行的

---

①〔韩〕林基中编，《燕行录全集》第 13 册，东国大学校出版部，2001 年，第 160 页。
②〔韩〕林基中编，《燕行录全集》第 16 册，东国大学校出版部，2001 年，第 141 页。
③〔韩〕洪镐，《无住先生逸稿·卷三》，韩国民族文化推进会，《韩国文集丛刊·续》第 22 辑，东洋印刷株式会社，2006 年，第 469 页。
④《东岳先生续集附录》，韩国民族文化推进会，《韩国文集丛刊》第 78 辑，东洋印刷株式会社，2006 年，第 562 页。
⑤〔韩〕林基中编，《燕行录全集》第 15 册，东国大学校出版部，2001 年，第 286 页。
⑥〔韩〕林基中编，《燕行录全集》第 16 册，东国大学校出版部，2001 年，第 263 ～ 264 页。

万千船只都仰望着您像母亲一样呵护着它们。我们对您也是一片忠心，希望您能怜悯我们，享用我们奉献给您的祭品，并在航程中自始至终地护佑着我们。该批朝鲜使臣航海途中也有多次祭祀以天妃为首的大海诸神的活动，如七月二十六日，在鸭绿江江口车牛岛海域举行了祭祀活动；八月十日、八月二十一日，在辽东半岛西海岸南汛口举行了两次祭祀活动；到达辽东湾西岸登陆前也举行了祭祀活动，金堉亲自撰写了《宁远卫下陆祭文》，感谢以天妃圣母为首的众海神一路护佑，期望返航时也能一帆风顺："归路利涉，亦仰神惠。"[①]他们第二年闰四月二十三日在觉华岛启程返航时，也举行了祭祀以天妃为首的诸海神活动，金堉再次亲自作《觉华岛开洋祭文》，文中写道："为众命以清斋，仰群灵而渎告：天妃圣母，既著慈爱之仁……伏愿诸圣俯鉴微忱，指示可生之途，俾免仓卒之患。"[②]意思是说，我们为了朝鲜使团一行人的生命而沐浴斋戒，仰望着各位神仙而祷告：跪拜祈求慈祥而仁爱的天妃圣母……望各位神灵能看到我们的诚意，给我们指示一条安全通行的航路，以免遭遇意想不到的祸患。这批朝鲜使臣在返航途中及到达朝鲜登陆前，都举行了祭祀以天妃为首的诸海神活动。金堉在亲自撰写的《石多山下陆祭文》中还提到"尽礼仪于终始"[③]，以说明该批朝鲜使臣在祭祀以天妃为首的诸海神活动中，每次的仪式都一样的虔诚、隆重。这说明妈祖文化对朝鲜使臣有着越来越大的影响，也反映了妈祖文化在中朝（韩）海上文化交流中的地位越来越突出。

## 二、明末朝鲜使臣诗赞妈祖文化

明末经海路出使明朝的朝鲜使臣，航海途中不仅举行了多次祭祀妈

① 〔韩〕林基中编，《燕行录全集》第 16 册，东国大学校出版部，2001 年，第 292 页。

② 同上注，第 326 ～ 327 页。

③ 同上注，第 327 ～ 328 页。

祖的活动，留下了多篇祭祀妈祖的祭文，还创作了多首歌颂妈祖及妈祖文化的诗篇，这些与妈祖文化有关的诗歌，同样是明末中朝（韩）海上文化交流的重要内容，在中朝（韩）文化交流中有着更广、更大的影响力。

2019 年刚刚出版的《妈祖文化与明末朝鲜使臣》一书中，提到了明末出使明朝的朝鲜使臣创作的与妈祖有关的多首诗歌："天启三年（1623）的朝鲜奏闻、请封使正使李庆全在隍城岛创作的六言诗《黄城洋遇疾风，祷神即遂》；天启三年（1623）的朝鲜进贺冬至、圣节兼谢恩使正使赵濈与朝鲜奏闻、请封使书状官李民宬的唱和诗《舟中录似敬亭》《次赵侍郎平岛寄韵三首》；天启四年（1624）的朝鲜谢恩、奏请使正使李德泂的诗歌《三月二十一日》，副使吴䎘《泊庙岛》；天启五年（1625）的朝鲜进贺冬至使正使全湜的《庙岛偶吟》；天启六年（1626）的朝鲜进贺冬至、圣节使正使金尚宪创作的《祭天妃迎送曲》《咏天妃观道士》，及与寓居登州的文人吴大斌的唱和诗《次〈庙岛停舟〉韵》等；崇祯二年（1629）的朝鲜进贺、陈奏使正使李忔《舟次金山嘴，次李星山韵》《天津歌》《海上抒怀》等；崇祯二年（1629）的朝鲜赍敕使正使崔有海的《致祭后登船》《次晴川〈庙岛停舟〉韵》《赠海潮寺宝上人》，及随行官员卞献的《敬次〈赠海潮寺宝上人〉》；崇祯三年（1630）的朝鲜进贺冬至使正使高用厚的《遇顺风到长山岛，奉呈郑下叔》《蓬莱阁见东坡〈海事诗〉，次韵示郑壶亭斗源》；崇祯五年（1632）的朝鲜谢恩兼奏请使副使李安讷的《共扫山坛拜海神》《到此泣祈神》等；崇祯九年（1636）朝鲜进贺、冬至、谢恩使正使金堉的《过铁山嘴》《次潜谷铁山嘴诗韵》，书状官李晚荣的《南汛口阻风，吟成观涛篇，呈潜谷》等。这些诗篇，既反映了这一时期妈祖文化对朝鲜半岛深入而广泛的影响，也是研究妈祖文化影响朝鲜半岛的珍贵史料，是明末中朝（韩）海上文化交流的历史见证。”[①]

上述朝鲜使臣创作的与妈祖文化有关的诗歌，本文从中摘录部分有代表性的诗句加以解析，以窥视明末朝鲜使臣对妈祖文化的认知。

天启三年（1623）的朝鲜使团正使赵濈在航海途中创作的诗歌中有“洁牲祀圣母，柔缆发蓬城”诗句[②]，说朝鲜使臣一行在登州府驻地蓬莱县城起航前，非常虔诚、隆重地祭祀了圣母妈祖，然后才能解缆起航。“圣母”，指妈祖，因明朝开国皇帝朱元璋曾封妈祖为“圣妃”，故称“圣母”。赵濈在与朝鲜使团书状官李民宬的唱和诗中还有“圣母深恩扶护至，一生铭感更谁加”“生还故国知谁赖，顶戴娘娘意自勤”等诗句[③]，意思是说，圣母妈祖在航程中保护了我们，这样的大恩，我们要铭记和感恩一生；我们能回到自己的国家，依赖和感恩的是谁呢？就是统领海中诸神的圣母妈祖娘娘，是她在主动地呵护着我们。

天启四年（1624）的朝鲜使臣副使吴䎘作有七绝诗《泊庙岛》：“春波如练好风迟，处处移帆近古祠。向夜悄然人语静，船头香火礼天妃。”作者在诗中还加注：“有天妃娘娘庙，过海船必祈风于此。”[④]诗的意思是说，春天海中的波浪就像洁白的绸绢铺在海面上，许多船只停泊在古老的天妃庙旁；夜深人静之时，船头上的香火是在举行祭祀天妃的活动。通过诗意和诗注，作者要告诉我们的是：庙岛天妃庙有着很大影响，路经此地的船只都要在这里祭祀天妃，以祈求好的风向和航程中的安全。前面提到，天启四年（1624）的朝鲜使臣也在庙岛天妃庙举行过祭祀天妃的活动，所以，作者在这里说“过海船必祈风于此”“船头香火礼天妃”，也包括了朝鲜使臣们的祭祀活动。

---

① 刘晓东、祁山，《妈祖文化与明末朝鲜使臣》，中国海洋大学出版社，2019 年，第 217 页。

②〔韩〕赵冕熙编辑，《燕行酬唱录》，韩国棣友企划社，2002 年，第 234 页。

③ 同上注，第 231 页。

④〔韩〕《天坡集》卷二，韩国民族文化推进会，《韩国文集丛刊》第 95 辑，东洋印刷株式会社，1990 年，第 53 页。

天启六年（1626）的朝鲜使臣正使金尚宪作有长诗《祭天妃迎送曲》，其中有诗句："忽降临兮娉娉婷婷，翼百神兮从万灵。纷紫氛之叆叇兮，璆鸣兮环佩。……倏云旗之载卷兮，闪神光之超电。巨鳅舞兮神鳌抃，河伯前驱，阳侯后殿。收烟雾兮伏波涛，飒凄凄兮回清飙。悄耳目之寥寥，天河斜兮织女高。神之反兮曷留，极云海兮思悠悠。神之德兮何酬？咏万祀兮歌千秋。"[①]诗句的意思是说，美丽的天妃忽然从天而降，辅佐她的各路神灵也随从而来。天妃和众神在一片浓郁的紫气之中，天妃身上佩戴的玉饰传来了悦耳的声响。众神以云为旗在天空中挥舞，闪亮的神光超过了闪电。大海中的巨鳅和神鳌跳着欢快的舞蹈，在前面引路的是水神河伯，在后边护卫的是海神阳侯。天妃将海面上的迷雾驱散，巨浪平息，清爽的顺风也扑面而来。天妃和众神忽然不见了，只有孤寂的星星在静静的夜空中闪烁，其中也有高挂在天河旁的织女星。天妃和众神走了，他们住在很远的云海边上，留下的只有我们对天妃的长久思念。我们用什么来酬谢天妃娘娘给我们的恩德呢？只能是世世代代来歌颂她的千秋功德。《祭天妃迎送曲》将天妃排在众海神之首，同时歌颂了天妃给航海人带来的平安和祥和，也表达了朝鲜使臣一行人对天妃的感恩和怀念之情。

除《祭天妃迎送曲》外，朝鲜使臣金尚宪创作的另一首歌颂妈祖的诗歌《次〈庙岛停舟〉韵》也有较大影响。这是一首七律，首联"澹云轻雨小姑祠，佳菊衰兰八月时"，颔联"机石近依牛女渚，桂花低映广寒枝"。[②]"小姑祠"，指的是庙岛天妃庙。"机石"，指织女织机之石，这里借指天妃庙。"牛女"，指天上牛郎织女星。"广寒"，指"广寒宫"，月宫。意思是说，八月时节，笼罩在薄雾和小雨之中的庙

① 〔韩〕林基中编，《燕行录全集》第 13 册，东国大学校出版部，2001 年，第 274 ～ 275 页。
② 同上注，第 284 ～ 285 页。

岛天妃庙，园中正在盛开着菊花，但兰花却开始凋谢了。庙岛天妃庙与天上的牛郎织女星是近邻，月亮上广寒宫的桂花影子也映照进了庙岛天妃庙。诗歌首联交代了作者一行乘船来到庙岛天妃庙的时节，颔联则是强调庙岛天妃庙的影响，与上天毗邻，与神仙相通。金尚宪将《次〈庙岛停舟〉韵》结集在诗集《朝天录》中，清初号称一代文坛泰斗的王士祯（王渔洋）赞誉金尚宪“《朝天录》一卷，诗多佳句”[①]，其中就举了《次〈庙岛停舟〉韵》诗中的诗句：“‘澹云微雨小姑祠，菊秀兰衰八月时。’记得朝鲜使臣语，果然东国解声诗。”[②]“东国”，这里指当时的朝鲜。王士祯称赞金尚宪的《次〈庙岛停舟〉韵》诗，“是一个真正懂诗的人创作的。王士祯在引用时对原诗的词句做了进一步的推敲和润色，将金尚宪诗中的‘轻雨’改为‘微雨’，将‘佳菊衰兰’改为‘菊秀兰衰’。由此也可见，金尚宪的这首诗作给王士祯留下了多么深刻的印象”[③]。这也说明，明末朝鲜使臣创作的颂扬妈祖文化的诗作，也是当时中朝（韩）文化交流的重要内容。金尚宪是当时非常有影响的朝鲜官员，天启六年（1626）出使明朝，归国后官至朝鲜左议政（第一副首相），王士祯也是康熙朝的重要官员，历任国子监祭酒、左都御史、刑部尚书等要职，这些中朝高官对妈祖文化的关注和赞许，也会推动妈祖文化在中朝（韩）两地的传播和交流。

崇祯二年（1629）的朝鲜使臣一行于来年三月到达天津后，正使李忔还作有五言长诗《天津歌》，其中就有颂扬天津娘娘庙的诗句：“庙宇起城东，天妃俨仪设。唐朝効灵异，至今神未沫。海若随指嗾，龙王作喉咽。风伯暨雨师，维时顺箕毕。龙驤几万斛，皆赖神阴骘。军国保无虞，享祀宜丰洁。窕窕道流辈，峩冠荐芬苾。此实报本意，至诚

① ［清］王士祯撰，勒斯仁点校，《池北偶谈》卷十五，中华书局，1982 年，第 360 页。

② ［清］李毓芙选注，《王渔洋诗文选注》，齐鲁书社，1982 年，第 107 页。

③ 刘晓东、祁山，《妈祖文化与明末朝鲜使臣》，中国海洋大学出版社，2019 年，第 95 页。

非虚末。”[①]诗句的意思是说，坐落在天津城东的天妃娘娘庙，庙里有庄重美艳的天妃娘娘塑像。在明朝之前，天妃娘娘就显示出了灵异的威力，现在其神奇的力量不减当年。大海中的海神要听从天妃娘娘的指挥，海龙王按照天妃娘娘的旨意下达着各种指令。风神、雨神也必须顺从天妃娘娘的指令，来主持兴风布雨。在大海中行驶的千千万万船只，即使是很大的官船，也需要天妃娘娘的保护。为了国家及军队的兴盛和强大，给天妃娘娘供奉的祭品必须洁净丰盛。天妃娘娘庙有众多的道士，在这里给娘娘上香，庙里香气四溢。我们朝鲜使臣一行来祭祀参拜，是表达我们对天妃娘娘庙的赤诚之心。诗句赞美天妃护佑着在大海中航行的船只，描绘了天津天妃娘娘庙香火的兴盛和天妃娘娘所具有主宰大海的超强威力，也表达了朝鲜使臣一行人对天妃娘娘的尊崇和虔诚。从中可以看出，明末朝鲜使臣对妈祖及妈祖文化的认知。

崇祯二年（1629）的另一朝鲜使臣崔有海因故在登州停留了较长时间，与登州驻地的官员、当地的文人多次多首诗歌唱和，其中也有诗歌颂扬了妈祖和庙岛天妃庙，如与寓居登州蓬莱县的文人吴大斌（字晴川）的唱和诗《次晴川〈庙岛停舟〉韵》，其中有诗句：“庙岛东瞻有小祠，明灵玄化赞天时。星槎人载支机石，庭树香飘得月枝。”[②]“小祠”，即前面提到的“小姑祠”，天妃庙。“星槎”，天河里的船。意思是说，在庙岛的东岸可以看到一座天妃庙，天妃传递、辅佐着上天的正义，她的灵气来自天上；天妃庙里的仙女支机石是从天河里运过来的，庭院里香气四溢的桂花树是用月宫的枝条移植的。作者这里也是说明妈祖代表着上天的旨意，庙岛天妃庙在当地很有影响。

明末朝鲜使臣多是当时朝鲜有影响的文臣，且多是进士出身，如前

① 〔韩〕李忔，《雪汀集·卷五》，韩国民族文化推进会，《韩国文集丛刊·续》第 15 辑，东洋印刷株式会社，2006 年，第 474 页。
② 〔韩〕林基中编，《燕行录全集》第 17 册，东国大学校出版部，2001 年，第 553 页。

面提到的赵濈、吴翻、金尚宪、崔有海等。出使明朝时一般是正二品官员，有的还是副首相级的正一品高官，他们在出使途中创作的有关妈祖文化的诗作或祭文，不仅回国后会在朝鲜半岛传播，有的甚至在中国国内流传，如前面提到的天启六年（1626）朝鲜使臣正使金尚宪的诗作。这些有关妈祖文化的诗歌、祭文，作为明末中朝（韩）文化交流的重要载体，也丰富了明代中朝（韩）海上丝绸之路文化。

## 三、航海经历促进妈祖文化传播

明末朝鲜使臣对妈祖的认知与他们的航海经历有关，研究妈祖文化的学者指出："从天启元年（1621）经海路出使明朝的第一批朝鲜使团，到崇祯九年（1636）的最后一批使团，他们祭祀天妃的情况及受到妈祖文化影响的程度，差别是很大的。从开始的仅仅是入乡随俗，认同中国的妈祖文化，到极度迷信和敬畏天妃，只有短短的十几年时间，这说明，妈祖文化可以在较短的时间内对在海上航行或作业的人群产生较大影响。"①

由于受当时航海条件的限制，经海路出使中国的朝鲜使臣常有海难事故发生。天启元年（1621），明末第一批出使中国的朝鲜使臣就在旅顺口海域遭遇风浪，"夜半狂风大作……船皆相击，尽为沉败，人死者甚多"②，"雷霆霹雳，波涛蹴天，诸船奔触，相为撞碎。……诸船相失，咫尺不辨，莫知所向，任其去来，而无可奈何"。③朝鲜使臣的航船在狂风巨浪面前无能为力，由于当时人们认为气象和海浪都是由神灵主宰的，所以只能祈求于上天及大海的神灵。天启元年（1621）的朝鲜

① 刘晓东、祁山，《妈祖文化与明末朝鲜使臣》，中国海洋大学出版社，2019年，第222页。
②〔韩〕林基中编，《燕行录续集》第104册，尚书院，2008年，第216页。
③ 同上注，第223页。

使臣一行在遭遇风浪之后，只能是接二连三地祭拜海神，“买猪为牲，作祭文，竭诚祈风”，祭毕仍“潜心默祷，四拜而下”，第二天仍“向天默祷者久之”“并立船上，挥泪四拜”。[①]完成出使任务返程路经庙岛时，即到天妃庙祭祀参拜，“欲免鱼腹之灾，愿借鸿毛之顺”[②]，祈求天妃保佑，返航途中一帆风顺。但天启元年（1621）的朝鲜使臣祭祀妈祖时，还没有把妈祖排在众海神之首的位置，只把其看作是中国的海神，既然到了中国，就要入乡随俗，别惹怒了中国的海神。当时的祭祀参拜，更多是对当地海神文化的一种认可，还谈不上对妈祖神灵的迷信和敬畏。包括前面提到的天启三年（1623）的朝鲜使臣在庙岛举行的祭祀天妃活动，也属于这种情况，不同的是，他们在庙岛听到了当地人的介绍：“（天妃）能号令四海之神、河伯、江神”，受当地人的影响，他们对天妃有了一种新的认识，“即令船人沐浴，炊饭做饼且兼果实以祭之”。[③]但朝鲜使臣接受天妃是众海神之首，能统领众海神这一认知，并落实在他们的祭祀活动中，还应从天启四年（1624）的朝鲜使臣开始，最典型的事例就是天启四年（1624）的朝鲜使臣祭祀海神时天妃排位的改变。

天启四年（1624）的朝鲜使臣一行起航第三天，就在朝鲜椵岛海域遭遇连多年的船夫都未曾经历过的狂风巨浪：“海风喧豗，狞雷猝发，猛雨如注，瘴云四集，黑浪倒立。一叶出没荡漾，几至覆溺者数矣。舡中人呕泄僵卧，篙师以为，前古所未有之风涛云。”[④]朝鲜使臣一行人只能惊恐、惧怕，任由风浪摆布。在途经长山岛海域时，再次遭遇逆风恶浪：“风涛雪浪，汹涌澎湃。蛟螭鲸鳄，露角振鬣。喷波作雾，嘘气为

① 〔韩〕林基中编，《燕行录续集》第104册，尚书院，2008年，第227～228页。
② 同上注，第346～348页。
③ 〔韩〕林基中编，《燕行录全集》第12册，东国大学校出版部，2001年，第278页。
④ 〔韩〕林基中编，《燕行录全集》第17册，东国大学校出版部，2001年，第111～115页。

云。时露全体，穹隆然状若丘陵。”①在长山岛海域的第二天，更是疾风暴雨：“骤雨撒菽，凶飓簸溟。轩然大波，雪矗雾涌。鱼龙掀舞，鲸鳄喧豗。诸舡相荡，不得暂定。……唐舡一只，不知其自何方漂来。为风涛所覆，傍观者损神夺魄。”②在连续多次遭遇狂风巨浪的险境面前，朝鲜使臣一行只能听天由命，寄托于神灵，正使李德洞只好多次“备物虔诚亲祷海神，风犹不顺”③，但大风大浪照旧，没有什么效果。朝鲜使臣一行冒着危险勉强航行到广鹿岛海域后，逆风仍劲吹，无法航行，只好进岛避风。在这里，他们遇到一位僧人，针对他们如何祭祀海神提出了建议，使朝鲜使臣对妈祖的认知发生了变化。

天启四年（1624）的朝鲜书状官洪翼汉在《花浦朝天航海录》中记载：

> 晴，逆风犹壮……使仍问祭海事何如，僧曰：“祭海，莫重于天妃娘娘之神，次龙王之神，又次小圣之神。”上使曰：“所谓三神何神？”对曰：“天妃者，玉皇之女，主兹四渎，而龙王佐之。小圣者，即龙王半子。三神喜则诸事吉，怒则凶。故凡行于海者，欲其喜而不欲怒。致敬尽礼。”上、副使即依其言，具红段小轴，以泥金书神号，定其位次，藏于椟，置诸座隅。备酒牲香币，祭三神。上使制文告之曰：
>
> 泊舟孤岛，已经累日。惊浪拍天，片帆出没。性命如线，莫保朝夕。海路已半，虽荷神骘。前途尚远，溟渤中截。风靳顺便，木道斯阻。百口滨危，王事迟暮。肆切闷迫，仰扣神明。神庶下鉴，谅此微诚。舟行绝岛，凡具未备。酒沽于帘，牲易于肆。物虽菲薄，诚则备至。勿嫌累渎，亟彰盛德。千里皇城（指隍城岛），一

① 〔韩〕林基中编，《燕行录全集》第17册，东国大学校出版部，2001年，第121页。
② 同上注，第124～125页。
③ 〔韩〕林基中编，《燕行录续集》第105册，尚书院，2008年，第425页。

苇瞬息。

五更头，吾三人共祇事于岸上净处。[①]

“四渎”，这里指江河湖海，或四海。“半子”，多指女婿，这里泛指小辈。“木道”，这里指行船的航道。“百口”，这里指朝鲜使臣一行人。“累渎”，这里指朝鲜使臣一行在前面祭祀海神时，没有把天妃灵位摆到首位。“一苇”，小船，这里指朝鲜使臣一行乘坐的船只。

朝鲜正使李德泂询问当地僧人如何祭祀海神，僧人告诉他：天妃是玉皇大帝的女儿，是管理天下四海的，龙王和海里的其他神仙不过是她的属下而已。祭祀海神时要把天妃娘娘的灵位摆到首位。朝鲜使臣一行按照僧人的建议祭祀海神，把天妃排在了各神之首，而且正使李德泂亲自撰写祭文，使团的三位高官正使、副使、书状官一起到广鹿岛上选择一洁净之处举行了祭祀活动。

天启四年（1624）的朝鲜使臣一行在广鹿岛祭祀海神之后，第二天，风向就发生逆转，迎来了利于向西航行的东风：“东风卷送，海气清朗。舡人咸曰：‘使臣之诚，格神矣。’……诸舡举帆，迅疾如飞。一瞥之间，已踔数百里”，“是日行六百余里”。[②]虽说只是巧合，但如此神奇的巧合，在当时人们还不具备科学认知的情况下，无疑加深了朝鲜使臣对天妃的迷信和敬畏，同时也把广鹿岛僧人描绘成了神僧：“老僧之事亦异灵应如导矣。访问其僧踪于岛人，则皆不知也。”[③]认为这来去无踪的神秘老僧是上天派来点化朝鲜使臣一行的，因为之前的使臣祭祀海神时没有把天妃的灵位摆到首位，或没有提到天妃娘娘，所以连续遭遇了逆风恶浪，按照僧人的建议做了，才有了“日行六百余里”的大顺风。

---

① 〔韩〕林基中编，《燕行录全集》第 17 册，东国大学校出版部，2001 年，第 128 ～ 130 页。
② 同上注，第 130 ～ 131 页。
③ 〔韩〕林基中编，《燕行录续集》第 105 册，尚书院，2008 年，第 428 页。

该批朝鲜使臣在后来向登州进发的航程中，同样一帆风顺，“风气甚适，一时举帆，舟行甚迅。旅顺口，皇城岛，铁山嘴，鼍矶岛皆瞥眼过之，恍然若御灵飚而翀天门。盖自遇神僧之后，风便甚利，一帆万里，无有艰险”[①]。这样的航海经历，使朝鲜使臣一行越加迷信和敬畏天妃，所以往返庙岛时，均在庙岛天妃庙举行了隆重而虔诚的祭祀妈祖活动。天启四年（1624）朝鲜使臣一行祭祀妈祖的活动，对后来的朝鲜使臣有很大影响，正如有学者指出的：“天启四年（1624）是明末朝鲜使臣祭祀海神活动的一个重要节点，从这之后，祭祀海神不仅必祭祀天妃，而且天妃排在了众海神的首位，其他海神，包括龙王都在其后。这也使得之后的明末朝鲜使臣对天妃愈加迷信和敬畏。”[②]前文提到，天启四年（1624）之后的朝鲜使臣，祭祀海神时均把天妃排在了众海神的首位，而且在航程途中祭祀的次数也越来越多，不能不说是受到了天启四年（1624）朝鲜使臣航海经历的影响。

---

① 〔韩〕林基中编，《燕行录续集》第 105 册，尚书院，2008 年，第 431 页。
② 刘晓东、祁山，《妈祖文化与明末朝鲜使臣》，中国海洋大学出版社，2019 年，第 68 页。

# 文在寅执政前后影响中韩关系的核心议题及化解方策

姜龙范*

中韩建交28年以来，两国关系取得全方位的突破性发展。然而，近年来由于萨德部署问题，两国关系遭遇寒流，虽然经济领域的合作持续不断，但在政治领域、安全领域和国民互信层面出现动荡和波折，两国政治互信及国民层面的友好情感受到较大的影响和冲击。文在寅执政以来，两国关系开始向积极改善的方向演进，但制约两国关系深入发展的陆基中程导弹部署、政治互信缺失以及国民感情淡化等问题依然存在，如何积极有效地管控两国之间存在的分歧，引导两国关系走上健康稳定的发展之路，对深入推进我国的周边外交工作而言至关重要。

## 一、中韩建交以来两国关系的演进轨迹

自1992年中韩建交以来，两国在政治、经济、文化等诸多领域取得了举世瞩目的成就，两国关系不断跃上新台阶，其发展速度之快，在中国外交史上也是绝无仅有的，可谓开创了两国密切友好合作关系的崭新格局，极大地促进了东北亚的和平繁荣发展，为造福两国人民做出了巨大贡献。

过去28年来，在两国关系中最为抢眼的莫非是经贸领域，建交以来两国贸易额呈直线上升趋势。2018年中韩进出口总值首次突破3000

* 天津外国语大学国别和区域研究院院长，首批“教育部新世纪优秀人才”，天津市特聘教授。

亿美元，达到3134亿美元[①]，中国现已成为韩国的最大贸易伙伴、最大出口市场、最大进口来源国和最大海外投资对象国，同时也是韩国的第一大贸易顺差国；与之对应，韩国则是中国的第三大贸易伙伴国、第三大外商直接投资来源地，2013年，韩国超过日本跃居成为中国的第一大进口来源国。目前，中韩两国已经签署FTA（自由贸易协定），韩国也已加入中国主导的AIIB（亚洲基础设施建设投资银行），未来还有望加入中国提出的“一带一路”倡议。从政治层面而言，两国从1992年建交初期建立友好合作关系，至1998年确立面向21世纪的合作伙伴关系，再到2003年建立“全面合作伙伴关系”，最终于2008年构建“战略合作伙伴关系”。2015年9月，韩国总统朴槿惠不顾美国等国家的反对，毅然参加中国的“9·3阅兵”仪式，将两国关系推向了高潮。为此，中国官方一度认为两国关系“处在历史上最好的时期”[②]，有关专家甚至主张“中韩结盟是历史发展的必然趋势”[③]。

然而，安保问题一直是影响中韩关系发展的一个短板，而中韩关系又并非单纯的双边关系，两国关系的发展与东北亚地区复杂的多边外交有着千丝万缕的联系。2016年7月，美韩部署萨德系统，在中韩之间引起轩然大波，包括政治、经贸和人文交流在内，多个领域的发展遭遇重大挫折，两国关系陷入建交以来的最低谷。

文在寅总统上台执政后，萨德问题暂时被搁置起来，但两国之间政治互信缺失却十分严重，萨德问题依然是横亘在两国关系中的最大安全隐患。两国围绕解决朝鲜核导问题的立场尚有较大分歧，每当韩朝、美朝之间沟通顺畅之时，韩国试图联合美国和朝鲜“合力”解决

---

①《中韩进出口总值首次突破3000亿美元　2018年达3134亿美元》，中国经济网，2019年1月15日。

② 王毅，《中韩关系处于历史最好时期》，中国新闻网，2014年5月27日。

③ 阎学通，《中韩结盟是“时代趋势”》，《南方周末》，2014年10月24日。

朝鲜核导问题，而对中国的积极作用存有怀疑态度。美国一直唆使韩国加入其主导的反导体系并撮合韩国加入美日韩同盟体系，以增强对韩国的影响力。萨德危机后，韩国在政治和经济领域试图摆脱中国的离心倾向日趋明显，致使中国在朝鲜半岛的影响力有所衰退。尤其是以平昌冬奥会为契机，朝韩、朝美和韩美之间的互动颇为频繁，大有中国被排除在朝鲜半岛事务之外的趋势。但是，金正恩委员长在不到一年之内对中国进行四次访问，以及习近平主席成功访朝，在某种意义上打破了韩国通过美朝和韩朝关系实现突破的幻想，使其重新认识到中国在解决半岛事务中占据着举足轻重的地位。

当前，中美两国在政治、经济和安保问题上的博弈日趋激烈，而且大有全方位蔓延之势，而在东北亚地区的日韩两国部署陆基中程导弹则是美国未来对中国施压的又一筹码。倘若如此，中韩之间必然会再次上演第二次“萨德事件”。[①]朝鲜半岛作为重要的近邻，中国有必要在半岛问题上保持战略定力，稳定和夯实与韩国之间的关系，对于落实和加强中国周边外交显得至关重要。

## 二、部署萨德系统导致中韩关系全面倒退

韩国政府决定部署萨德系统的过程并非一蹴而就，而是经历了颇为曲折和摇摆的过程，从早期的反对和模糊战略转向接纳和部署，其中除受到朝核危机升级、美国压力增大及国内政治等诸多要素的影响外，围绕着中韩两国之间对朝政策上产生的龃龉也是重要原因。

首先，朝核危机步步升级是韩国部署萨德最为直接的原因。金正恩

① 〔韩〕申京真，《美国中程导弹是否引起第二次萨德危机?》，《中央日报》（韩国），2019 年 8 月 9 日。〔韩〕文大铉，《中程导弹“入亚论”，第二次萨德危机》，msn 新闻（韩国）。https：//www. msn. com/ko－kr/news/national/.

担任朝鲜最高领导人后，2013 年 2 月进行了第三次核试验，2016 年 1 月和 9 月又破天荒地进行了两次核试验，其中一次还号称为氢弹试验。[①] 同时在这一年里，朝鲜还先后进行多达 24 次的各型导弹试射。[②] 更有甚者，2016 年 3 月 23 日朝鲜发布“重大公报”，威胁将青瓦台变为焦土。[③] 3 月 30 日，朝鲜从元山一带朝东北方向的内陆地区发射了一枚可搭载卫星且准确度很高的 300 毫米新型火箭炮，而该型火箭炮的轨道如果变更为南方就可以直接打击至韩国的首都圈。面对朝鲜日益增强的核导威胁，2016 年 7 月 8 日，韩国决定正式部署萨德反导系统。从韩国的立场上看，朝鲜的核导试验业已严重威胁到其自身安全，此时部署萨德系统可谓“恰逢其时”。

其次，韩美同盟是韩国外交政策的基石。过去 20 多年来，韩国一直奉行“经济靠中国，安保靠美国”的战略。在东北亚地区，美国试图以“朝鲜威胁”为借口，旨在达成遏制中国的战略目的，并以日韩两国作为支点，构筑对华包围圈，这是美国东北亚战略的主要价值取向。自 20 世纪 90 年代末开始，美国已将日本纳入到其主导的亚太反导体系之中，而在韩国却遇到各种阻力。究其原因，一方面，韩国担心高昂的费用和部署地居民的强烈反对；另一方面，在某种程度上也顾及到中国的安全关切，况且彼时两国关系正处于历史上的最好时期，尤其是经济上韩国对华贸易的比重高达 25%，因此不能对中国的安全利益熟视无睹。此时的日韩关系由于历史和领土问题出现严重倒退，中韩两国在历史问题上大有对日形成联合战线之势。按照美国的冷战思维考量，

---

① 《朝鲜政府声明：朝鲜成功试验第一颗氢弹》，朝鲜中央通讯社网站，www. kcna. kp，2016 年 1 月 6 日。

② “Understanding North Korea’s Missile Tests”, NTI, http://www. nti. org/analysis/articles/understanding – north – koreas – missile – tests/.

③ 参照朝鲜中央通讯社 2016 年 3 月 23 日报道。参照周之然、金惠真，《朝鲜发布“重大公报”威胁将韩国青瓦台变火海》，《环球时报》，2016 年 3 月 24 日。

韩国正在逐步倒向中国，这是其所不愿意看到的。于是，美国通过各种途径说服韩国，迫使韩国尽早接纳部署萨德的建议。对此，韩国采取所谓“三个没有”（No Request, No Consultation, No Decision）的模糊态度，即美国还没有正式向其提出任何请求；韩美没有就此正式协商；韩国政府也没有做出任何决定。[①]但是，朝鲜进行第四次核试验后，韩国的立场发生了180度的巨大转变，朴槿惠总统表示，基于国家安全和战略利益考虑，韩国将研究引进萨德系统。美国也顺水推舟，两国立即开展部署萨德系统的相关协商，并于2016年7月8日正式对外宣布部署萨德的决定。通过部署萨德这一奇招，美国收到了遏制中国和离间中韩两国关系的“一石二鸟”之效，中韩关系由此出现了严重倒退，陷入了自建交以来的最低谷。

再次，为摆脱“闺蜜门”引发的政治危机，朴槿惠总统有必要做出某种姿态以转移国内舆论视线。在“闺蜜门”事件爆发之前，中韩关于萨德问题的力量博弈已经白热化，韩国却仍然坚持模糊态度，与中国玩起了捉迷藏游戏。[②]尽管“闺蜜门”事件本身与萨德问题并无直接关联，但该事件的爆发势必严重影响朴槿惠总统的政治公信力，对这起事件可能带来的杀伤力，其本人应该心知肚明。随着“闺蜜门”事件的引爆和进一步发酵，朴槿惠匆忙做出了两项重要举措：一是部署萨德系统，二是与日本正式缔结《军事情报保护协定》。尽管朴槿惠为挽回颓势，决意通过部署萨德系统，与日本强化军事合作，进而深化美日韩

① 李婧、李小飞，《朴槿惠特别助理：政党公开讨论萨德部署问题不合适》，环球网，2015年3月13日。

② 2017年6月29日，中国国家主席习近平在人民大会堂会见韩国国务总理黄教安，希望韩方重视中方的合理安全关切，慎重妥善处理美国计划在韩部署“萨德”反导系统问题。彼时，黄教安总理并没有做出明确表态，只是重申“希望就朝鲜半岛核问题等同中方保持密切沟通”。但是，其回国后刚刚过了一周，韩国便正式宣布部署萨德反导系统，使韩国当局在中美之间搞机会主义游戏的丑态暴露无遗。参照：《习近平会见韩国国务总理黄教安》，新华网，2016年6月29日。

安全合作，以此展现强硬姿态，挽回民心，却极大程度地损害了中韩关系，使两国关系面临建交以来的最大危机。[①]

最后，中韩两国在对朝政策上龃龉不断。在韩国看来，中国一直偏袒朝鲜。首先，在“天安舰事件”和“延坪岛炮击事件”中，中国都扮演了朝鲜最大政治盟友和“保护伞”的角色；其次，在对朝制裁问题上，韩国认为中国或想方设法降低联合国安理会对朝制裁力度，或没有认真履行联合国安理会的对朝制裁决议。[②]每当联合国安理会讨论对朝制裁决议前后，韩国媒体总是说三道四，这对中国而言，的确有欠公允。实际上，面对朝鲜执意进行核武器试验及弹道导弹试射的挑衅行为，中国本着负责任大国的应有态度，做出了巨大牺牲，付出了巨大代价，全面、准确、严格、认真执行联合国安理会相关决议是中国一贯坚持的外交方针。[③]尤其是朝鲜进行第四次核试验后，中国反对朝鲜核挑衅的立场非常坚决，并与国际社会一道对朝鲜实施了严厉制裁。自金正恩上台执政以来，中国政府的半岛政策有着非常明显的倾向性，直至2018年半岛局势全面回暖之前，中朝两国领导人始终未能实现首脑会谈，这是有目共睹的。但是，韩国政府却罔顾事实，认为中国偏袒朝鲜，甚至韩国有媒体披露，朴槿惠突然决定部署萨德，竟然与中方没有及时安排与她的热线通话有关。[④]这种颠倒是非的言辞更加激起了中国舆论的反弹，制裁韩国俨然成为中国社会的主流民意。再则，朴槿惠总统决定部署萨德的时机也颇为蹊跷，韩国选择了所谓的“南海仲裁案”

---

① 〔韩〕姜龙范，《中国对于朝鲜半岛政策之悖论——中朝、中韩关系的重构》，《朝鲜半岛地政学危机》，日本经济新闻出版社，2017年，第72页。

② 〔韩〕金尚旭，《中俄再次反对“核实验制裁条款决议草案”》，韩国新闻中心，2016年9月15日。http://www.newstown.co.kr/news/articleView.html?idxno=263341.

③《外交部：一贯全面、准确、认真、严格地执行涉朝决议》，人民网，2017年10月23日。

④ 社评，《萨德的账，朴槿惠一起还给了“亲信门”》，《环球时报》，2016年12月9日。

结果公布前后，其用意显得更加恶劣。[①]

## 三、政治互信严重缺失成为中韩关系“常态”

顾名思义，政治互信就是双方在政治上“相互信任”或“彼此相信”。由于历史、社会和特殊的地缘政治关系，中韩两国的政治互信尚显脆弱，在利益认知上存在着一定的差异和冲突。相较中韩经济关系而言，两国间的政治安全合作可谓姗姗来迟，在安全沟通与合作协商的制度建设上缺乏建树。加之东北亚地区存在着复杂交织的地缘政治关系，中韩两国的政治互信问题原本就相对薄弱，从而导致利益认知上存在差异，并成为引发冲突的根本原因之一。

在敏感的双边及多边政治议题上，韩国个别政治家的“认识赤字”简直难以让人信服。2013 年 11 月，李明博政府时期的外交安保首席秘书千英宇在一次讲演中公开指出：“千万不要误认为中国对韩国友好”，中国之所以执意与韩国签署 FTA，就是为了把韩国从美国的“对华包围圈中拉出来”；韩美同盟是韩国生存的“保险”，任何一件事物都不能与之交换；韩日之间的争吵并非安保利益上的冲突，而是友邦之间的一时“感情冲突”，在安保利益上没有比日本更为一致的国家，韩中“蜜月”主要是展示给“第三方”看的，中韩爱情有很多水分，大多数是泡沫，泡沫的特点是会突然爆发，爱情转瞬之间即会变成仇恨。[②]2014 年 7 月，习近平主席实现历史性的访韩，中国政府、媒体和学界给予了高度评价。中国外长王毅强调，习近平主席此次访韩是“走亲戚串门式”访问，时间虽短，但成果丰硕，意义

① 李敦球，《“萨德”“闺蜜门”与中韩关系》，《中国青年报》，2016 年 11 月 14 日。
②〔韩〕千英宇，《赵甲济现代史讲座：东北亚的新地政学》，《月刊朝鲜》（韩国），2013 年 11 月 6 日。

重大，备受瞩目，牵动各方。[①]相反，韩国媒体对习近平主席的此次访问却颇有微词，诸如言及“亲戚论背后潜藏的韩半岛战略”，中韩首脑会谈是“朴槿惠政府为获取国内政治人气而牺牲外交的又一事例被记录史册”，“中国并不希望朝鲜半岛的统一”。[②]对于习近平主席在访韩期间所提出的有关“壬辰抗倭战争”及迎接抗日战争胜利70周年中韩共同举办纪念活动等议题，韩国媒体却认为这是中国要与韩国结成新的反日联盟，其目的是要与韩国建立新版“国共合作”，挑拨韩日合作关系，将韩国从韩美日协调体制中剥离出来，乃是中共的“惯用伎俩”。

有关中国在东海划设防空识别区问题上，韩国则以中国划设的东海防空识别区和韩国的防空识别区（KADIZ）在济州道西南方部分区域重叠，且包括了离於岛（即我国的“苏岩礁”）为由表示“不予承认”。不仅如此，韩国却以扩大本国防空识别区来反制中国。

中国对韩国的不信任突出地表现在韩国“安全靠美国，经济靠中国”。韩国以中国划设东海防空识别区为由，扩大本国防空识别区，而扩大后的空域涵盖了两国存有争议的苏岩礁上空。在中国看来，此举是韩国“趁乱占小便宜”。[③]

与此同时，中韩两国网民的某些不理智言论也刺激了两国的民族主义情绪，进而增强了两国民间层面的不信任感，使两国国民对对方国家的“好感度”有所下降。根据韩国《东亚日报》2012年初针对1000名19岁以上网民进行的民调结果显示，只有12%的受访者表示“喜欢中国”。另一方面，在中国进行的同样调查结果显示，有44%的中国人

---

① 《外交部长王毅谈习近平主席对韩国进行国事访问》，新华网，2014年7月4日。

② 〔韩〕金大中，《中国对韩国统一的看法》，《Chosun. com》（韩国），2015年9月15日。http：//news. chosun. com/site/data/html_ dir/2015/09/14/2015091403798. html.

③ 社评，《韩国扩大防空识别区是趁乱占小便宜》，《环球时报》，2013年12月9日。

“通过韩国电视剧、电影等韩流文化，对韩国抱有亲近感”。[①]这与中韩两国的“战略合作伙伴关系”是极为不和谐与对称的。

中韩两国围绕萨德问题产生的分歧和冲突，使得两国政治互信的缺失暴露无遗。实际上，美国在韩国部署萨德系统的传闻在坊间流传已久，中国曾通过多重渠道向韩国表示过关切，而韩国政府却缄口不言或含糊其词。2014 年 11 月 26 日，中国驻韩国大使邱国洪在韩国国会南北关系暨交流合作特别委员会主持的座谈会上做出表态：中国“坚决反对”美国在韩国部署萨德系统，称这将严重损害中韩关系。应该说，这是中国正当的安全利益诉求，原本无可非议。然而，在韩国却舆论沸腾，引起轩然大波，媒体和朝野纷纷指责中国“傲慢干涉”韩国内政[②]，要求中国与其干涉韩国内政，不如去解决朝核问题。[③]

中国在韩国部署萨德问题上的立场非常坚决，将其视为妨碍中韩友好关系的“马奇诺防线”，并认为韩国可以阿谀奉承美国，却不能损害中国的安保利益。[④]尽管声称萨德系统乃是防御性的，但其配备的强大雷达系统可以削弱中国的核导威慑力，不免会对中国构成严重威胁。因此，中国外交部、国防部多次严正表态坚决反对韩国部署萨德系统，国防部发言人明确表示，“如果在韩国追加部署萨德系统，中国军队将采取必要措施，以维护国家安全和地区和平稳定”[⑤]。韩国经济上依靠中

---

① 《调查称韩国人对中国“好感度”骤降　仅 3 成看好中韩关系》，《东亚日报》，2012 年 1 月 6 日。

② 《中国大使警告萨德勿进韩国：名为防朝却危害中国》，《环球时报》，2014 年 11 月 28 日。

③ 社论，《中国应努力解决朝鲜核问题》，《国民日报》（韩国），2014 年 11 月 28 日。http：//news. kmib. co. kr/article/view. asp? arcid = 0922862020&code = 11171111&cp = nv.

④ 〔韩〕金基泰，《中方表示：韩国不能因与美国之关系，而侵犯中国利益》，《newsis》（韩国），2014 年 9 月 18 日。http：//www. newsis. com/ar _ detail/view. html/? ar _ id = NISX20140918 _ 0013177755&cID = 10102&p ID = 10100.

⑤ 社论，《中国表示：追加萨德时，中国军队将采取必要措施》，《朝鲜日报》（韩国），2017 年 9 月 2 日。http：//news. chosun. com/site/data/html_ dir/2017/09/02/2017090200209. html.

国，安保上倒向美国的做法，引起中国国民的普遍不满，使得中国民间抵制韩国的浪潮一浪高过一浪，政府当局也对韩国涉事企业实施了变相制裁。

## 四、中韩两国亟待解决的主要课题

文在寅上台执政后，韩国对外政策发生巨大变化。在对美关系上，两国围绕驻韩美军防卫费的分担问题、解决朝核路径问题以及对待中国复兴等问题发生了较大分歧。尽管韩美同盟龃龉不断，但基础并未发生动摇。在对日关系上，文在寅政府上台伊始就否定朴槿惠政府与日本政府签署的“慰安妇协议”，并围绕强征劳工问题和“雷达照射问题”产生严重分歧。当前，韩日双方彼此将对方从贸易“白色清单”中移除，日本从经济上对韩国施以严厉制裁，韩国则中断两国《军事情报保护协定》，两国关系陷入建交以来的最低点。在对朝关系上，文在寅政府基于其秉持的进步政治理念，制定并积极推进以构筑和平为中心的对朝政策。朝韩首脑会晤以及《板门店宣言》的签署标志着文在寅政府的对朝政策取得了重大的阶段性成果。尽管目前南北关系遇到某些挫折，但是文在寅政府的对朝政策具有一贯性，其立场也颇为坚定。在对华政策上，文在寅总统为了扭转朴槿惠执政后期中韩关系恶化的局面，推行了一系列积极措施，使得持续走低的中韩关系出现迅速回暖的态势。但是，由于萨德事件所造成的政治互信缺失导致两国关系依然面临较大的不确定性，若要实现两国关系的根本改善，双方都应付诸必要努力。韩国媒体对此警告道：“虽然韩中关系重新开始了交流，但切忌草率判断。”

### （一）增强政治互信，防止出现“第二次萨德危机”

增强政治互信是促进国家之间的交流与沟通，谋求地区和平与发展的重要基础。在萨德危机的严重干扰之下，中韩两国之间的政治互信严重受损，两国关系健康稳定发展受到建交以来最严峻的考验，许多领域的交流活动都受到不同程度影响，两国关系从“历史最好时期”[①]直接跌入谷底。

文在寅上台执政后，中韩之间长达一年多的萨德纷争终于找到突破口。2017 年 10 月 30 日，韩国外长康京和在出席国会外交统一委员会外交部国政监查时表示，不考虑追加部署萨德反导系统，韩国政府不参与美国构筑的导弹防御系统的立场不变，韩美日安全合作不会发展成军事同盟。[②]对于康京和外长的“三不”表态，中韩双方有着截然不同的解读：中方认为这是韩国政府对中国的“承诺”，而韩国政府则认为这是一种“表态”。韩国甚至对中国政府的解读提出抗议，其后中国将“承诺”重新解读为“立场表明”。[③]

经过多方沟通，中韩两国政府就萨德问题达成某种“共识”。韩国认识到中方在萨德问题上的坚定立场和安全关切，在妥善处理萨德问题上展示出了诚意；中国也在一些领域放宽所谓的“限韩令”。[④]随着文在寅总统对中国的国事访问和两国最高领导人在国际多边外交中频频接触，两国关系的发展呈现出较好的发展势头。

毋庸置疑，萨德阴影在韩国人心目中根深蒂固，难以在短时间内完全消除。在韩国看来，中韩萨德纷争远未结束[⑤]，中国至今尚未彻底解

---

① 王毅，《中韩关系处于历史最好时期》，新华网，2014 年 5 月 27 日。

②〔韩〕金锺和，《“不是那原因……”“三不”矛盾扩展到美国》，《亚洲经济》（韩国），2017 年 11 月 3 日。https：//www. asiae. co. kr/article/2017110309422265789.

③ 有关“三不政策”，可参照 https：//namu. wiki/w.

④ 据韩联社 2017 年 7 月 17 日的报道，济州航空称，中国民航局日前批准韩国济州航空公司申请的韩国清州至中国张家界的不定期包机航班。参照韩媒，《中国批准清州至张家界包机航班，系反萨德后首次新增》，观察者网，2017 年 7 月 18 日。

⑤〔韩〕赵俊衡，《中国如何应对萨德?》，《联合新闻》（韩国），2017 年 11 月 24 日。https：//www. yna. co. kr/view/AKR20171124067700014.

禁赴韩团体游和对韩国文化产品的进口。根据2018年底的舆论调查显示，韩国民众对中国持否定态度的比率高达44%，居17个调查对象国之首。2019年10月11日，在驻华韩国大使馆举行的国会外交统一委员会的国政监查中，自由韩国党议员尹相铉（音译）公开质疑韩国驻华大使张河成，指出“你们应该要求中国撤销对韩国的报复措施”，韩国的对华外交要更加“理直气壮”。[①]

但是，中国不仅不认可对韩国实施了经济报复，还担心出现“第二次萨德危机”。中国的担心并非空穴来风，2019年8月3日，美国国防部长马克·埃斯珀在回答记者提问时说，美国有意在亚洲部署新型陆基常规中程导弹。尽管埃斯珀并未提供有关中程导弹可能部署在亚洲什么地点的细节，但是韩国、日本和澳大利亚无疑是潜在的部署地点。对此，中国的反应显得颇为强烈，有专家警告说，“若萨德事件重演，后果会更严重”。[②]

可以肯定，如果韩国政府迫于美国的压力执意持续部署萨德系统[③]，甚至引进陆基中程导弹，韩国将会沦为美国侵略亚洲的前哨基地。届时，中国及周边国家绝不会袖手旁观。毫无疑问，韩国是否妥善处理和回应中国的安保利益，是未来衡量中韩关系能否持续健康发展的“试金石”。

### （二）以“一带一路”为平台，使中韩经贸合作再上一个台阶

在习近平主席倡导的构建人类命运共同体理念的指引下，“一带一路”倡议的全方位推进和有序践行，将会在全球范围内为打造政治

---

① 〔韩〕尹浣俊，《对中外交堂堂正正》，《东亚日报》（韩国），2019年10月14日。http：//www.donga.com/news/article/all/20191014/97856733/1.

② 《美国想在韩国部署中程导弹？专家：若萨德事件重演　后果会更严重》，央视网新闻，2019年8月13日。

③ 2017年6月8日，韩国政府宣布暂停对“萨德”系统的部署，但是暂停还不等于拆除，这有可能成为未来影响中韩关系的隐患。

互信、经济融合、文化包容的利益共同体、命运共同体和责任共同体提供全新诠释。“一带一路”倡议是中国重视周边外交，希望与周边国家共同发展的具体经济合作举措，它为中韩合作提供了新的发展机遇。

受全球大气候的客观影响，近几年韩国经济每况愈下。中国倡导的“一带一路”建设与文在寅政府提出的“新北方政策”和“新南方政策”[①]相衔接，将为中韩合作搭建更为广阔的合作平台，尤其是在基础设施、融资、交通和环保等领域有着广阔前景。为此，文在寅政府也在积极寻求参与“一带一路”倡议的可能性，寻求两国携手发展的“最大公约数”。中国提出的“一带一路”倡议得到了韩国各界的积极响应。[②]大量韩国专家学者开始研究总统文在寅提出的“新北方政策”和“新南方政策”与“一带一路”对接的潜在机遇和相互打通的合作方案。

韩国政府的态度也比较积极主动。文在寅政府上台伊始，就派出以执政党资深议员朴炳锡为团长的代表团前来北京参加首届“一带一路”高峰论坛。2017 年 12 月，文在寅总统上任后首次访问中国时就提出：“推动韩中两国企业携手开拓第三方市场，以及加强区域内贸易投资合作。”[③]韩国对“一带一路”倡议的态度转变，一方面体现出韩国领导人改善对华关系的强烈意愿；另一方面也充分证明“一带一路”倡议正受到国际社会更广泛的认同，朋友圈进一步扩大。

---

①《文在寅访华：访重庆大韩民国临时政府旧址，望加强实质性合作》，澎湃新闻，2017 年 12 月 16 日。

②〔韩〕李胜周编，《“一带一路”：中国与亚洲》，首尔明仁文化社，2016 年；〔韩〕李昌周，《“一带一路”的全部》，西海文集，2017 年；〔韩〕李智勇，《中国“一带一路”战略的政治经济上的含义与启示》，韩国国立外交院外交安保研究所编，《主要国际问题分析》2014 年 11 月号；韩国庆南大学极东问题研究所编，《中国的“一带一路”与韩半岛的未来》，《韩半岛 FOCUS》2015 年冬季号。

③《文在寅访华：访重庆大韩民国临时政府旧址，望加强实质性合作》，澎湃新闻，2017 年 12 月 16 日。

根据韩国政府的总体设想，如果朝鲜半岛实现无核化和持久和平，今后从釜山出发的货物可经由西伯利亚铁路和横贯中国的铁路运输网直达欧洲，因此会极大地推动欧亚大陆一体化进程。在这样的时代背景下，越来越多的韩国人渴望对“一带一路”倡议具有更为正确的理解，也希望借助“一带一路”建设进一步拓展深化两国各领域的合作。为此，韩国首个也是至今唯一的“一带一路”研究院应运而生。[①]

韩国是中国“一带一路”建设不可忽视的力量，参与“一带一路”建设也是其现实需求，这与韩国所具有的地缘政治、经济实力与文化认同等因素密不可分。中韩两国作为东北亚区域具有重要影响力的国家，已经签署自由贸易协定，而且韩国也已加入中国倡导的AIIB，在推动构建东北亚区域合作机制过程中，发挥了示范作用。两国应该积极探索和推动首脑会晤机制常态化、机制化和正规化，以推动东北亚区域经济合作，进而对构建东北亚地区合作机制发挥不容低估的正面溢出效应。

2019年6月27日，习近平主席和文在寅总统在大阪会晤。习近平希望韩国把握共建“一带一路”机遇，加快中韩自由贸易协定第二阶段谈判，不断扩大贸易、科技、财经、环保等领域的合作，并积极开展人文交流，巩固中韩民间友好关系。文在寅总统则明确表示愿同中方共建“一带一路”，合作拓展第三方市场。如果将中国的“一带一路”倡议与韩国的“新北方政策”对接成功，必将产生巨大的协同效应。

值得注意的是，中韩两国之间政治互信基础依然薄弱，韩国面临内政外交困境等现实问题制约了两国共建“一带一路”的步伐。为使

① 韩媒：《韩国成立“一带一路”研究院　卢泰愚长子任院长》，《参考消息》，2018年2月6日。

"一带一路"建设取得更加显著的成效，中韩应在政治、经济和文化等各领域采取有针对性的合作措施。况且，经济合作与政治互信是密不可分的，中韩两国有必要以"一带一路"作为平台，通过经济合作重构政治互信。

### （三）推动社会文化交流，切实增强两国国民好感度

推动中韩两国社会文化交流，是维系两国关系深入发展的"稳定器"。自中韩建交28年以来，"韩流"曾风靡中国大地，在"韩流"强劲的同时，"汉风"也深受韩国人民喜爱。全球第一家孔子学院就在韩国首尔开设，目前韩国是世界上设立孔子学院最多的国家之一。

然而，两国关系也经历过一些风雨，在历史文化领域曾出现过高句丽历史归属问题和传统文化申请世界文化遗产方面的矛盾。与此同时，双方在领土（"间岛问题"）[①]、领海（即我国的"苏岩礁"，韩国称之为"离於岛"，中国划设的东海防空识别区涵盖了该岛礁）问题上也不时出现分歧。近年来，由于受到萨德事件的影响，包括社会文化交流在内的两国关系发展遭遇重大挫折。如今，"韩流"不再滚滚，而"汉风"也不再阵阵。

社会文化交流是推动中韩关系不断发展的良好基础。从建交以来，与中韩两国的政治、经济关系发展态势相比，社会文化交流相对滞后。2003年发生的高句丽历史归属问题争端、2005年的"大蒜风波"以及2016年以来的"萨德危机"，均源于双方缺乏有效沟通，由此产生的民族主义情绪影响了两国关系。[②]两国文化交流不够深入，相互之间缺乏了解是导致相互存在认知差异和形成误区的主要因素。目前，两国之间

① 在韩国学界和民间一直主张"间岛"的领土所有权，但是，中国政府却始终否认中韩之间存在领土纷争的事实。譬如，2007年温家宝总理出访韩国前，在接受韩国媒体联合采访时指出，中韩之间不存在领土问题。参见朴光海，《中韩文化交流的现状及问题》，《当代亚太》2007年第7期。

② 最典型的例子是2003年高句丽历史争端问题，这一事件至今依然影响深远。

仍然存在着诸如文化遗产纷争、历史认知等一些“悬而未决”的问题，这些问题一旦发酵，势必激发两国民众的民粹主义情绪，其后果往往难以想象。

在国家之间的社会文化交流中，媒体不仅仅是一个载体，它往往起到引领和导向作用。某些韩国保守媒体对中国的错误认知甚至负面报道，容易扭曲韩国民众对中国的深入理解和理性认知。从某种程度上而言，韩国民众由对中国的无知发展到曲解，媒体扮演了极为重要的角色。另一方面，中国国内的民粹主义思潮抬头也不容小觑。每当两国间发生冲突时，国内民粹主义企图绑架民意，主导舆论，不仅无助于息事宁人，而且还会起到煽风点火的负面作用。导致两国民众对彼此的“认识赤字”，最根本的原因就是缺少社会文化交流。因此，全面加强中韩文化交流既关系到两国人民的切身利益，更有利于两国关系的健康发展。

## 五、今后推动中韩两国关系深入发展的对策建议

### （一）“南北并重”历来是中国对朝鲜半岛政策的基石

目前，中国国内一些专家非常乐观地主张韩国应该推行“两端外交”，在同美国结盟的同时也与中国结盟，甚至还断言中韩结盟是“历史发展的必然趋势”。这极有可能误导中国的外交方向，也未必符合韩国的利益。

之所以形成这种认知误区，主要源于中国的对朝政策显得模糊不清。[①]在学界、舆论界和民间层面甚至连起码的敌我关系还分不清楚，导致对朝政策上的意见分化，甚而还被某些国家误解为中国“偏袒朝

① 2006 年 10 月 10 日，中国外交部发言人刘建超在回答记者提问时指出，“中朝不是同盟，而是正常的国家与国家关系”。但是，1961 年 7 月签署的《中朝友好合作互助条约》并没有被废除或修改，至今依然存在。而在每年的纪念日前后，两国领导人都互致问候以表示祝贺。

鲜”。因此，中国有必要适时调整对朝鲜的所谓“偏袒政策”。

### （二）坚定支持文在寅政府对朝“新阳光政策”

纵观文在寅上台执政以来的对朝政策，颇为引人注目的特点之一即是政策的一贯性。这也是朝鲜当局考验韩国领导人的主要标准，历史经验也证明了这一点。①

当前，围绕着对朝政策，韩美之间时而出现不合拍的局面。新上任的文在寅政府不顾美国和国内保守派的主张，一再强调对朝绥靖政策，甚至公开声称，没有韩国的同意，任何一个国家都不得在半岛挑起战争，并强调加强与朝鲜开展对话和交流。这种“新阳光政策”与中国的半岛政策非常契合，中国应该坚定支持文在寅政府的对朝政策，以期寻求到中韩两国对朝政策上的“最大公约数”。

### （三）在“萨德”问题上，充分认识到关键在于美国

关于萨德部署问题，韩国也只是牺牲品，这是必须正视的客观现实。制裁不过是一种手段，终究不是目的，不能为了“制裁”而制裁，应该遵循和践行“有理、有利、有节”的原则。中国制裁韩国的目的，一是表明强烈反对的立场与坚决抵制的决心；二是惩戒韩国这种在经济上从中国获取巨额利益，在安全上却直接损害中国核心国家利益的“得到便宜还卖乖”的两面投机行为，并且要严厉告诫韩国：一旦美国部署中程弹道导弹而重演“第二次萨德危机”，届时韩国本土无疑成为中国战略力量的打击对象；三是应该让韩国政治家清楚地认识到利用大国矛

① 金泳三总统上任后主张“民族优先论”，并强调“任何盟国也不能优先于民族”。〔韩〕金泳三，《让我们一起奔向新韩国》（金泳三总统就职演说），1993 年 2 月 25 日。但是，第一次朝核危机爆发后，金泳三的对朝政策发生了 180 度转变，强调“无论什么时候，对核开发都予以抵制”。结果，在其执政的五年成为“失去的五年”。相反，金大中执政时期即便发生第二次核危机，但其推行了一贯的对朝和解合作的“阳光政策”。其后上台的卢武铉继承金大中的“阳光政策”，推行“和平繁荣政策”，使朝鲜半岛局势迎来了 10 年缓和景象。

盾进行政治投机的巨大危害。

只要目的达到，制裁就不应继续扩大，这也是“萨德危机”留给我们的深刻教训。总之，中韩关系的发展不容小觑，无论是现在还是未来，韩国都是中国最主要的周边国家之一，如何维护和保持两国关系顺畅发展乃是践行习近平新时代中国特色社会主义思想的重要外交实践。

# 略论城市建设的美学向度与城市史向度
## ——以烟台市为例

林春田*

莎士比亚说，城市即人。城市是有生命的，它不仅是一个地理意义上的物质设施空间，更是一个人文意义上的有记忆、有情感、有性格、有文化的精神家园，城市的建设与发展始终应该关切人。当今，千篇一律的城市面孔提醒我们：城市建设中日益严重的同质化趋势割裂了城市记忆，扭曲了城市性格，窒息了城市的生命活力；城市建设中浮躁的功利主义和好大喜功的政绩工程必须予以认真反思；城市发展不能割裂其历史脉络，城市也是按照美的规律来建造的，美学的向度与城市史的向度亟待引入城市建设的思路中。

本文旨在对城市美学和城市史的研究成果进行简单梳理的基础上，从美学的和历史的向度思考中国城市建设中的若干问题，以烟台市为例，对烟台开埠以来形成的丰富多彩的近代遗迹进行系统梳理，恰当提炼烟台的近代史城市意象，阐释其审美内涵，揭示烟台在近代化历程中生成的城市审美个性，为烟台未来城市的发展提供美学方面和历史方面的参考。

### 一、城市美学与城市建设的美学向度

城市美学学科起源于日本。1984 年，日本学者今道友信在其主编

---

* 鲁东大学文学院教授。

的《未来的美学》一书中提出了建立“城市美学”的初步设想。他指出，城市美学应该成为未来美学的重要分支。城市美学大致有四个研究角度：一是城市美学的思想和历史研究；二是特定城市美学的个案研究；三是从美学的视角（包括城市生态学、设计学、伦理学等）评价城市规划；四是城市美学学科意义上的研究，即以现代城市为对象，研究其中存在的美学问题，并用美学的观点指导城市未来的发展。“城市美学”学科从此在日本确立并得到迅速发展，相关学术成果对近30年来的日本城市建设提供了有效的指导，年轻的城市美学学科显示出了突出的现实意义和时代活力。我国的城市美学学科起步不晚，但发展相对缓慢，成果也相对单一。1987年黄孝春、许红编译的《人·都市·美——城市美学漫谈》一书出版，该书将日本学界的相关研究成果首次介绍到中国。1993年，彭立勋发表了《城市美学的研究对象和范围》一文，这也是中国学者在城市美学学科领域的首次发声，但未得到国内美学界的足够重视，国内城市美学研究一度搁浅。

进入21世纪以来，随着我国城市化进程的加快，城市建设和发展中凸现出越来越多的美学问题，城市美学研究显示出突出的实践意义和迫切的时代需求，与城市美学相关的学术成果开始增多。2000年，段汉明的《城市美学与环境景观设计》一书出版，该书重点探讨了城市环境景观设计，属于比较宽泛的城市景观研究，没有引入国际城市美学学科的前沿成果。此后，马武定的《城市美学》、周膺的《现代城市美学》和《后现代城市美学》陆续出版，曾繁仁、蒋述卓、余秋雨、严峰杰等一些美学界有相当影响力的人物开始介入城市美学领域，城市美学研究的重要性在国内学界逐步形成共识，具有中国特色的城市美学学科初具雏形。

城市美学将美的向度引入城市思考，以美的尺度评价城市、反思城市，以美的规律建设城市、发展城市，是一种重视人对城市情感感受的人本主义的研究立场，在相当程度上回应了现代都市人“诗意栖居”的愿望及对城市的家园情怀，是一种科学的城市发展观。追求城市美、思考城市美、建设城市美是城市美学内部诸学派的共识，对城市美的不同理解则决定了城市美学诸学派之间的思想差异。

笔者以为，理解城市美的首要出发点是人。马克思说，美是“人的本质力量的确证”，纽约市前市长丘吉尔说“城市即人民”。人既是城市的创造者、建设者，又是城市中的生活者、审美者，一座城市美不美首先要看它在多大程度上确证了人的本质力量，保障了人的全面发展。1996 年，联合国教科文组织通过的《伊斯坦布尔宣言》指出，“城市必须成为人类能够过上有尊严的、健康、安全、幸福和充满希望和美满生活的地方”，城市之美不可庸俗地理解为外在形象之美，作为人类生产、生活的空间，城市不是纯粹的艺术品，不能成为各类帮闲阶层肆意把玩的巨型盆景。“当我们面对城市时，我们面对的是一种生命，一种最为复杂、最为旺盛的生命。正因为如此，在处理城市问题时，我们会遇到一种基本的审美局限：城市不能成为一件艺术品。”[①]城市美作为一种复杂的审美形态，与人的凡世生存紧密相关，涉及利害、涉及目的，是一种区别于纯粹美的依存美，只能按照依存美的规律建构。基于城市美的这种特点，吴良镛指出，美好城市至少应该满足人的四种美感：私密感、邻里感、乡土感和繁荣感。一个花瓶式的城市依据纯粹美的尺度审视，毫无疑问可以引发旁观者的视觉美感，但现代在城市中的日常状态不是旁观，而是生活，城市美不能作为纯粹美的审美局限必须得到城市建设决策者的充分重视。20 世纪 80 年代以来，在浮躁的政绩观和招商引资的驱动下，我国城市建设一度出现过畸形的城市美化运动，照搬西方发达国家过时了的城市建设经验，盲目求大求靓，忽视城市民生，制

① 〔美〕简・雅各布斯著，金衡山译，《美国大城市的死与生》，译林出版社，2005 年，第 185 页。

造了大量的城市面子工程，是城市美的异化，这个教训必须吸取。

其次，“美是有意味的形式”，人类作为“意向性”（intentionality）的身体－心灵主体，总是透过感知与想象的总体作用而与形式产生着对话关系，形式作为一种社会符号的象征系统，也因此总是承纳主体深刻的身心内涵。从这个意义上讲，城市之美可以理解为它以客体的物质化的形式（象）承载、召唤并符合着主体的心灵意蕴（意），是一种意象之美。李泽厚指出：“美之所以不是一般的形式，而是所谓‘有意味的形式’，正在于它是积淀了社会内容的自然形式，所以，美在形式而不即是形式，离开形式（自然形体）固然没有美，而只有形式（自然形体）也不成其为美。”[①]城市之美总是显现在具体可感的城市形象系统中，召唤着人们对于历史、对于当下、对于生活的审美情感。

再次，必须用历史的和发展的眼光看待城市美。一方面，城市美是城市历史文化的积淀，任何城市都有它的历史，历史中的城市形式与当代人的城市记忆深度勾连，具有让城市居民追溯既往、联结当代与传统文化时空的审美效能，可以激发人们对城市身世的归属感，是一种“有意味的形式”；另一方面，城市美又是不断被创造的、发展的，城市美的发展体现着人和社会的发展，城市美的创造必须符合时代的审美要求。回顾中外历史上城市建设的美学思路，可以发现：古代社会的城市更多追求的是一种严整秩序之美，彰显着权力的威仪；告别中世纪以后，随着城市人口的增加和城市经济功能的强化，城市的公共性、世俗性主导着城市建设的美学趣味，体现着鲜明的商业文明和工业文明的特征；现代城市建设正逐步转向生态和谐、艺术趣味与历史情调的美学追求上，宜居性与可持续发展已成为现代城市建设的共识。

对于中国城市建设来说，引入美学的向度具有迫切的现实意义。改

---

① 李泽厚：《美的历程》，生活·读书·新知三联书店，2009 年，第 27 页。

革开放30年来，中国的城镇化建设成就瞩目。中国整体城市化率从30年前的15.82%提高到2010年的51.3%（《2012中国新型城市化报告》），但在中国迅速城市化取得经济成就的同时，不少社会问题也随之产生。比如千城一面、形象工程、开发区建设盲目、房价高涨、城市文化建设乏力等，城市美学对于这些问题的反思与解决具有显著的指导意义。

## 二、城市史学与城市建设的历史向度

“城市史学作为历史学的一个分支学科，是在20世纪60年代开始出现的，埃里克·E. 兰帕德的《美国历史学家和城市化研究》一文的发表作为新城市史学与旧的方志式的城市史相区别的标志。”①现代意义上的城市史学运用多学科手段，以城市实体为研究对象，通过对单体城市、城市群、城市与城市关系、城市与乡村关系的研究，描述城市的发生与发展，还原城市的历史真实，分析城市的功能、结构、地位、作用、精神与特质，揭示城市的发展规律，整合城市的文化资源，在城市的建设中发挥着越来越重要的作用。20世纪80年代以来，国外城市史学传入我国，“城市史学”的概念在中国史学界得以确立，中国城市史学学科开始形成。中国城市史学的形成，极大地促进了中国城市史事业的繁荣。朱政惠认为，城市史学“把城市作为一个有机实体，是对以城市文明发展为主轴的专史的研究，在纵向上，主要研究城市形成、发展、脉络的阶段性，横向上注意研究城市环境、城市生活、城市人口、城市阶级和阶层等”②。何一民认为，“从长时段考察中国城市在数千年的发展过程，可以发现，因生产力和生产技术的伟大变革，它形成了三

---

① 姜芃，《美国城市史学中的人文生态学理论》，《史学理论研究》2001年第2期。

② 朱政惠，《历史城市学的崛起——当代中国史学趋势之二》，《华东师范大学学报（哲学社会科学版）》1995年第5期。

个发展时期——农业时代、工业时代、信息时代”，农业时代的中国城市主要以政治行政功能为主，城市是统治阶级的统治中心，也是统治阶级控制人民的堡垒，具有封闭性和规划性的特质，数量少，规模小，发展缓慢。[①]中国城市的快速发展肇始于中国独特的近代化进程开启的工业时代，近代城市的历史研究应当成为中国城市史学的重要研究对象。隗瀛涛指出：“中国国内研究近代城市，起步于80年代中期，具体讲来起步于国家哲学社会科学‘七五规划’，‘七五规划’将上海、天津、重庆、武汉等四个城市的近代化研究列为国家课题”，“以‘七五规划’的近代城市研究为契机，近代城市史研究勃然而兴”。[②]

笔者认为，随着中国城市化进程的加快，迫切需要相关的历史研究，为城市建设提供借鉴和理论参考。城市史研究的一个重要目的在于完整理解当代城市的脉络与灵魂。仅以中国近代城市史而言，晚清以降的中国城市化进程与中国历史的近代化一样，具有重新发现、重新理解的必要。晚清以来的中国城市化进程，的确存在一个模仿欧洲城市的过程，但中国城市的主体地位并未完全丧失，这种模仿不可能完全照搬西方城市的全部特征，而是在中西建筑文化和城市理念的互动过程中慢慢形成并发展了自己的城市文化。认识到这一点非常重要，这牵涉到当代中国城市如何面对自身的近代史资源。我们看到，许多近代开始兴起的城市受僵化的近代史观的影响，将城市的近代遗产完全视为一种殖民的耻辱，在大拆大建中严重损毁了城市的近代史遗迹。这样一来，就造成了城市文化的一种断裂，一方面无法接续农业时代的城市精神，另一方面又本能地拒绝近代化资源，陷入了一种城市发展的历史虚无主义误区。事实上，近代化留给中国城市的更多是正面的遗产和积极的城市文

---

① 何一民，《中国城市历史的三个分期》，《学术月刊》2009年第5期。
② 隗瀛涛主编，《中国近代不同类型城市综合研究》，四川大学出版社，1998年，第1页。

化，中国城市建设没有理由不珍视这份历史遗产。

## 三、烟台近代遗迹的审美建构

美学的向度与历史的向度的引入对烟台城市建设具有尤其重要的意义。烟台是中国特色魅力城市、中国北方重要的海滨旅游城市，同时也是一座具有丰富近代史记忆的城市，体现着鲜明的近代化城市特征。相较于国内其他城市而言，烟台具有更为醇厚的近代史意味，其魅力和美感在相当程度上来自于它带给人们的近代史记忆，这是烟台城市建设的一笔稀缺性历史资源，值得珍视和合理开发。城市的魅力一方面来自于城市建设与发展的效果赢得了人们对它的好感和美感，另一方面源自它在历史中形成的鲜明的城市性格。科学的城市发展必须注重美学建构和对城市史资源的深度挖掘，而城市审美性建构的关键是城市形象性和情感性的建设，同时要处理好历史性形象与当代性形象的关系、历史性情感与当代性情感的关系。比如就烟台和青岛比较而言，烟台的长处是比青岛更早地开启了近代化，近代史的魅力要高于青岛；短处是目前城市经济发展水平落后于对方，当代性形象逊于青岛。因此，烟台城市的审美建构必须扬其历史之长，城市魅力的打造应当立足于其历史特色和独特的审美个性。

烟台的城市发展是从近代起步的，具有深厚近代史内涵，近代化的遗迹丰富而驳杂，整理、阐释这些遗迹使之成为烟台城市建设的历史资源是重要的。首先要准确理解烟台的近代化特色，避免将近代化和被殖民化等同，烟台的近代化是继发外源式近代化和自发内生型近代化的统一，不完全是一种“被近代化”。较早近代化是烟台的历史骄傲，也是烟台的城市特色，这份历史情感不容诋毁。比如就烟台的近代建筑遗迹来说，我们既应注意到外源近代化形成的西式小洋楼，也不能忽视烟台自身近代化生成的中式四合院，以及基于烟台独特地理气候条件的海草房，这三类建筑的历史及美学关联值得重视。其次，近代遗迹的美学属性应予充分注意，美是事关情感的文化，烟台城市近代遗迹中所附丽的丰富的情感事项是烟台城市建设的重要文化资源。最后，可以用美学的意象理论整理并阐释这份历史遗产。从美学的视角看，体现烟台城市鲜明历史个性的近代历史遗迹可概括为如下几个意象群：一是以烟台山领事馆群及滨海近代优秀建筑群为代表的近代建筑意象群；二是以葡萄酒和北极星钟表为代表的近代工业产品及工艺意象群；三是以码头、港口为代表的开埠意象群；四是以东、西炮台为代表的近代军事意象群；五是以洋行、商铺为代表的近代经济生活意象群；六是以张弼士、李东山、冰心为代表的近代历史人物意象群。这些蕴含在烟台城市历史中的意象，叙述着烟台的城市历史，召唤着人们对烟台城市的历史记忆与情感，是烟台城市之美的历史基础。

因为城市之美在于形象之美及其焕发起的人们对于该城市的审美愉悦，所谓的烟台近代化遗迹的审美解读，是一种城市历史意象的解读与历史情感的阐释，主旨是透过历史遗迹的分析，清晰而生动地勾勒出烟台城市形象审美个性的形成过程。上述六个意象群将相关的历史遗迹，围绕着某一特定的城市历史意象有机地串联起来，完整而生动地呈现出烟台六个方面的历史意蕴与美学个性：一是近代建筑意象群与烟台城市的中西融合之美；二是工业产品及工艺意象群与烟台城市的生产之美；三是开埠意象群与烟台城市的开放之美；四是军事意象群与烟台城市的雄健之美；五是经济生活意象群与烟台的城市生活之美；六是历史人物意象群与烟台城市的人物之美。

# “他者”的民族认同与韩国社会

李文哲*

在中国、韩国、日本学界，关于中国朝鲜族和在日朝鲜人的民族认同研究的持续发展，不仅对各个国家认同的重构有积极作用，而且对各个国家的文化多元、民族团结、社会和谐有着重要的现实价值。本文用意在于说明中国朝鲜族和在日朝鲜人的民族认同以及两者与韩国社会的关系，论证“民族认同”辩证研究的现实意义。民族认同出现在特定的权力形态的演绎当中，因此成为差异性与排他性较强的产物。对于中国朝鲜族和在日朝鲜人而言，民族认同不是十分明确的概念，而是很难把握、处在变化之中的现实问题。事实上，无法对两者的民族认同与国家认同一概而论，由于年龄、经验、社会身份等因素的差异，个体的各种认知也会有所不同。但是就结论而言，通过与韩国社会的接触与交往，朝鲜族更加清晰了作为“中国朝鲜族”的定位；在日朝鲜人的民族意识逐渐淡化，并逐渐融合到日本社会中去。

就中国朝鲜族和在日朝鲜人而言，民族认同的探索过程并非是寻根的过程，更不是与自我的“历程”达成妥协的过程，而是按照自己的生存逻辑，在不同的国家、不同的制度和文化背景下，形成独特的跨界生活实践的过程。作为跨界民族的流动实践，中国朝鲜族和在日朝鲜人将成为影响地方经济发展、社会关系、文化符号的重要变量，值得学界进行进一步的关注和研究。

* 烟台大学人文学院副教授。

## 一、民族认同与他者

自20世纪中期以来，各种认同问题在学界一直备受关注。认同（identity）问题，直接影响人们的情感、价值观，同时会影响人们的判断及行为。民族认同研究是一个认识论的问题，发源于西方学界，目前国内外学者在这一领域已经取得了不少的成果。王希恩在《全球化中的民族过程》中指出："民族认同是社会成员对自己民族归属的认知和感情依附。"①民族乃是一个文化与历史的范畴，但关键之处并不在于民族之间的差异本身，而在于这种差异如何被用来指意，以及该过程通过何种方式建构出多民族社会及国家等问题。民族认同从来不是单一的表现，而是建构在许多不同的且往往是交叉的、矛盾的、流动的多元认同组合里。认同的多元化从属于一个激进的历史化过程，并持续不断地处于改变与转化的进程当中。民族认同既是一种社会成员对自己民族集团的归属意识，又是社会成员发现自我与他者之间差异（主要表现于社会政治身份差异、文化身份差异以及情感差异）的一种认知方式。这种认知带有流动性、可变性、多变性，经常受到社会政治环境、经济环境、语言环境、文化环境的影响，处在变化和转化的进程当中。

"他者"（The Other）是相对于"自我"而形成的哲学概念，凡是外在于自我的存在，都可以被称为他者。他者的形成必须发生在二元对立的关系之中，而且对立的双方存在着某种不平等关系。主体对他者行使话语权，对其进行评价、排挤和控制。他者往往由于各种现实原因被边缘化、属下化，失去话语权，产生自卑感。

在韩国社会，中国朝鲜族和在日朝鲜人都具有"他者"的身份，

① 王希恩，《全球化中的民族过程》，社会科学文献出版社，2009年，第349页。

因为在当今的韩国社会中蔓延着强烈的“纯韩国人共同体”意识，排斥或拒绝海外同胞的加入。例如，中国朝鲜族（Chinese Korean）、在日朝鲜・韩国人（Korean with permanent residence in Japan）、高丽人（Kopë capam）、在美韩国人（Korean -American）等分属于不同的国家，以不同居住国“国民”或“公民”的身份散居于世界各地的群集，在韩国社会均被视为“他者”。一个共同体的建立，首先需要有“他者”。韩国社会的种种内部关系，只有面对一个共同的“他者”时，才会真实地呈现出来，为了巩固“纯韩国人共同体”的团结，需要将内部矛盾化解转移为外部矛盾。萨义德曾提出这样一个理解：自我认同的建构牵涉到与自己相反的“他者”认同的建构，且牵涉到对与“我们”不同的特质的不断解释和再解释。[①]自我与他者的区别是相对的。韩国社会虽然认可中国朝鲜族是“同族同胞”，但常常对其抱有居高临下的优越感，将这一群体定义为他者而进行排斥。他者的评价不可避免地影响着社会成员对自我的评价，自我是以他者的评价为参照来定义自我、认知自我。他者仅仅是参照，要警惕的是将“他者”视为“敌人”。巩固或强化“纯韩国人”的定义时，被牺牲的是作为他者的朝鲜族群集。近年来，在韩国大众媒体报道和影片中，很难发现对朝鲜族的正面叙述或描绘，大部分以“杀人犯”“暴力团”等犯罪集团的形象被描述。

齐美尔提出的“陌生人（stranger）”的概念包含“带着认同不确定性的人”。[②]就韩国人的视角而言，具有认同不确定性的人便是“陌生人”，即“他者”。他者拥有多重身份与认同，在不同层面上认同于不同社会群体，不知不觉中扮演“熟人”和“陌生人”的不同角色。评价或书写“他者”时，主体经常镶嵌在具体的历史情境之中，结果主

① 〔美〕爱德华・W. 萨义德著，王宇根译，《东方学》，生活・读书・新知三联书店，1999 年，第 426 页。

② 〔德〕齐美尔著，林荣远编译，《社会是如何可能的》，广西师范大学出版社，2002 年，第 342 页。

体几乎不可避免地与被书写的他者之间产生某种关系，但是经常会忽略甚至践踏“他者”的特殊生存困境。对于大多数韩国人而言，“中国朝鲜族”“中国同胞”这一称谓不仅是一种定义，更是包含等级差别的词语，即朝鲜族群集体已经被贴上“落后”“暴力”“底层”等标签。近年来，韩国社会“中国同胞村”的破落不堪，正意味着朝鲜族和韩国人的“社区边界之争”所引起的严重后果。20 世纪 90 年代以来，赴韩务工的朝鲜族越来越多，而韩国社会的隐性或显性排斥阻碍了他们在当地社会的深层融入，不断强化着他们的国家认同。

## 二、中国朝鲜族的民族认同

近年来，国内外学界在理论上对朝鲜族的认同问题进行了较多的研究。然而，经过多年的争论与探讨，到目前为止，学界一直没有达成共识。

关于朝鲜族的认同研究，最有代表性的主张是：第一，以黄有福为代表的“100% 朝鲜族论”，不仅强调朝鲜族的国家认同，而且严格批评双重认同的研究方法。他认为：“在 20 世纪 50 年代初形成的‘中国朝鲜族认同’是具有彻底脱离朝鲜（国家）的性质。因为他们有着在中国定居的决心和把朝鲜族文化在移民现场发扬光大的决心。”[①]“朝鲜族文化是反映朝鲜族群体认同性的单一性质的文化。”[②]第二，以郑判龙、赵成日、金虎雄为代表的“双重认同性”研究，他们借用一个形象的比喻：“朝鲜族是从朝鲜半岛嫁到中国来的媳妇，朝鲜半岛是朝鲜族的娘家，也是故国，在政治领域中朝鲜族具有中国公民的身份，在文化领域中却不能脱离朝鲜半岛的民族文化与传统，因此朝鲜族不得不呈

① 黄有福，《朝鲜族是双重性民族吗?》，《道拉吉》2009 年第 3 期。
② 黄有福，《朝鲜族文化论——朝鲜族文化绝非“双重性文化”》，《潮歌网》2010 年第 1 期。

现出双重身份及双重认同感。”[①]黄有福、赵成日之争是最有代表性的有关朝鲜族认同问题的争论，在此基础上，学界还提出了“边缘文化论”“100%中国人论”“同胞认同性论”“第三认同性论”等主张。

探讨中国朝鲜族的民族认同，并不意味着鼓吹民族根源主义；强调中国朝鲜族的国家认同，并不意味着放弃民族文化特征。民族认同与国家认同之间存在着相辅相成的关系，而不是此消彼长的对立关系。就这一角度而言，在多民族国家的大背景下，少数民族的民族认同研究的持续发展，不仅对国家认同的重新建构有积极作用，而且对国家的民族团结和社会和谐有着重要的现实价值。因此，少数民族的认同研究不会影响民族和谐的大方向，而且对国家认同也不会产生任何负面作用。

首先，就社会政治身份而言，中华人民共和国成立之后，朝鲜族成为中华民族的一员，得到了宪法保护，朝鲜族对中国的国家认同牢固而稳定。1952 年 9 月 3 日，延边朝鲜族自治州的成立保证了朝鲜族的民族政治权利。从此，朝鲜族积极参与社会主义革命与建设，积极开展对外合作交流，为社会发展做出了不少贡献。同时，改善社会生存环境、提高生活品质、发展特色经济，促进了朝鲜族社会的全面发展和进步。建州 60 多年来，朝鲜族始终坚持“共同团结奋斗、共同繁荣发展”的中国民族工作的重要思想，重视民族团结，维护各族群众的友好关系，相互认同、相互包容、共谋发展，为各民族共同进步做出了贡献。就国家意识形态层面而言，朝鲜族的民族认同与国家认同基本一致，两者都基于中华民族的凝聚力。从国家认同和政治认同的层面来看，朝鲜族表现出积极、肯定的态度。同时，中国少数民族政策也充分保护了朝鲜族的各方面利益。因此，从社会政治身份的角度而言，朝鲜族对中国的国家

① 郑判龙，《郑判龙文集》第 2 卷，延边人民出版社，1997 年，第 15 页。

认同是稳定的、巩固的、完整的。

其次，就文化身份而言，朝鲜族已完善民族教育体系，如：小学教育、中学教育至大学教育，朝鲜族教育属于中国少数民族教育的一部分，十分重视汉语教育和民族语言教育的融合。1949 年创立的延边大学是民族地区中率先进入国家“211 工程”的民族大学。延边州建立了朝鲜文专业教育出版社、报社、杂志社、传媒集团等出版发行体系，保证了民族语言传播的渠道。同时，延边州多次开展了民俗文化展示会以及民俗文化观光博览会等各项文化活动，建立了民俗博物馆、资料馆等文化传承基地，保证了朝鲜族传统文化的保存与发扬。这些都足以证明朝鲜族在文化传承方面着力推进特色文化建设、守护民族传统，而且促进各民族文化交融，成功创建了综合实力最强的民族地区。从文化身份的角度而言，朝鲜族呈现出双重身份及双重认同感，一方面继承朝鲜半岛的民族文化，另一方面接受中华民族传统文化的精髓，形成了独特的文化形态。

最后，从集体记忆的层面来看，中国的 56 个民族共有的是长期以来的集体记忆，它以历史文化亲近性为基础，以结构性健忘为工具，建构了中华民族的国家认同。中国的少数民族不仅具有中国国籍，而且具有牢固的国家认同感——中国人的意识。不同民族之间的情感差异及血缘关系在形成国家认同时起着很大的作用，但共有的历史、记忆、命运的力量绝不能忽视。长期以来，社会关系的变迁导致了各民族间利益关系的重组，成为国家认同变迁的重要因素。中国的各民族一起走过抗日战争、解放战争和社会主义建设的漫长历程，享有了共同的历史、共同的记忆、共同的振兴，在这一过程中，朝鲜族作为中华民族的一员，逐渐建立起一个巩固的、完整的国家认同，即中华民族认同。

由此可见，就国家层面的朝鲜族来看，民族认同与国家认同基本一致，甚至朝鲜族的国家认同比民族认同更为重要。在多民族国家，大部分的少数民族完全放弃原有的民族情怀，只有一部分的少数民族继续保存并传承自己原有的民族情感，加强民族情怀与国家情怀之间的结合。朝鲜族在一方面依然保持独特的民族情怀，另一方面积极接受国家情怀，促成了某种程度上的融合。这样的情怀融合不会影响朝鲜族的民族认同及国家认同的确立，相反，适当的情怀融合会促进更为圆满的自我认同的确立。

## 三、在日朝鲜人的民族认同

在日朝鲜人①是日本殖民统治和朝鲜半岛分裂的历史背景下，在日本居住的朝鲜民族的后裔。据日本独立行政法人统计中心的数据，截至2018年12月31日，在日本定居的在日朝鲜人（拥有朝鲜或韩国国籍的人）总计为479193人，加上已加入日本国籍的朝鲜人，总人数有200多万。②

近几年来，随着日本政府和周边国家关于历史问题和领土纠纷越演越烈，日本政府和右翼团体对在日朝鲜人的歧视和攻击也越来越严重。日本大众媒体着重报道在日朝鲜人的黑暗面，通过一部分的事例来主张在日朝鲜人社会是犯罪集团，由此形成社会舆论，鼓吹日本人应该齐心协力，把朝鲜人、韩国人赶出日本境外。朝总联成为日本政府打压在日朝鲜人集团的主要对象，成为日本右翼攻击在日朝鲜人的最集中的目标。日益严重的被边缘化和否定化，剥夺了在日朝鲜人的各种权利，加深了他们的心理压力，造成了认同混乱。同时，日本的内政和外交问题的变化直接影响在日朝鲜人在日本社会的地位及待遇。目前，在日朝鲜

① 本文使用“在日朝鲜人”一词，从历史、文化背景出发，这一族群出身于朝鲜半岛，是朝鲜民族的后裔，因此不分国籍与政治理念的差异，在广义上使用“在日朝鲜人”的称呼。

② 日本独立行政法人统计中心，《国籍，地域别在留资格（在留目的）别在留外国人》，2018年12月31日。http：//www. nstac. go. jp。

人的认同处于极度混乱状态，这种混乱在某种意义上讲，已变成一种危机。

首先，就社会政治身份而言，在日朝鲜人的多半数以日本的居住民和外国人的双重身份生活。1945 年 8 月日本战败后，GHQ 开始控制日本军事与政治。12 月，日本政府修改众议院议员选举法，否定了朝鲜人的参政权和选举权。[①]日本政府和 GHQ 对朝鲜人政策的本质，在权利方面，剥夺了朝鲜人所应该享有的政治权利，如社会保障、选举、参政等方面的权利。可是在义务方面，日本政府要求朝鲜人作为“日本臣民”的一员，强迫朝鲜人接受日本国民教育、承担纳税、食品分配等社会义务。这种现象持续了 50 多年，其中经历过多次制度改革的变迁，但朝鲜人的社会身份问题始终没有得到解决，在日朝鲜人社会身份依然处在日益萎缩的状态之中。1991 年，签订韩日外交备忘录后，在日朝鲜人在日本社会的地位有了显著的变化。例如，特别永住权的赋予、再入境许可时间的延长制度、入国手续指纹制度的废除等协定提高了朝鲜人的法律地位，保障了其较稳定的社会身份。但这并不意味着朝鲜人已享有日本国民的政治待遇，这一时期日本政府对朝鲜人的政策是处于矛盾状态，朝鲜人的社会地位处在“日本人”和“外国人”的境界，逐渐成为境界人或边缘人。

目前，大多数的在日朝鲜人具有外国人的身份，因此在教育、居住、就业、社会福利等方面，依然遭到各种限制与排斥。同时，有一部分在日朝鲜人，特别是年轻一代，为了避免日本社会的歧视与排斥，以归化、通名以及与日本人结婚的方式来取得日本国籍。他们主张国籍与民族的分离，隐瞒自己的民族属性，主张自己是“日本人”，但是从日本人的角度而言，这些在日朝鲜人依然是没有归属感的群集，不能完全

① 姜徹，《在日朝鲜人的人权与日本的法律》第 3 版，东京雄山阁出版，2006 年，第 226 页。

融入“纯日本人”的行列。

其次，就教育方面而言，日本的朝鲜学校被视为外国人学校，在财政资助方面，朝鲜学校始终没有得到日本政府的支援。1999 年以前，日本文部省否认朝鲜学校毕业生的升学资格，朝鲜学校毕业生无法得到进入日本国立及公立大学的入学资格。以 1999 年为转折点，日本文部省将朝鲜学校毕业生入学资格审查的决定权交给各个大学，京都大学、九州大学等国立大学开始承认朝鲜学校毕业生的学历及入学资格，招收朝鲜学生。[①]2003 年，日本文部省正式认可外国人学校毕业生的学历及入学资格，其中包含朝鲜学校。对朝鲜学校的资格认可，不仅保证了朝鲜人的民族教育环境的改善，而且加快了朝鲜学校毕业生融入日本社会的速度。但是，朝鲜学校在实际运营中遇到很多问题，如财政补助、入学资格、就业资格、学校医保、正式体育比赛的参赛资格等问题，不仅影响在日朝鲜人的民族教育的质量，还涉及朝鲜人对自己民族的认同感。

2010 年 4 月开始，日本政府正式实施“高中学费全免化 · 就学支援支付制度”，以“为所有年轻人创造一个平等安心的环境”为宗旨，在日本的所有外国人学校也进入高中学费全免化制度的对象范围内。但只有朝鲜人学校因日本和朝鲜没有成立外交关系、朝鲜学校教给学生的内容无法理解等理由被排除在外。当时，在日朝鲜人的学费问题成为日本社会最关注的热点，日本学界围绕着此问题开展了多次争论，直到目前为止没有达成共识。

最后，就情感方面而言，生长在日本的在日朝鲜人中不愿意承认自己是“朝鲜人”或“韩国人”的不在少数，这种意识体现出在日朝鲜人的消极的民族认同。消极的民族认同源于对自己民族受压迫的屈辱感

① 朴婷姬，《中国朝鲜族与在日朝鲜人社会比较研究》，延边大学出版社，2010 年，第 167 页。

或对民族未来的焦虑感，为自己的民族感到自卑。在日朝鲜人的民族认同以一种悲观、焦虑的心态看待民族的语言、历史、习俗等。这种消极的民族认同由于在日朝鲜人长期身处日本社会边缘地位，属于日本社会的非主流成员，在政治、文化、教育等各方面处于劣势，因此对自己民族产生厌恶，认为朝鲜民族是落后、卑微的族群，结果形成对本民族认同的排斥与拒绝。这种消极的民族认同在年轻一代中表现得更为突出，在行为上，他们不愿暴露自己的民族身份，建立与日本社会的关系，追求个人的成功。因此，在情感方面，在日朝鲜人的年轻一代远离朝鲜与韩国元素，使用通名，放弃母语的使用，向日本主流社会靠拢的现象越来越严重。主要以三代、四代为主的在日朝鲜人中，不懂得民族语言文字、民族历史的人绝不在少数。这种现象导致了在日朝鲜人社会的民族危机。

在长期的历史发展过程中，日本已成为在日朝鲜人的居住地，因此不能远离日本社会。但是直到今日，在日本社会仍然存在对朝鲜人的歧视与偏见，如今在日本社会实现多民族共生、多元文化共存，确实有难度。

## 四、韩国社会与中国朝鲜族

探讨朝鲜族民族认同的问题，不能避开朝鲜族与韩国社会的关系。中国朝鲜族作为跨国民族，在社会政治身份的角度而言，已成为完整的中国公民。文化身份以及情怀层面，不能完全脱离朝鲜半岛的影响。在中韩建交之前，中国与韩国处于敌对状态，不同的政治制度和意识形态长期影响了两国关系。1992 年 8 月，中韩建交之后，朝鲜族逐步踏进韩国社会，利用劳务输出、探亲、留学等各种渠道，扩大了与韩国交流的机会。据韩国出入境统计月报的报道：“根据韩国法务部出入国外国人政策本部的统计，以 2018 年 6 月 30 日为基准，暂住在韩国境内的中国朝鲜族人数已达到 715953 人，占韩国居住外国国籍同胞人数的 83.3%。”①在语言、生活习俗等方面，朝鲜族与韩国人没有太大的区别，因此朝鲜族很容易融合到韩国社会中去。朝鲜族的韩国迁居具有两种意义：一是，充分发挥朝鲜族的媒介作用，促进了中韩两国的友好关系，在经济、文化、学术交流等方面做出了贡献；二是，朝鲜族在韩国主要从事第三产业，属于劳动力迁移，一方面可以补充韩国第三产业的劳动力，另一方面夺取了韩国第三产业劳动者的生存空间。因此，朝鲜族的韩国迁居有时会造成韩国人的危机意识和忧患意识。

近年来，韩国大众媒体对中国朝鲜族的歧视与偏见与日俱增，到目前为止，在韩国媒体发表的有关“朝鲜族犯罪”的新闻报道共 8939 篇，其中 2019 年（1 月 1 日至 12 月 20 日）共发布 756 篇有关“朝鲜族犯罪”的新闻报道。②在电影方面，罗宏镇导演的《黄海》（2011）、朴勋政导演的《新世界》（2013）、许政导演的《捉迷藏》（2013）、沈成宝导演的《海雾》（2014）、金柱焕导演的《青年警察》（2017）、姜允成导演的《犯罪都市》（2017）、李秀镇导演的《偶像》（2019）等都涉及了朝鲜族社会。影片中的朝鲜族都是以杀人犯、诈骗犯、偷渡者等低等异端的角色登场，影片通过叙事结构的设置，将朝鲜族形象塑造和韩国社会内部矛盾结合在一起，导致得出朝鲜族社会是犯罪集团，“延吉”这一城市是残酷冷漠的犯罪之地的结论。③韩国电影中刻画的朝鲜族形象主要是危害社会安全的凶恶罪犯，加深在韩国社会蔓延的“朝鲜

① 韩国法务部出入国外国人政策本部：http：//www.moj.go.kr/moj/206/subview.do.

② 韩国 NAVER 网：《有关朝鲜族犯罪的新闻报道》，2019 年 12 月 20 日，https：//search.naver.com/search.naver？where = news&sm = tab_ jum&query = %EC%A1%B0%EC%84%A0%EC%A1%B1+%EB%B2%94%EC%A3%84.

③ 朴银姬、李文哲，《韩国城市电影中的“延吉”符号——视觉符号的传播与误读》，《当代电影》2014 年第 11 期。

族＝犯罪集团”的错误认识。韩国观众通过影视作品所塑造的朝鲜族形象来认知“他者”形象，只是韩国大众媒体和影片中的朝鲜族形象多是被歪曲、被丑化的“他者的假象”而已。

至此可见，对中国朝鲜族的排斥与现实生活中的各种差别意识，已经渗透在韩国社会。究其原因，韩国的民族主义（又称为韩民族优越主义），是在殖民地背景下萌芽、形成的近代意识形态的产物。韩国的民族意识及其认同是在他者（日本帝国）的暴力和压迫中产生的民族情感。因此，韩国的“我们”一词具有强烈的共同体意识。当今的韩国社会依然维持“纯韩国人共同体”意识，排斥或拒绝海外同胞的加入，强化“纯韩国人”的定义。对于韩国人而言，维持以及加强共同体意识已经成为一种潜意识，区别于他者（包括海外同胞）成为明确自己国民身份及文化身份的一种方法。韩国大众媒体有关朝鲜族的新闻报道，经常受到主客观因素的影响，例如，客观事件的暧昧性，相关报社对朝鲜族的印象（间接经验或直接经验）以及理解程度，报社的社会影响力及受众的反馈能力等，这些因素决定了有关新闻报道所达到的传播效果。今日，韩国大众媒体对中国朝鲜族的歧视与偏见越来越恶化，已经导致韩国民众对朝鲜族的厌恶情绪。

韩国社会对朝鲜族的他者认知具有以下几个方面的特征：其一，在长期的历史发展过程中，朝鲜族社会和韩国社会具有不同的历史记忆、价值观念，两者之间必然存在社会身份差异和情感差异；其二，近几年来，韩国大众媒体通过新闻报道的形式强调或捏造朝鲜族的犯罪行为，导致得出朝鲜族社会是“犯罪集团”的错误结论；其三，韩国社会对朝鲜族的反感情绪，提升了韩国人的优越感，有利于加强“纯韩国人”意识，提高韩国民众的团结精神。由此可见，以经济效益为主的交往和利益优先的交流方式，导致了朝鲜族群体和韩国社会之间的各种矛盾冲突，并且因长期的国家意识形态和社会价值观念的隔阂，两者之间缺乏相互理解和信任，产生错误理解与偏见。如何恢复两者之间的信赖关系，加强相辅相成的友好合作关系，正是今后要探索的重要课题之一。

## 五、韩国社会与在日朝鲜人

朝鲜半岛的分裂对在日朝鲜人的影响很大，“朝总联”（朝鲜系）和“民团”（韩国系）之间的对立一直延续到今天。长期以来，两者之间的对立关系阻碍了在日朝鲜人的民族意识的形成与发展，造成了逃避民族问题的倾向。

在日朝鲜人社会里存在着两种国籍，朝鲜籍和韩国籍，在政治上，“朝总联”支持朝鲜政权，“民团”支持韩国政权，两者在政治理念、意识形态上处于对立关系。

在经济方面，在日朝鲜人一代、二代（韩国国籍）对韩国社会的经济发展做出了巨大贡献。在日朝鲜人一代、二代在日本社会一直受到排斥与歧视，但他们对母国的支援，特别是通过经济资助体现出强烈的民族意识，这是区别于中国朝鲜族的一种现象。以此可见，民族意识、民族认同的确立不仅受到政治、文化、教育的影响，在某种意义上也受到经济因素的影响。

在政治方面，因朝鲜半岛南北分割的历史原因，在日朝鲜人（韩国国籍）在韩国得到了认可，在某种程度上参与过国家方针政策的决策和制定过程，行使了一定的影响力。相反，在日朝鲜人（朝鲜国籍）在韩国一直被认为是忌避对象，各个方面都处于敌对关系。20 世纪 90 年代以后，日本和韩国都进入了社会转型期，日韩关系的变化对在日朝鲜人的影响很大。国际化时代的到来、后现代主义思想的蔓延、经济全球化的发展，促使在日朝鲜人改变对朝鲜半岛的感情依赖。在日朝鲜人社会里掀起了超越民族、超越国家的思想浪潮，不少人认为个人的生存与发展机会更为重要，对民族和国家的概念提出怀疑。特别是在语言、衣食住行、生活习惯等方面，在日朝鲜人已经偏向于日本元素。以三代、四代为主的在日朝鲜人大多数不懂得民族语言，民族意识逐渐淡化，他们拒绝“韩国人”的民族身份，主张自己是“世界公民”“世界民族”的一员，想摆脱民族主义和国家主义的束缚。

由于政治理念、历史观念等方面的原因，日本、韩国、朝鲜对在日朝鲜人都有不同看法。在日朝鲜人不管是过去还是现在，都处在三个国家的夹缝之中，始终呈现出复杂、多元、多变的民族认同性。从整体上来看，韩国社会和在日朝鲜人集团依然保持友好关系、信赖关系，双方在经济、文化、学术等方面已经建立起稳定有效的交流合作机制，通过政府机关、企业、财团、自治体、学术机构等各种渠道开展多层次、多角度的交流活动。

《在日韩国·朝鲜人年轻一代的认同》（福冈安则，1993），《民团50年史》（在日本的大韩民国民团，1997），《在日朝鲜人与日本社会》（在日朝鲜人人权中心，1999），《韩日关系两千年》（金仁德，2006），《在日》（姜尚中，2008），《我们的英雄都是在日》（朴一，2011），《在日朝鲜人——历史与现在》（水野直树、文京洙，2015），《日本的韩国化、韩国的日本化》（浅羽祐树，2015），《我看到的风景：日本籍的在日韩国人的视野》（金村诗恩，2017），《在日朝鲜人律师所看到的日本社会的仇视言论》（金龙介，2019），《在日朝鲜人的人权》（朝鲜大学政治经济学部法律学科创建20周年纪念刊行委员会，2019）等著作，以客观公正的视野来分析在日朝鲜人对韩国的影响，韩日关系以及在日朝鲜人社会的历史问题和认同问题。

在日朝鲜人对韩国社会所起的作用可以分三个部分：第一，在日朝鲜人一代、二代（韩国国籍）对韩国经济做出了巨大贡献，同样长期以来，在日朝鲜人（朝鲜国籍）对朝鲜经济也做出了不可忽视的贡献。无论是韩国国籍还是朝鲜国籍，他们对韩国和朝鲜的经济支援，充分体现出在日朝鲜人对故国的爱国之心。第二，在日朝鲜人充分发挥媒介作用，扩大了韩日政府间的交流，促进了韩日两国在经济、文化、学术等方面的合作交流。第三，在日朝鲜人三代、四代的民族意识逐渐淡化，在语言、生活习惯、价值观念等方面，逐渐融合到日本社会中去。如何增强在日朝鲜人年轻一代的民族意识，加强韩国社会和在日朝鲜人集团之间的信赖关系、友好合作关系，正是今后要探索的问题。

## 六、结语

综上所述，中国朝鲜族的民族认同与在日朝鲜人的民族认同之间有很大的差距，并且两者的民族认同区别于韩国人的民族认同。中国朝鲜族与在日朝鲜人分属于不同国家，具有不同的价值观与国家感情。经过半个多世纪的历史变迁，朝鲜族的民族认同和国家认同协调统一，朝鲜族作为中华民族的一员已经建立起一个巩固、完整的国家认同，即中华民族认同。同时，在教育、语言、文化传承等方面守护民族传统，创建具有国际竞争力的民族地区，确立健康、稳定的民族认同。相反，在日朝鲜人始终没有得到稳定的国家认同，民族认同也处于复杂、混乱的状态，并且对民族共同体的归属感日益淡薄。

事实已经证明，不健全的民族认同会极大地损害许多族群的民族认同的稳定性与固定性。因此，必须高度重视民族认同的历史发展过程与实践对于国家安全、民族团结、社会稳定、社会进步方面的重要意义。在中国、韩国、日本学界，关于朝鲜族和在日朝鲜人的民族认同研究多是基于他者理论来进行分析，这意味着朝鲜族和在日朝鲜人应该认识到自身所具有的媒介作用，以及随之而来的责任。这一认识会体现在韩国社会和两个群集在历史脉络之中认知对方、理解对方的能力上。即便这种能力不能马上解除对彼此的敌意或误解，但至少能起到削弱敌意、引向和解的作用。中国朝鲜族和在日朝鲜人在各自的现场为克服矛盾冲突做出努力，这具有十分重要的社会价值。

# 日本民俗宗教考察
## ——巫女为例

姜　娜*

一个看似稳定的社会，即使物质生活丰富，当精神欲求无法得到满足的时候，人们就很容易陷入不安的状态，此时，如果无法从科学角度获得解脱，人们就会转向“非合理”的世界寻求解决方法。数不胜数的宗教、信仰及民间巫师就因这样的需求而产生，并活跃于历史舞台。

2011 年 3 月 11 日，东日本大地震，截至日本时间 2011 年 12 月 8 日，地震造成至少 15841 人死亡，3493 人失踪，5950 人受伤（轻、重伤）。

2011 年 7 月 20 ～ 24 日，日本三大灵场①之一的青森县恐山菩提寺依惯例举行了夏季大祭典，据《朝日新闻》2011 年 8 月 14 日的报道，由于受地震影响，今年去菩提寺祭拜的人只有历年的一半多（约 13200 人）。报道还特别提及，在寺门一侧的“口寄小屋”前排队的人也只有历年的一半，但是即便如此，依然需要排四五个小时才能轮到。排队的大多数人目的是拜托叫作“依他考”（音译）的巫女呼唤在震灾中死亡的亲人的灵魂，以期与其对话，填补自己突丧亲人的失落感。②

何谓“口寄”？何谓“依他考”？除了“依他考”，日本还有怎样的

* 鲁东大学文学院讲师，东北亚研究院日本研究所所长。

①“灵场”是指神佛显灵且特别灵验的地方。日本三大灵场除了恐山以外，还有滋贺县与京都市交界地带的比叡山以及和歌山县的高野山。

②“会いたい、聞きたい、イタコ訪れる被災者たち”（让我见到你，让我听见你的声音，拜访女巫的受灾者），《朝日新闻》2011 年 8 月 14 日。

巫女？她们起到了怎样的社会作用，具有怎样的社会地位？以巫女及其巫祝活动为代表的日本民俗宗教在日本宗教中的定位如何？民俗宗教中，宗教执行者与委托人之间又是怎样一种关系？为了阐明这些问题，本文首先利用历史资料，简单梳理日本巫女的类型、历史、成巫原因及社会功能。其次，结合田野调查资料，详细描述日本巫女的行巫方式，分析巫女的生存现状。最后，通过对田野事例的分析，从人类学的视角探讨民俗宗教研究中的几个问题。

## 一、日本巫女概况

### 1. 巫女类型

“巫”是指将守护神附着于自己的身体之中进行占卜、治病的活动，或者将特定的神灵、死灵、祖灵通过召唤附着于自己的身体之中，与委托人进行对话，充当委托人与灵之间交流的媒介的人。“依他考”就是巫的一种，是对日本东北地区民间巫女的一种俗称，其多为弱视女性，她们将灵呼唤到自己的身体之中，以该灵的口吻与委托人对话（即所谓的“口寄”）。

日本还有很多类似于“依他考”的巫女。在柳田国男的研究中，日本巫女被分为“神社巫女”和“口寄巫女”两类，中山太郎也类似地将日本巫女分为“神和系神子”和“口寄系巫女”两大类。神社巫女附属于各地神社，领取一定的“工资”；口寄巫女生活在民间，或四处漂泊，通过施展巫术获得一定的报酬。[①]堀一郎则将日本的巫女分为“真正巫”和“拟制巫”两种，“真正巫”是指突发的、因神灵召唤而成为巫的人，“拟制巫”是指通过某种训练或者学习成为巫的人。[②]樱井

① 〔日〕中山太郎，《日本巫女考》，大冈山书店，1930 年。
② 〔日〕堀一郎，《日本的萨满》，讲谈社，1971 年，第 23、219 页。

德太郎将巫女分为“职业巫女型”“神社巫女型”“俗巫型”三种。“职业巫女”多为弱视女性，形成特殊的集团组织，多因生计问题而成为巫女，并无系谱或者血缘继承的特点，社会地位低；“神社巫女”是附属于神社的，主要负责祭祀和神事活动的巫女，其又分为神社神职人员的助手巫女和负责神舞的舞乐巫女两种，系谱、血缘继承，不进行占卜和民间祈祷；“俗巫”是与地域社会紧密联系的非职业巫女。[①]

从几位学者的分类方式中我们可以看出，从宏观角度来看，日本的巫女主要有两种，一种是并不施展巫术的神社巫女，一种是施展巫术的民间巫女，两者最主要的区别就在于是否进行巫祝活动。要想真正了解为什么会有这样的分类，我们还必须简单回顾一下日本巫女的历史。

2. 巫女历史[②]

现在公认的日本巫女的起源是日本史书《古事记》《日本书纪》中记载的，在天岩户前为众天神跳舞的天钿女命，而最早的有关日本巫女的史料记载，见于中国的史书《魏志·倭人传》中的“卑弥呼，事鬼道，能惑众”（卑弥呼是弥生时代邪马台国的女王）。日本中世以后，各地神社在祭神的时候都要由巫女跳舞以敬神，民间也出现了负责祈祷和镇魂的非神社巫女。但是到了江户时代中期，当时兴起的日本国学认为神灵附体等灵异现象是邪教，社会对巫女开始持否定态度。到了1873年，日本严令禁止神灵附体行为，这个禁令也被称为“巫女禁断令”。由于这个禁令，非常驻神社的民间巫女几乎全部“失业”，一部分人进入神社偷偷地继续巫祝活动，一部分神社则开始雇用巫女做神职人员的助手。其后，春日大社的神职人员富田光美等

①〔日〕樱井德太郎，《日本的萨满》上卷《民间巫女的传承和生态》，吉川弘文馆，1974年，第13～49页。

②〔日〕岛越宪三郎，《巫女的历史》，载于宫家准，《日本的民俗宗教4：巫俗与俗信》，弘文堂，1979年。

人以及日本宫内省的乐师多忠朝认为，巫女以及基于日本神话的巫女舞在日本神道的神事中是很重要的要素，应该使其存续下去，并在此理念下创造并普及了蒲安舞等获得官方承认的神乐舞。由此，在日本民俗宗教中形成了民间巫女和神社巫女两大巫女类型。到了现代，神社巫女可以说只是继承了巫女舞要素的形式上的“巫”女，真正的“巫”女是民间巫女，其中最具代表性的是日本东北地区的“依他考”和西南诸岛特别是冲绳的“尤他”。

3. 成巫原因

根据以上学者的研究，日本巫女的成巫原因主要有三种。

第一，世袭。这种情况下，可理解为成为巫女是该家庭女性成员的义务、责任。如母传女、婆传媳等。

第二，为了生存。民间巫女多弱视女性，她们很难获得与普通人同等的工作机会，而且还会受到社会上的歧视。而这样的女性通常又是极为敏感的人，具备凭神的生理条件。为了生存，她们的父母亲人就会为其寻找师傅，学习巫术等技能，进入巫者行业。

第三，以重病痊愈为契机。一些女性在病因不详的重病中得到神灵的呼唤，醒悟到自己应该成为人神之间的沟通者，而她醒悟之时就是其病愈之时，于是在病愈后抱着对神灵的敬畏之心投身于巫者行业。

4. 社会功能

由于在恐山为委托人呼唤亲人死灵的依他考形象深入人心，使得人们可能会认为巫女，特别是依他考的社会功能就是呼唤死灵，但事实上，以依他考为代表的巫女有着多种多样的社会功能。神社神职人员的助手、巫女舞敬神的舞者、占卜、巫术祈祷、治病、预言吉凶祸福等，巫女在历史上以及当地社会生活中扮演了不可或缺的角色。

第一，作为神灵或者神灵妻子的巫女

在日本的民间信仰中，女性是掌管土地的女神，日本的创世神话中多见神灵或者天皇通过与当地女性结婚以获得土地的故事。同时，巫女还被认为体内有神灵，日本冲绳的“姐妹信仰”①是其最好的例证。有关春初的年神和秋末的田神的信仰也很有代表性。日本是农耕社会，农作物的生长状况、收获程度等都被认为与神灵和迎接神灵的宗教女性（亦即巫女）之间的性关系有关，所以巫女不仅是神，还是神灵的妻子。

第二，神、灵代言人

巫女根据委托人的要求，通过呼唤将神灵以及先祖、亲人、友人的死灵或者活灵依附于自己体内，代替该灵与委托人对话。亦即通过凭神来传达神的旨意或进行占卜，给社会群体以生活上的指导。

第三，神职人员的助手、“演员”

作为神社工作人员的一分子，辅助神社神职人员的工作；在节日祭祀活动中，作为舞者表演巫女舞以敬神，同时娱乐观众。有很多女孩子被巫女的舞姿所吸引，而希望成为巫女。

第四，治病

举个简单的例子来说明这一社会功能。在日本冲绳有一句俗语：“医生一半，尤他一半。”尤他的治病技术甚至得到医疗人员的赞许。尤他通过长年的医疗知识的积累，采取心理、身体双管齐下的方式治病。有专家认为，尤他是地域社会精神安定的关键，是冲绳人长寿的秘诀所在。

## 二、巫女现状

上文曾提到，现在日本的巫女主要有神社巫女和民间巫女两种。神

① 日本冲绳地区的信仰，认为姐妹的灵力可以保护兄弟。对于男性来说，姐妹既是人又是神，所以在出海或者出征之际，会将姐妹的手绢或者头发当作护身符随身携带。

社巫女的主要社会功能是在神事活动中给神职人员做助手以及向神灵献上巫女舞。而民间巫女则主要通过巫术，特别是凭神来进行占卜、口寄等活动，充当人与灵之间的沟通媒介。

尽管我们并未生活在日本，但是也可以通过电视、网络、报纸等媒介多多少少地了解神社巫女，了解白衣、红裤裙是她们的服饰特点，更能够知道新年是巫女最受民众瞩目的时期。那么，对于日本民间巫女的现状，我们又知道多少呢？接下来，笔者将根据自己的田野调查资料来详细描述民间巫女的行巫过程，并通过与日本国立民族学博物馆相关影像资料的比较，来分析民间巫女的现状。

2009 年 10 月 11 日，笔者前往日本青森县恐山观察恐山秋祭，或者更确切地说，是为了见到只有这个时候才会出现在公众场合的依他考。日本青森县恐山每年举行两次大的祭典，一次是 7 月 20 日至 24 日的恐山大祭，一次是体育日（十月的第二个星期一）及体育日前的那个周末（如 2009 年就是 10 月 10 日至 12 日）举行的秋祭。在这两个节日里，日本东北各地的依他考会聚集到恐山，为委托人服务。一般而言，依他考都是根植于地域社会的巫者，非当地人的一般民众很难接触到她们，所以，来恐山参拜可以说是大部分委托人能够见到依他考的唯一机会。依他考与恐山菩提寺并无所属关系，她们只是借用了恐山的场地而已。由于依他考在恐山菩提寺寺内，所以要支付入山费才可以见到她们。进入山门，就可以在左手侧看见写有“イタコの口寄せ”（依他考的口寄）字样的蓝色指示牌。指示牌后面就是口寄小屋，即为依他考进行口寄行为而临时搭建的小棚子。2009 年的口寄小屋只有 4 个，这意味着当年只有 4 名依他考来到恐山。笔者到达恐山的时候，大约是上午 9 点，彼时，每个小屋门前有 20 名左右的委托人在排队等候。因为没有预约制，所以是按照排队的先后顺序来进行，据观察，每次口寄收费 3000 日元。这 4 名依他考年龄都在 60 岁左右。由于凭神时都闭着眼睛或戴着浅色墨镜，无法观察到她们是否真的都是弱视。从服装上看，都是传统的和服样式，颜色为白色、水灰色、水蓝色等浅色系。依他考的背后、口寄小屋的上方挂着写有该名依他考名字的木牌，依他考端坐在小屋内后方，腿上盖有御寒的棉被，前方有一个无盖盒子，里面放着点心和日元等。左侧或右侧也堆有委托人送的点心、水果等。侧后方则是一个简易包裹，估计是私人用品。

委托人“正坐”（跪坐）之后，依他考询问委托人想要“见”谁，委托人回答后，依他考用双手搓动手中的念珠，口中开始念念有词。念珠是黑色的，很长，目测至少有五米，两端系有动物骨头形状的物体。从断断续续听到的内容来分析，依他考的“念念有词”可分为三部分：首先是呼唤神灵，此时要搓动念珠，语调很像在唱歌；接下来是灵魂附体，此时停止搓动念珠，语调更加平缓，几乎没有抑扬顿挫，依他考开始以附体灵的口吻讲话；最后，再次搓动念珠，附体灵离去，依他考总结附体灵所言。这些结束后，委托人与依他考再交谈几句，支付费用，口寄结束，整个过程（每人）持续 8 ～ 10 分钟。

而我们再看看位于日本大阪府吹田市的国立民族学博物馆内收藏的有关依他考的影像资料。[①]这些影像资料多拍摄于 20 世纪 90 年代，虽然从影像中无法统计确切人数，但是根据一字排开的口寄小屋推测，当时去恐山的依他考人数较多，应该不少于 20 人。这一人数到了 2011 年则减为 2 名。有关依他考，笔者曾经咨询过日本文化厅文化财部传统文化课的主任文化财调查官、文化财保护调整官菊池先生，据菊池先生所

① 参考：《津轻的依他考》，岩波映画社；《津轻的“神样”（1 ～ 3）》《灵场恐山（1 ～ 3）》，日本国立民族学博物馆制作，大森康宏摄制，1994 年；《恐山的依他考（1 ～ 2）》，日本国立民族学博物馆制作，大森康宏摄制，1997 年。

讲，包括“津轻的依他考习俗”在内的七件依他考相关习俗[①]分别于20世纪50、70、80年代被日本文化厅列为“应该采取记录措施的无形民俗文化财”（俗称“记录选择制度”）。这里所谓的“习俗”是指包括口寄、祈祷、占卜、修行等成巫过程在内的一系列巫女民俗事项。而当初之所以采取这样的措施，就是因为已经意识到巫女处于衰微状态，应该将代表日本东北地区民间信仰的珍贵习俗记录下来留给后人。对于笔者“巫女数量逐渐减少，日本文化部门采取了怎样的措施进行保护?”的问题，菊池先生的回答是：“恐山依他考数量逐渐减少是不争的事实，我们也很清楚这一情况，但是我们并没有采取特别的措施以援助以依他考为首的巫女培养继承人，而只是对其进行调查，将其行巫过程记录下来留给后世。这种记录选择制度与指定制度是不同的，不以保护传承为目的，而是以记录并留给后世为目的。”

以上是处于日本东北地区等较为偏远地区的巫女依他考的现状，接下来我们再将目光转向日本的大都市大阪府东大阪市的巫女。大阪府东大阪市与奈良县临界的地方有一座生驹山，传说中生驹山是天照大神的孙子饶速日尊从高天原降落人间的地点，其后他将这里拱手让给天照大神的另外一个孙子，也就是琼琼杵尊，完成了“大和建国”的伟业。生驹山上有一座石切神社，主祭神就是饶速日尊及其儿子，本文中笔者想要强调的并非这座神社，而是从近铁奈良线石切站（距离石切神社最近的火车站）通往这座神社的参拜路。这条参拜路因道路两旁一间连着一间的“占卜店”而出名。从石切站到石切神社另一侧的新石切站，一共有30多家，其中有一些是连锁店，比如说“丰八”。从店铺门上张贴的广告可以推断，其大部分是利用周易等替顾客取名字、算日子

① 另外六件分别是：①羽後の**イタコの**習俗；②村山地方**のオナカマ**習俗；③磐城・岩代**のミコサマの**習俗；④陸前・磐城**のオガミサマの**習俗；⑤南部**のオガミサマの**習俗；⑥東北地方**のおしらあそび**。

等。店中的巫者有男有女，女性至少占90%，大多为中年人。

为了能够深入了解占卜过程，笔者来到其中一家。这是一个简易的小棚子，位于前往石切参道的一条岔路口上。布置很简单，一把椅子、一张桌子，以及在旁边屋檐下摆放的五把供客人等候休息时用的红色椅子。桌子上有一个木质的多层抽屉，里面放着一些经书和其他用品，靠屋檐一侧则放着一个电暖炉。经过几次交谈，得知该店巫女法号中畑，80岁，属于神道一心教，通过磁带录音学会祈祷、占卜等技能。身体健康，没有任何疾病。家住三重县，在这里已经“工作”了40多年。家住三重，却来大阪“工作”，笔者好奇地问其原因，中畑回答说：“家里人不喜欢我这份工作，尤其是孙子也娶了媳妇，不喜欢我这样，离他们远一点还行。我雇了一个司机每天送我，这个司机是我的丈夫很关照的后辈。”中畑的“工作内容”有很多，印象比较深的是“灵感”二字。

笔者以委托人的身份进行了深入调查。中畑叫我在等候的时候先写下“想要算命的人的名字、住址和出生年月日”。为了验证她是否会“招魂”以及算得准确与否，同时也为了能够争取时间多与其交谈，我写下了两个人的信息。一个是已经去世的外公（除了住处为中国这一点是准确信息以外，其他信息都是临时编出来的，询问为何总是梦见外公），另外一个则是母亲的相关信息（这个是正确无误的，求健康平安）。在等待的过程中，我观察了前面两个委托人（后来从中畑处得知，这两个人是熟客）接受祈祷的过程。她们交谈的声音不是很大，再加上大阪音比较重，听得不是很明白，只能观察过程。委托人把写好的信息递给中畑，中畑翻看左手侧的一本书后，在纸上写了几个字，双方再交谈一会，接着中畑闭上眼睛念念有词（念经，如观音经等），一分钟后，拿出一个折叠成长方形信封形状的白纸，在上面写了几个字递给委托人，委托人递给中畑2000日元。第二个顾客写了三个人的信息，请其为三个人祈祷，所以交了 6000 日元。轮到我后，观察到她手边的书是一个可以根据出生年月日查属相的属相表。双方的交谈是为了了解纸上所写的人的相关信息。比如说，对我的询问是："你的外公是有钱人吗？是不是好人？你的母亲是做什么的？你以后打算做什么？"中畑总是笑呵呵的，很会讲话（一则会聊天，一则会恭维人），感觉很亲切。当然，她也比较老道，很容易就能抓住人的脆弱之处。知道外公很疼爱我，就对我说"你外公对你说谢谢"，这句话让明知信息为假的我依然忍不住流泪。最后，她递给我的是写有母亲名字的护身符。

综上所述，我们可以总结出现代巫女的几个特点：

第一，成巫手段和行巫手段多种多样，像中畑就是通过磁带录音学会行巫的，而且在笔者观察范围内，有些巫者甚至通过电脑进行推算占卜。

第二，委托人越来越少，且年龄大者居多。去恐山口寄小屋的人数逐年减少；中畑也提到，以前周末或节假日，多的时候每天有 120 多人来找她，少的时候也有 60 多人。现在经济萧条，顾客少了。一般一天有五六个人，偶尔能达到 20 人，过年时稍微多一些。

第三，依然存在因生计需求而从巫的现象。中畑每月要交 25 万日元（折合人民币约两万元）的租金，水电费另算，但是，用她的话讲，"早上三点半、四点左右就来了，晚上 12 点多才回去，每天只能睡一个多小时，不过已经习惯了。还不是为了有口饭吃，我又没有养老保险"。所以，即使被家人"反感"，为了生存，还是要往返于三重县与大阪府之间。

第四，金钱化。比起满足委托人的需求，巫女的目的似乎更倾向于金钱利益。首先，委托人与灵之间其实没有直接的对话，依他考只是传达信息，委托人只是倾听。其次，依他考并无明显的癫狂或者其他神灵附体现象，神灵只是安安静静地、不知不觉地，而且是很快地依附于依他考身体之上，就笔者观察，大概也就一两分钟的时间。而委托人向依他考（心理上是面向附体灵魂）倾诉的时间也不足一分钟。时间短、无交流，这都很难让人相信依他考真的已经凭神了，反而有种形式化的感觉，特别是神灵离体后，依他考对委托人说的那句话“（某某人）告诉你以后常来看他”，更是让人不由生疑。巫女中畑在为笔者祈祷的过程中提出的问题大多与金钱有关，除了问“你的祖父是否为有钱人”以外，当得知笔者曾经去过恐山后，又仔细地追问了恐山依他考的收费情况。

第五，人数虽然减少，活力依然存在。巫女的数量，特别是民间巫女的数量在逐渐减少，但是巫女的社会功能似乎并未衰落。除了与死者沟通、与祖先及土地灵商量生活上的事这样的咒术性质的活动以外，还有判断吉凶、治病、命名、升学、就职、婚姻问题等与人们日常生活紧密联系的生活上的指导。其社会功能可谓多种多样，与时俱进。

## 三、若干人类学考察

通过以上的介绍和分析，接下来，笔者打算从以下几个方面着手，对以日本巫女为代表的日本民俗宗教展开人类学探讨。

第一，民俗宗教在日本宗教信仰体系中的地位问题

在日本，对此问题大体有两种看法：一是“民俗宗教与制度性宗教相互渗透”；二是“民俗宗教是新兴宗教的构成要素”。[①]但是，从制度性宗教角度来看民俗宗教，又是怎样一种“风景”呢？

① 参考：〔日〕宫家准著，赵仲明译，《日本的民俗宗教》，南京大学出版社，2008 年；〔日〕堀一郎，《民间信仰》，岩波书店，2005 年等。

王建新教授在其文章中指出："经过分析归纳后我们会发现，任何民族的宗教都由两个大部类组成：一个部类是对一个民族的宗教文化起支配作用的、被社会公认为'正统的''合理的'、由一个或几个宗教组成的宗教系统；另一个部类是从'正统的''合理的'宗教的立场出发，被视为宗教文化的耻辱或被规定为迷信，但却渗透于一般民众日常生活中的民俗的宗教系统。"[①]笔者认为，这段话精辟地回答了上述问题，并且，这才是真正的从日本宗教体系内部看出来的特点，而不是由学者或其他人定位的地位。为了证明这一点，笔者依然以日本东北依他考为例。上文提到，恐山与依他考并无任何从属关系，依他考只是借用恐山的场地而已。事实上，在当地介绍相关旅游路线的网络主页上，还特别注有"依他考与恐山菩提寺并无任何关系，请不要向恐山寺务所咨询"的字样。据笔者所知，恐山菩提寺其实并不想提供场所给依他考，因为他们认为自己是正统的、真正的、堂堂正正的宗教[②]，而依他考类的巫祝活动则是一种不值一提的"伎俩"，是"旁门左道"。所以，尽管依他考的存在可以增加菩提寺的"客流量"，恐山菩提寺并不欢迎依他考，反而认为她们使菩提寺的神圣色彩减弱。但是由于政治、经济、文化等要素的复杂交错，尽管不愿意也不得不接受。

第二，民俗宗教中巫者与委托人之间的关系问题

想要成为独当一面的巫者，需要经过相当严苛的训练和学习，掌握大量与人们日常生活息息相关的知识和技能，所以，一个巫者就像一个小型的图书馆，是知识的宝库。有研究认为，巫者是地方社会的知识精英，掌握着一定的社会权力，引导着地方社会人们的行为准则[③]；同

① 王建新，《试论维吾尔族萨满教与日本民族萨满教的异同及国外萨满教研究的几个问题》，《新疆师范大学学报（哲学社会科学版）》1994 年第 3 期。

② 此地因地藏菩萨信仰而出名，在当地有"死后的灵魂归入恐山"的说法。

③ 国内从这个角度出发进行的考察较多，可参考有关壮族的师公和彝族的毕摩等民俗宗教执行者的研究。

时，由于很多巫者并非因为对宗教信仰的虔诚之心、向往，而是迫于生计才开始了巫祝活动，再加上这些巫者往往在身体上或者精神上有不够健全的地方，受到社会的歧视，无法获得与一般民众同等的生存机会，所以很多研究，特别是日本对于巫女的研究，多倾向于从“弱势群体”的角度进行论述，强调她们是为了生计而服务于委托人。[①]但是本文通过第二部分描述的事例分析得出的结论却倾向于另外一个角度，即笔者认为，巫师与委托人之间是无言契约的关系，也就是说，从委托人拜托巫师的那一刻起，两者之间就已经确立了“你情我愿”的无言契约的关系；或者说，从委托人打算拜托巫师的那一刻起，一种无言的信赖关系就已经建立。

珊蛮（萨满）者，其幼稚宗教之教师也，兼幻人、解梦人、卜人、星者、医师于一身，此辈自以各有其亲狎之神灵，告彼以过去、现在、未来之秘密。击鼓诵咒，逐渐激昂，以至迷惘。及神灵附身也，则舞跃瞑眩，妄言吉凶，人生大事，皆询此辈巫师，信之甚切。设其预言不实，则谓有使其术无效之原因，人亦信之。[②]作为萨满的一个分支的巫女，她们的巫祝行为被认为有着独特的治愈效果，特别是对于那些急切地想要知道自杀亲人等亡者遗愿的死者家属尤其有效。在这样一种认知下，委托人从最初就认定，自己的心愿能够通过巫者得以实现，没有人怀疑，至少在笔者观察到的范围内，没有哪个委托人怀疑依他考是否真的能够凭神降灵、附体灵是否真的是自己想要见到的亲人的灵魂，而是急切地期待亡者之灵快些附体，快些与其对话，快些对其倾诉思念之情。从另外一个角度来讲，委托人最终要达到的效果是缓解突丧亲人的举足无措感和慌乱，在巫女的引导下理清头绪，弄清楚自己今后应该做

---

① 可参考柳田国男、堀一郎等人的研究。

② 林河，《“萨姆”（Samun）文化是中华民族为人类文明播下的第一颗种子》，载于《萨满文化辩证——国际萨满学会第七次学术讨论会论文集》，1999 年。

什么。所以，对于委托人而言，重要的不是依附在巫女身上的灵魂是谁，而是这个“灵魂”所说的话。由此，我们可以认定，巫者与委托人之间存在着无言契约的关系，亦即委托人相信，巫者一定能够解决自己的问题。那么，由此又出现了一个问题，巫者如何使委托人心甘情愿地达成这样一个“契约”呢？或许我们可以从下面的第三点中找到答案。

第三，民俗宗教执行者——巫者的“资格”问题

社会大环境如何定位巫者？巫者如何定位自身？这两方面构成了巫者进行巫祝活动的“资格”问题。巫者实践宗教活动的资格主要来源于三个方面：

首先是文化层面，该层面是由神所赋予的神圣性和正统性。尽管巫者的巫祝行为被制度性宗教视为旁门左道，但是从巫者自身角度出发，他们才是历史悠久的、真正的正统宗教，因为在日本，影响力最大的巫者就是万世一系的天皇。且不说神话中天皇降神以问国事的记载，仅从现在日本天皇的主要日常活动——祭祀（已逝天皇的祭祀、国事祭祀等）来看就能明白，天皇就是祭司，就是巫者，是“人神”，与天皇的这种关系赋予了巫者以正统性。另外，如本文第一部分所述，一部分巫者是因突患巫病，治愈后而成为巫者的，这些人被认为是神灵、灵魂选定的人，这种关系又赋予了巫者以神圣性。

其次是社会层面，这是由国家赋予的合法性和民众赋予的权威性。上面也曾提到，巫女信仰被日本文部省认定为文化遗产的一部分，这就间接地承认了巫者的合法性。同时，想要成为我们熟悉的神社巫女，必须经过一定的学校教育，这种社会教育机制也是一种“修行”，更是社会承认巫者存在的表现。另外，委托人（或者也可以称为“信徒”）的存在又赋予巫者以权威性，无论“口寄”是否灵验，对于委托人而言，只有巫者才能够起到解决自己的悲伤和烦恼的作用，是这个社会的精神

安全栓，有着治愈心灵的功效。委托人的这种认知赋予了巫者以不可替代的权威性。

最后是个人层面，这是由巫者的巫祝行为赋予自身的神秘性和正式性。从人类学角度来讲，巫者的巫祝行为可以被视为一种仪式。仪式概念具有非常大的解释空间，笔者这里指代的是作为表演行为的特定活动程式，是上文提到的契约的履行过程。大多数人都有去医院看病的经历，想一想医生的治病过程，病症询问→寻找病因→对症下药，巫者的巫祝行为其实是同样的程序。在第一个环节“病症询问”上，患者（委托人）与医生（巫者）面对面地进行交流（巫者询问委托人的意愿）；在第二个环节“寻找病因”上，医生（巫者）通过号脉（“凭神”）等手段寻找病因，在这个过程中，患者使自己身体的某一部分变得可视，而在巫女面前，这一部分就是他的心理；在第三个环节“对症下药”上，医生（巫者与灵的混合体）告知患者（委托人）病因（逝者的遗愿、心愿），并对症下药（灵魂离体后，巫者的解说）。在治病过程（口寄）中最引人注目的是“语言”，包括巫者的话语和委托人的叙述。Garfinkel 认为，像医生和病人这些社会表演者，通过特殊的行为，特别是语言，不断构筑了一个彼此共享的世界。[①]巫者的言语使“患者”在心灵上与逝者沟通，“患者”的叙述缓解了自身的恐慌，两者通过语言进入了第三者无法体会的心灵空间。这种语言上的交流需要借助一个正式的平台来进行才能获得“患者”的承认，那就是治病仪式，即巫祝行为。现在，以巫祝行为为代表的民俗宗教在更多情况下属于个人心灵服务领域，它可以使“患者”内心的伤痛、无助、彷徨得以宣泄，从而疗伤心灵。整个巫祝行为过程就是一个带有表演性的仪式，表演性增加了巫者的神秘感，仪式的进行增加了巫者的正式感（而

① 参考：Garfinkel，Harold. *Studies in ethnomethodology*. Englewood Cliffs，N. J.：Prentice-Hall，c1967.

不是不入流的伎俩)。

民俗宗教的存在是民众心理上的一种诉求形式，作为个人心灵服务领域的治病方法，我们可以从契约关系的角度来考察宗教执行者与委托人之间的关系，包括契约关系的定义、形成前提、履行过程和履行结果等。在本文中，契约关系是指你情我愿的信赖关系（即委托人和宗教执行者事先都相信后者能够完成前者的委托)，其形成前提是从社会和个人角度赋予宗教执行者的资格，履行过程就是其巫祝实践活动，活动的结果是委托人的心灵得以治愈，宗教执行者完成了委托人的委托，两者之间的契约圆满完成。

# 从韩国朝鲜时期的汉学译书看汉语教育

全香兰*

朝鲜朝时期随着新文字训民正音的颁布和实施，译学得到了空前的发展。译学，从字面上可以理解为“翻译之学”，范围比较宽泛，而在韩国“译学”有其特定的内涵。据《韩国民族文化百科辞典》①的定义，译学指“朝鲜时期六学②之一，是学习、教育、翻译外语的学问”。朝鲜时期的译学包括“四学”：汉学、蒙学、倭学、女真学（后改为清学），并以汉学为中心。朝鲜时期掌管四学的机构是司译院，是国家的外语教育机构。司译院为了培养外语人才制定课程，并编写了大量的外语学习教材，这类书籍韩国国语学界叫作译书，又叫译学书。这类译书大都是在司译院的掌管下刊印并推行，主要用于外语教育及选拔人才。译书根据其内容大体分为四大类：1. 韵书类；2. 直解类；3. 会话类；4. 辞书类。本文将具体介绍汉学方面的典型译书，并通过译书总结韩国朝鲜时期汉语教育的特点。

## 一、朝鲜时期汉学译书的类别

### （一）韵书类

1446 年训民正音颁布之后，世宗王第一步着手的是韵书的编写。

---

* 鲁东大学国际教育学院副教授，国家语委汉语辞书研究中心研究员。

① http：//encykorea.aks.ac.kr/

② 据《太祖实录》卷第4（太祖二年10月27日）记载：“设六学，令良家子弟肄习，一兵学，二律学，三字学，四译学，五医学，六算学。”

学好汉语首先要掌握汉字的正确读音，于是命申叔舟等学者根据中国的《洪武正韵》，用新造的训民正音记录了中国汉字的正确音值，于是 1455 年第一部韵书《洪武正韵译训》问世。《洪武正韵译训》对汉字音的记录分两种：一是《洪武正韵》所记录的音，叫作正音；二是申叔舟等观察到的中国北方音，叫作俗音。用正音和俗音两套系统记录汉字音的传统由此产生，并一直传承下去，后续的韵书和译书皆沿用这种记音方式。

《洪武正韵译训》共十卷，由于篇幅太大，不便于使用，于是世宗又命申叔舟等编撰简易版韵书《四声通考》，但该韵书没有留存下来。后来，1517 年崔世珍编撰《四声通解》，从书名中我们可以猜测到二者之间应该有一定的传承关系。崔世珍的《四声通解》对《洪武正韵》所收汉字进行归类，先按字母顺序排列，再按平上去入四声进行排序，对每个汉字用训民正音做了注音。崔世珍在保留正俗音的基础上，根据自己观察到的 16 世纪的中国北方音对个别汉字增加了“今俗音”。除此之外，《四声通解》对汉字的解释也比以前更加细致。

以上韵书并不是司译院外语教育的公示教材，但字音是外语学习的首要内容，而且《老乞大》等会话教材及《译语类解》等辞书所注字音，其注音体系及具体音值都离不开这些韵书，是汉语学习必备的知识点。

### （二）直解类

司译院的直解类译书有《直解小学》，该书成书于高丽末，由高昌回鹘人偰长寿所写，对朱熹的《小学》进行了解释。《世宗实录》卷 93 世宗二十三年八月乙亥条记载“判三司事偰长寿乃以华语解释《小学》，名曰直解，以传诸后”，可见该书是用汉文解释了《小学》。据历史记载，世宗（1434）曾经派李边、金何到辽东找许福、邬望、刘进等学者核实《直解小学》，郳望曰：“若将此书教训子弟，即与华音无异。”朝鲜朝初期，《直解小学》与《老乞大》《朴通事》一同被视为非常重要的汉语教材。据《经国大典》（1485）记载，该书被指定为译科初试的讲书之一。但是随着时间的推移，《直解小学》因不能真实地反映当时的汉语，逐渐退出历史舞台。对此也有一段记载，1483 年 9 月，中国使臣葛贵谈道：“（《直解小学》）反译甚好而间有古谈不合时用，且不是官话，无人认听。”于是在《续大典》（1746）中，《直解小学》已被《伍伦全备记》所替代。《直解小学》虽然是当年非常重要的译书，但由于现已失传，我们只能根据书目和史料记载猜测其主要内容，具体情况不详。

### （三）会话类

朝鲜时期翻译机关分为承文院和司译院，承文院负责汉吏文等文书的翻译，司译院负责培养口译人才，但后来二者逐渐趋于统一。司译院讲究实用，主要会话用书为《老乞大》《朴通事》，这两本书为了与时代同步，不断被翻译、补充和修订，给后世留下了宝贵的语言变迁史料。会话类译书除了这两种会话本，还有《伍伦全备记》《华音启蒙》等。

#### 1.《老乞大》与《朴通事》

《老乞大》是实用汉语会话学习用书，记述了几个高丽商人到中国经商，途中遇到一中国商人后结伴同行的经历，内容围绕旅行途中涉及的旅程、买卖、医药、住宿、饮食、宴会等话题进行。起初《老乞大》是用纯汉语写成，经历了多次修订，现存最早的《老乞大》是 1998 年发现的，为了与《新本老乞大》加以区分，叫作《旧本老乞大》，刊行时间推测为高丽时期，其内容反映了元代的汉语。

《朴通事》被称为高级会话教材，全书用对话或一人叙述的方式，话题涉及中国的风俗、风物、娱乐、农业、手工业、骑射、婚丧、宗教等主题。《朴通事》的字数约比《老乞大》多三分之一，分成上、中、下三卷。《老乞大》《朴通事》起初都是用汉文写成，直到15世纪训民正音创制后，才开始有了谚解本译书，谚解本反映的是明清两代的汉语。具体相关译书介绍如下：

2.《翻译老乞大》

《翻译老乞大》是除了韵书之外翻译为谚文的第一本译书，此书刊行于1515年，分上、下两卷，是学者崔世珍根据《新本老乞大》进行的翻译。作者对《老乞大》中的每个汉字注上正音与俗音，并把汉语原文按段落断开，附上了谚文译文。

3.《老乞大谚解》

《老乞大谚解》没有序、跋和刊记，但根据《通文馆志》卷八的记录，其刊行时间推测为1670年。《老乞大谚解》分上、下两册，是活字本，共107句。每句对话以夹注的形式进行注释，汉语原文与谚解之间用“○”来划分界限。该本对《翻译老乞大》进行了一定的修订，纠正了个别误刻，对原文中的漏文也做了补充。该版本内容上显著的特点是译文中大量的固有词替换为汉字词，反映了汉字词渗透到韩国语的语言现象。

4.《老乞大谚解》（平安监营本）

该版本是1670年《老乞大谚解》的重刊本，刊印时间为1745年，因跨越70多年的时间，其注音和翻译与过去版本相比，都呈现出不同的面貌。

5.《老乞大新释谚解》

该版本是对《老乞大新释》的谚解版，编撰于1763年，全书分三册，由111句构成。《老乞大新释》是汉文本《老乞大》的修订版本，因此其原文内容与之前的谚解有所不同，字音也根据当时的中国北方音进行了一定的修改。

6.《重刊老乞大谚解》

该版本是对《重刊老乞大》的谚解本，跟原版《重刊老乞大》同时编撰并刊印。根据刊记，其刊行年代推测为 1795 年。该版本分上、下两册，由 111 句构成，在注音及谚解方面跟《老乞大新释谚解》基本相同。

7.《翻译朴通事》

《翻译朴通事》是崔世珍于 1515 年对《新本朴通事》进行翻译而成的。全书分上、中、下三册。其注音及谚解形式跟《翻译老乞大》相同，注音采用左正音和右俗音的方式，对原文分句子进行谚解。

8《朴通事谚解》

《朴通事谚解》刊印于 1677 年，但该版本的编撰是在没有见到《翻译朴通事》的情况下进行的。由译官边暹、朴世华等 12 人共同完成，由李聃命作了序。其形式跟《老乞大谚解》相同，但多了对词语的注释。

9.《朴通事新释谚解》

同《老乞大新释谚解》一样，该版本是对《朴通事新释》的谚解本，而《朴通事新释》是对《朴通事》的汉语原文进行修改的版本。与其他版本有所不同的是，该版本的汉字注音，左为《洪武正韵译训》的正音，右为当时的北方俗音。

10.《伍伦全备谚解》

《伍伦全备谚解》又叫《伍伦全备记谚解》，刊印时间为 1721 年。《伍伦全备记》是明代丘濬创作的传奇剧本。主要内容为伍典礼与二子伦全、伦备及义子克和一家固守封建忠孝节义、三纲五常伦理道德，生前显贵、死后成仙的故事，主要宣扬儒家五伦观念和忠孝思想。司译院把它当作汉语教材引进，并用谚文进行翻译，以此替换了朝鲜朝初期科举用译书《直解小学》。谚解本对原著做了一些调整，删减了一些戏曲所特有的成分。

11.《华音启蒙谚解》

随着时间的推移，《老乞大》《朴通事》《译语类解》等译书所记录的华音逐渐脱离实际读音，这一问题引起了司译院的重视，于是 1883 年汉学译官李应宪编撰出《华音启蒙谚解》，以 19 世纪后半期燕京语为版本，采用简答体的方式收录了纯白话文。该译书分上、下两册，下册后面还附上了千字文、百家姓、天干地支、二十八宿、数字等的汉语音，并用谚文加注。《华音启蒙谚解》对汉字的注音，不同于其他译书，只记录一种音，即当时的北京音。句子的翻译跟其他译书相同，按句断开，分别进行翻译。

## （四）辞书类

1.《老乞大朴通事集览》（老朴集览）

据崔世珍的《四声通解》序，该译书的出刊应与《翻译老乞大》《翻译朴通事》同步，刊印时间推测为 1515 年。该书从《老乞大》《朴通事》当中挑拣出不能简单翻译的字词，并对此进行了注释，是《老乞大》《朴通事》专用学习词典。该书共解释 798 个词语。在“单字解”，对疑难汉字进行注音注义，并举例说明，还增加了语法解释。在“漏字解”，对重要的词语、地名等固有名词提供汉语注释或谚文翻译。

2.《译语类解》

《译语类解》是由司译院的汉学译官慎以行、金敬俊、金指南等编撰的汉语词汇集。全书分上、下两卷。该译书跟《老乞大》《朴通事》一同被当作译科初试的背讲科目。上、下卷共分 62 门类，共收录 4800 多条词语。汉字的注音方式沿用其他译书的注音方式，左正音右俗音。《译语类解》后来成为汉学以外的其他类解类词汇集的模板，如后编的

《蒙语类解》《同文类解》《倭语类解》都借鉴了《译语类解》的体例。

3.《译语类解补》

《译语类解补》由金弘喆编撰，司译院的金尚喆命刊行。金弘喆是《译语类解》编撰者之一金指南之孙。该文献的刊行时间为1775年，共一册，收录2200多条词语。体例与《译语类解》相同，遵循《译语类解》的62个门类，每个门类补充新词。《译语类解补》与《译语类解》时隔近一百年，因此在音韵及词汇方面呈现出较为明显的变化。

以上我们整理和介绍了朝鲜朝时期司译院出版刊行的主要译书，这类译书其编写目的各不相同，但有一个共同的特点，那就是为了更好地反映同时代的汉语，因此不断地被修订和更新。

**朝鲜时期汉学译书一览表**

<table>
<tr><th>类型</th><th>译书名</th><th>刊印时间</th><th>编者</th><th>备注</th></tr>
<tr><td rowspan="3">韵书类</td><td>洪武正韵译训</td><td>1455年</td><td>申叔舟等</td><td></td></tr>
<tr><td>四声通考</td><td>不详</td><td>申叔舟等</td><td>失传</td></tr>
<tr><td>四声通解</td><td>1517年</td><td>崔世珍</td><td></td></tr>
<tr><td>直解类</td><td>直解小学</td><td>15世纪</td><td>偰长寿</td><td>失传</td></tr>
<tr><td rowspan="7">会话类</td><td>翻译老乞大、翻译朴通事</td><td>1515年</td><td>崔世珍</td><td></td></tr>
<tr><td>老乞大谚解<br>朴通事谚解</td><td>1670年<br>1677年</td><td>边暹、朴世华等12人</td><td></td></tr>
<tr><td>老乞大谚解（平安监营本）</td><td>1745年</td><td>朴道贯</td><td></td></tr>
<tr><td>老乞大新释谚解<br>朴通事新释谚解</td><td>1763年<br>1765年</td><td>金昌祚、边宪等11人<br>金昌祚</td><td></td></tr>
<tr><td>重刊老乞大谚解</td><td>1795年</td><td>李洙、洪宅福、崔瑊</td><td></td></tr>
<tr><td>伍伦全备谚解</td><td>1721年</td><td>原作者：明·丘濬</td><td></td></tr>
<tr><td>华音启蒙谚解</td><td>1883年</td><td>李应宪</td><td></td></tr>
</table>

（续表）

| 类型 | 译书名 | 刊印时间 | 编者 | 备注 |
|---|---|---|---|---|
| 辞书类 | 译语指南 | 1478 年 | | 失传 |
| | 老乞大朴通事集览 | 1515 年 | 崔世珍 | |
| | 译语类解 | 1682 年 | 慎以行、金敬俊、金指南 | |
| | 译语类解补 | 1775 年 | 金弘喆 | |

## 二、朝鲜时期汉语教育的特点

据历史记载，朝鲜半岛对译官的外语教育始于新罗时期，但是专门外语教育机构的设置是到了高丽时期，叫通文馆。高丽忠烈王二年，通文馆改名为司译院，从此司译院的名称一直沿用下来，直到 1894 年的甲午改革。随着与国外关系的加深，国家急需大量的译官，为此，司译院调整了教学目标，教学目标的改变带来的教育内容的调整，最后体现于译书的确定与调整。朝鲜时期是高度重视汉语教育的时期，下面我们将通过译书的使用及演变考察朝鲜时期汉语教育的特点。

### （一）译书的实用性反映朝鲜朝对口语教学的重视

从译书的内容和性质来看，司译院的汉语教育中口语会话是重中之重。朝鲜时期非常重视口语教学，当时外语叫作“译语”，从事译学的人叫“译学人”“译学者”，而从事口头翻译的人叫“译语之人、译语人、译人、译者、舌人、舌者、象胥、译官、通事”等。通事再根据能力分为三个等级：一等为通事，二等为押物、押马，三等为打角夫。通事再分为堂上译官和堂下译官。从这些等级的名称我们可以看到，口头翻译的需求是多方面的。为了跟中国取得更广泛领域的交流与沟通，口译人才的培养不得不格外重视。从《老乞大》《朴通事》的主要教学内容来看，通商贸易是主要的目的，而且要求学生必须倒背如流。《老乞大》的对话中有一段关于教学的内容：

到晚，师傅前撇签背念书。背过的，师傅与免帖一个；若背不过时，教当值的学生背起，打三下。

怎的是撇签背念书？怎的是免帖？

每一个竹签上写着一个学生的姓名。众学生的姓名都这般写着，一个签筒儿里盛着。教当值的学生将签筒来摇动，内中撇一个，撇着谁的，便着那人背书。背念过的，师傅与免帖一个。那免帖上写着“免打三下”，师傅上头书着画押。若再撇签试不过，将出免帖来毁了，便将功折过免了打。若无免帖，定然吃打三下。

从以上叙述中，我们可以看到他们平时的教学比较重视口语训练。重视口语的教学方法跟当时的考试制度也有直接关系。朝鲜朝有严格的译官考试制度，主要考试形式是讲书、译语、写字。其中讲书再分为临文和背讲。临文指根据经书回答问题的考试方式，背讲便是按要求背诵会话教材或根据提问回答问题。总之，为了提高口语表达能力，他们用取才制度和考试方式鼓励学生重视口语。

### （二）译书的反复修订反映汉语教育的与时俱进

司译院采用的译书经历了多次修订，从教材的修订与更新，我们可以看到朝鲜朝非常注重时代性。这其实与口译的性质有直接关系。与书面语不同，口语是活跃的、生动的，是靠声音传达意思，因此汉语音韵的变化及官话转移都会影响到口头交际。《老乞大》《朴通事》经历过多次修订，因内容不合适，《直解小学》被《伍伦全备》替换，这类变化都反映出朝鲜朝汉语教育顺应时代而做出的努力。

学一种语言，掌握正确的读音是第一步，因此汉字读音的转写始终受到朝廷的重视。早在 15 世纪，为了审定《洪武正韵》，世宗王便派申叔舟、成三问等人赴中国辽东核实实际音，因此《洪武正韵译训》对汉字音的记录分两套，一是正音，二是俗音，俗音便是当时考察的中国北方的实际读音。以此为传统，后来的译书都标有正、俗音。如《老乞大》《朴通事》《译语类解》等都标有正音与俗音。《译语类解》的部分词汇还注上其他方言的读音。

除了派人到中国找汉人专家审定读音外，承文院还专门设“质正官”，每次派使臣前往中国时让其随行，负责了解中国的音韵及制度的变化，回国后对译书进行调整。

朝鲜朝为提高汉语口语的又一个措施是任归化的中国籍人士讲授汉语，《直解小学》的作者偰长寿便是朝鲜朝初期比较典型的汉人学者，除此之外还有唐诚、曹崇德、徐世英、张显等汉人学者。《老乞大》里也有一段对话，反映当时教汉语的老师当中有些是来自中国的老师，而且学生当中也有汉人，即混班上课。这种教学方法显然有助于提高学生的汉语口语水平。下面是《老乞大》里的一段会话。

你的师傅是甚么人？

是汉儿人。

有多少年纪？

三十五岁了。

耐繁教那不耐繁教？

我师傅性儿温克，好生耐繁教。

你那众学生内中，多少汉儿人？多少高丽人？

汉儿、高丽中半。

朝鲜朝后期也重视汉学，肃宗八年（1682）设置汉语偶语厅，任汉人文可尚、郑先甲为教授，培育了不少学生，效果显著。《译语类解》的审稿工作便由二人负责。

### （三）译书编写的自主性反映汉语教育的本土化

朝鲜前期的汉学译书主要依赖于中国的蒙学书，一开始直接引进中国书籍，后来逐渐编撰适合自己的本土化教材。《老乞大》《朴通事》的内容主要涉及高丽人，涉及的物件及话题皆与本土有关。《伍伦全备记》本是中国戏剧，拿到朝鲜后去掉戏剧成分，重新编撰成会话书。《华音启蒙谚解》也是译官李应宪以19世纪后半期燕京语为基础编写而成。

郑光把朝鲜朝时期的译书分为三个时期①：

朝鲜前期，即草创期，以《经国大典》记录为准（世宗十二年之前）；

朝鲜中期，即稳定期，以《续大典》记录为准（壬辰、丙子二乱之后）；

朝鲜后期，即改订、增补修整期，以《大典通编》记录为准（英祖、正祖之后）。

从整体考察，朝鲜前期译书基本直接采用中国的蒙学书，并以汉学为中心，但到了中期开始强调实用性，会话类教材受到重视，而且司译院开始自己开发编撰译书。这个时期《译语类解》等“类解”类辞书因其实用性受到重视，倭学和清学也开始受到关注。到了后期，司译院开始对现有译书进行修订和增补，出现大量以“新释”“改修”“重刊”“补”等方式撰写的修订本，并且到了后期，所有的译书都附上了谚文注音和注解，汉学以外的“三学”也都编写出“类解”类辞书。

## 三、结论

本文着重介绍韩国朝鲜时期的主要译书，并以此为基础考察了这一

① 郑光，《译学书研究》，J&C出版社，2002年，第12页。

历史时期的汉语教育特点。文中介绍的译书皆为汉学选拔人才使用的译科出题指定教材，当然除了这些教材之外，还有不少译书，只是因其影响力不大，本文从略。此外，其他“三学”所用译书，因不是本文的研究范围，也未做介绍。朝鲜时期译书所记录的汉语是中国明清时期的汉语，而且侧重于口语，因此这些文献不仅对研究韩国语有帮助，也为中国的近代汉语研究提供了宝贵的资料。从第二语言学习的角度看，朝鲜时期译书所体现出的口语化、实用化、本土化特点，对我们现在的汉语国际教育也具有很好的借鉴意义。

# 多重流散、身份认同与跨文化对话

## ——张律电影的朝鲜共同体想象

孙　鹏*

张律，1962 年 5 月出生于中国延边朝鲜族自治州，中国朝鲜族导演。20 世纪 80 年代，张律于延边大学中国文学专业毕业，后留校任教。早年间，他主要从事小说和诗歌的创作与教学工作，曾以“明太鱼”为笔名发表作品，一个偶然的机会开始试水电影。①

2001 年完成短片《11 岁》，该片入围第 58 届威尼斯国际电影节短片竞赛环节。2003 年，已过不惑之年的张律完成长片处女作《唐诗》。其后，他以平均每年一部电影的速度先后执导了《芒种》（2005）、《沙漠之梦》（2007）、《重庆》（2007）、《里里》（2008）、《图们江》（2010）等。2011 年之后，张律受聘韩国延世大学教授电影制作。因为与李沧东关系密切，他又开始了在韩国的拍片生涯，先后完成了《风景》（2013，纪录片）、《庆州》（2014）、《胶片时代的爱情》（2015）、《春梦》（2016）、《咏鹅》（2017）、《福冈》（2018，制作中）。

作为一位中国朝鲜族导演、作家，张律创作的主要内容是祖辈和自身的流散经验，而作为一位学习中国文学的中国人，张律的个人生活和身份认同却不在朝鲜半岛。怀着对朝鲜族群和人类未来的忧虑，张律在电影中始终致力于呈现跨文化对话的可能，希冀人类，特别是东北亚地

* 鲁东大学文学院讲师。

① 据说是与一个电影导演朋友发生争执，导致他打赌“任何人都能拍电影”。

区的各族人民能放弃狭隘的民族主义，尊重异质文化，携手构建多民族融合的文化共同体。

## 一、多重流散：重要的边缘人

流散（diaspora）[①]一词来源于公元前3世纪希腊文版《旧约全书》第28章，原意为“毁灭性的过程及其造成的人口分散”，是一种被动的人口迁徙，或者说“受难型”迁徙，具体指公元前586年犹太人在“巴比伦之囚”后被迫流亡的历史事件。20世纪80年代之前，diaspora特指流散犹太人的生存状况，因此使用大写的“Diaspora”，包含了“四处漂泊的历史记忆、复兴祖国的由衷祝福、回归故乡的殷切期望”等意思。[②]随着全球化进程的深入和跨境流动人口的增加，Diaspora也从原先一个寓意相对狭窄、专一的特定专有名词，逐步演化为一个覆盖广泛、内涵丰富的社会文化研究术语。大写Diaspora被改为小写diaspora，适用范围也不再仅限于犹太人族群。

从19世纪中叶开始，全球范围内出现了大规模移民潮，移民的原因有五类：受害（victim）、劳工（labour）、帝国（imperial）、商贸（trade）以及文化（cultural）。[③]移民的大量出现使跨境生存成为常态，饱含迁徙、故国、乡愁、记忆、想象等诸多内涵的diaspora一词被移植到各类不同的移民群体中，成为现代生活经验的重要组成部分。近代以来的朝鲜族群也饱受被迫移民之苦，成为当代国际上一个特色鲜明的“流散族群”。

早在50万年前的旧石器时代，朝鲜半岛就有人类居住。朝鲜近代

---

① 又译离散、散居。

② 李明欢，《Diaspora：定义、分化、聚合与重构》，《世界民族》2010年第5期。

③ Cohen Robin, *Global Diasporas: An Introduction*. London: UCL Press, 1997.

之前先后经历了史前时期、传疑时期、“三国时期”、统一新罗时代、后三国时期、高丽时代、朝鲜王朝等多个时代。朝鲜虽然历史上遭受过多次大规模的外族入侵，但总体上主权独立、社会稳定、文化完整。从19世纪中叶开始，为躲避天灾、战乱以及日本帝国主义的侵略，大批的朝鲜人被迫迁居周边国家寻求生存，迁居地包括中国东北、日本和俄罗斯远东地区等，其中迁入中国东北和日本的人数最多。朝鲜战争之后，进而形成了以三八线为中心的东北亚“朝鲜族群”分布的新格局——即三八线以北的朝鲜人、三八线以南的韩国人、中国东北（主要是延边朝鲜族自治州）的朝鲜族以及日本的在日朝鲜人。

张律是中国朝鲜族移民的第三代，出生在延边，并长期在此居住。他的祖父辈与母亲都是在20世纪初（分别是20世纪10年代和20世纪30年代）从朝鲜半岛（庆尚北道，今属韩国的东南部地区）迁徙到如今中国东北境内的朝鲜族移民。20世纪80年代，中国文学创作最活跃的时期，有一批朝鲜族作家用诗歌、小说表达中国朝鲜族的移民历史与故国乡愁，朝鲜族群的苦难、坚忍、文化和伦理价值观，他们普遍持有一种文化寻根的“望乡意识”。流散书写是中国朝鲜族创作者无法绕过的生命表征。

对于张律的流散经验，韩国国立木浦大学林春城教授在《少数民族电影的文化横跨和文化认同：张律的电影美学》①一文中分析了德里达（Jacques Derrida）的好客理论（hospitality）、哈密德·纳非斯（Hamid Naficy）的“带口音（accented）的导演”、萨义德（Edward Said）的“弗洛伊德与非欧洲人”以及徐京植的“半难民”四种路径。他认为张律不仅在“流散的朝鲜族”与“中国知识分子”之间流动，有时还融合二者，并超越其框架，到达“世界公民精髓”。林春城的观点比较准

① 参见林春城教授上海大学讲稿。

确地概括了张律电影的流散书写特点。

从20世纪80年代从事写作开始，到目前在韩国教书、拍片为止，张律经历了三个不同时期，三种不同体验的流散——从朝鲜半岛到中国东北、从农村到城市（从延边到北京等大城市）、从北京或延边到韩国。其中，第一次是因为“受害”，第二次是因为商贸经济，第三次更多的是文化。①从朝鲜半岛到中国东北是祖辈的集体经验留存，从农村到城市与从北京到首尔是张律的个体体验。

张律的电影中呈现了各式各样的“朝鲜族群”移居，涵盖了以上三种流散生活。《沙漠之梦》中的顺姬和昌浩从朝鲜逃难到蒙古草原，《图们江》中脱北者跑到中国的村庄中讨食以及患老年痴呆的村长母亲一心要跨江回到朝鲜，这些是朝鲜族群第一次流散的复刻与回乡愿望。《芒种》呈现的是第二次的商贸型流散——崔顺姬和儿子昌浩离开老家到北京郊区生活，他们的邻居是从小地方到大城市讨生活的妓女。张律对于文化意义上的第三次流散体验更深，所以在电影中展现最多，如《重庆》中不同国家的人到重庆学韩语，《里里》中到韩国教授汉语的中国教师，《庆州》中韩国教授崔贤到北京大学教书并娶了中国姑娘为妻，《春梦》里中国朝鲜族姑娘艺璃到韩国寻父，纪录片《风景》中在韩劳工的生存等。

应该说，张律不是一名严格意义上的“流散导演”。威廉·萨夫兰（William Safran）在《流散族群》创刊号上提出“现代流散族群”的六个基本特征：（1）以故乡为“中心”迁移到两个以上“边缘”地区；（2）保持着对故乡的“记忆、想象或迷思”；（3）认为自己不会或不可能被移入国完全接纳；（4）相信有朝一日时机成熟就可回归故乡；（5）

---

① 特立尼达和多巴哥学者米歇尔·丽斯（Michele Reis）称之为追寻机会的流散族群（opportunity-seeking diasporas）。

愿献身于故乡的复兴；（6）与故乡源远流长的联系深深扎根于群体意识之中。虽然中国朝鲜族大多都持有望乡意识，但他们同时也有明确的“定着意识”。中国朝鲜族已经完全融入中国社会，朝鲜族是中华民族的组成部分。朝鲜族在中国人民寻求独立、解放和民族振兴、富强的过程中，曾与其他民族共同努力[①]，奉献了他们的所有，赢得了尊重。朝鲜族有对故乡的记忆和向往，但回归故乡的意愿并不强烈。因为他们的故乡漂浮在他们生活的延边和想象之中，并不在地缘上的朝鲜与韩国，特别是与在日朝鲜人的侨居身份不同，朝鲜族都是中国公民。

中国朝鲜族经历的三重流散，张律体验最深的应该是中国朝鲜族的韩国流散。中韩建交以来，大量的朝鲜族人到韩国打工，从事着底层的工作，电影《图们江》中多次出现到韩国打工的描述。然而，韩国的民族主义意识强烈，并不认为中国朝鲜族是他们的“同胞”，中国朝鲜族在韩国经历了很多不公平的待遇。[②]尽管张律的长辈都来自于朝鲜半岛的南部，但与20世纪末朝鲜族文坛兴起的“寻根小说”的着力点一样，韩国并不是中国朝鲜族的父亲与根。电影《庆州》是韩国流散经验的典型代表。崔贤是一名韩国人，在北京生活久了以后，回到韩国却被当作中国游客，已经找不到“回家”的感觉了。张律与崔贤一样，他的亲戚、朋友、生活、情感的延续都在北京，中国是他在韩国的“故国”。

除了实体经验上的流散之外，张律从作家、教授跨界到电影导演，从某种意义上来说也是一种“流散”。尽管从家庭背景、经济地位、社会影响、话语权力等来看，张律无疑是朝鲜族群中的佼佼者。但无论是文学界，还是电影界和学术界，无论是北京，还是首尔和国际上，他始

---

① 张律的父母都是延边朝鲜族自治州的老革命。

② 参见朴银姬、李文哲，《韩国城市电影中的“延吉”符号——视觉符号的传播与误读》，《当代电影》2014年第11期。

终只是一位“重要的边缘人”。他的流散经验让他无法，也不愿意成为“主流”。因为一旦成为任何一个界别的主流，张律的个性、体验和表达欲望将不复存在。

## 二、身份认同：中国的朝鲜族

身份认同（identity）是主体自我身份的确认，对所属群体的认知以及由此引发的情感体验和行为模式的集合。身份认同包括诸多方面，如族群认同、国家认同、文化认同、职业认同、阶层认同等。对于张律电影研究而言，族群、国家和文化是理解的关键。

中国朝鲜族是一个移民民族，在中国生息繁衍的百余年间，与汉族和其他少数民族紧密联系、相互影响，已经与朝鲜、韩国、在日朝鲜人社会有了区别，但族群文化具有稳定结构和凝聚力。一个民族的文化模式一旦形成，其内核就很难改变，因此中国朝鲜族始终保持着强烈的族群认同（包括跨境的民族认同）。

中国朝鲜族的文化模式并没有因为移民到中国而发生本质性的改变，原因主要有以下几点：第一，大部分的中国朝鲜族都居住在延边朝鲜族自治州，而且都是本民族聚居，早期以从事农业生产为主。于是，在延边农村形成了很多朝鲜族的“文化孤岛”。在《图们江》中，我们可以看到整个村子全都是朝鲜族人，而且城市中医院、邮局等的工作人员也都说朝鲜语，不懂汉语的人也完全不影响生活。[①]第二，中华人民共和国成立以来，中国政府从民族政治、经济、文化、教育、宗教和习俗等多个方面制定了全套的民族政策，这些有关民族平等团结、区域自治、文化教育、干部配置等的政策有效地维持了朝鲜族的独立与自治。

① 张律的母亲就只说朝鲜语。

第三，朝鲜族是一个勤劳、坚忍，具有顽强生命力的民族，民族苦难让他们的精神更加集聚，越是逆境，越会激发积极进取、奋发向上的意志。因而，在苦难中他们形成了互助精神和共同体意识——“吾里”（我们）。张律电影的朝鲜族群认同也比较明显，比如《图们江》中爷爷、姐姐、昌浩、商店老板等人完全没有把朝鲜的脱北者视作异类和他者，尽可能地为他们提供食物和帮助。昌浩邀请郑真踢球也是因为他们同属一个族群，与“下面的村子”有所区别。

然而，作为一个精英知识分子，张律对于族群的认同中保有冷静的自省和批判，主要表现在两个方面：第一，朝鲜族群的无父状态。张律所有的电影中，父亲和父权几乎都是缺席的，如《芒种》中的父亲因杀人而入狱，《图们江》中的父亲因救女儿而落江失踪，《里里》中的父亲在爆炸中丧生，《沙漠之梦》中的父亲逃跑时被枪杀，《春梦》中的父亲是植物人。父亲的缺席是张律对朝鲜族群民族精神和民族未来的忧虑。第二，朝鲜族群的劣根性（主要是男性，因此也可以看作是“无父”的一种表现）。张律在电影中常常展现“丑陋的朝鲜人”，如《图们江》中嗜酒如命、赊账饮酒的村民和脱北者恩将仇报地强奸与偷窃，以及《芒种》与《庆州》中软弱又好色的工人和教授等。

在国家认同方面，第一代朝鲜族移民在国家上更认同三八线以北的朝鲜，一方面大部分中国朝鲜族都是从朝鲜半岛北部移民中国的，另一方面朝鲜战争结束以后的东北亚关系中，中国与朝鲜同属于社会主义阵营，共享着相同的意识形态，而且当时中国人与朝鲜人的经济生活状况相当，甚至说朝鲜的经济条件还要优于中国，所以他们大部分人的国家认同还是朝鲜。当朝鲜战争爆发以后，大量的中国朝鲜族加入到中国人民志愿军的行列，有的战争结束以后选择继续留在朝鲜。《图们江》中村长的母亲是第一代朝鲜移民的象征，在她罹患老年痴呆，忘记所有一切的时候，却还记得要回到故乡。

中韩建交与中国的改革开放使我们在经济和社会形态方面与韩国更为接近，而且韩国的经济明显胜过中国，因此，中国朝鲜族向韩国流动也是很自然的。但此时的中国朝鲜族一方面没有在韩国获得“国民”身份，另一方面经过几十年的分离，无论是价值观念，还是语言、文化，都与其有了很大的区别。在中国出生的中国朝鲜族人对中国怀有主人心理和认同感。国家认同在张律电影中虽不多见，但也可以从某些情节设置上发现蛛丝马迹。如《庆州》中韩国学者提出大家都不知道的朝鲜国花“金达莱”，其实也是朝鲜族人自我确认的重要意象。导演隐晦地表达了韩国人对朝鲜族群的冷漠和无知。更为明显的例子来自于《春梦》，电影中调侃式地展现成龙是韩国人的情节也反映了张律的国家认同，因为中国人近年来对韩国很大的抵触在于他们声称端午节、中医、孔子、西施等都是韩国的。可以说，中国朝鲜族的国家认同逐渐从朝鲜转为中国。

朝鲜族的中国国家认同除了外在的公民身份和生活经验外，更深层的在于朝鲜半岛与中国同属儒学汉字文化圈[①]，文化认同将朝鲜族融入中华民族的体系中。朝鲜族群文化模式形成于李氏朝鲜时期，这一时期的朝鲜有明确的“小中华”意识。从明代开始，中国与朝鲜的交往不再仅限于宗主国和藩属国政治方面，而延伸到国家、社会、文化的方方面面。朝鲜为了建立本国的礼法制度，全面引进、学习明朝的政治、文化、伦理，儒学取代佛教成为立国之本，并逐渐成为形态完备的“小中华”。到了清代，朝鲜则拒绝承认他们的正统地位，认为“明朝后无中国”，“小中华”的内涵从缩小版的中华转变为“继承中华文化正统的‘鲁存周礼’和‘斯文在兹’的文化心态，日益强化‘小中华’意识中

① 朝鲜半岛虽然已经放弃汉字，改用拼音文字，但文化界仍以懂汉字、会书法为荣。

的‘攘清夷’色彩”[①]。从电影中对唐诗、宋词（丰子恺漫画《人散后，一钩新月天如水》）意象的反复呈现和《庆州》中“发乎情，止乎礼”的伦理呈现，可以看出张律对中华文明的热爱与认同。[②]

萨义德曾说：“与众人一样，我不只属于一个世界。我是巴勒斯坦出身的阿拉伯人，同时也是美国人。这给我赋予了虽奇怪，但实际不怪异的双重角色。除此之外，我还是学者。所有这些身份都不十分分明，每一个身份都使我起到不同色彩的影响和作用。”[③]与萨义德类似，张律的身份认同复杂而纤细，既有中国朝鲜族的普遍性——朝鲜族群和中国的认同，又具有知识分子的个体性——朝鲜族群的内省和儒家文化的精英意识。这样的认同理路使他的电影内容开放、精神内敛，具有强烈的人性和社会批判倾向。

## 三、跨文化对话：流动的世界公民

全球化的进程与流散族群的扩大客观上提供了多元文化对话的可能，不同国家民族之间的相互依存度与日俱增，任何一个国家都不可能仅仅运作于既定的主权边界之内，但这并不一定意味着多元文化共生共存、相互促进的局面一定会出现。很多发达国家对跨境流动的移民族群怀有明显敌意[④]，认为国家的主权在被削弱，文化传统也受到冲击，如美国著名政治学家塞缪尔·亨廷顿在《我们是谁——美国国家特性面临的挑战》一书中指出大量操西班牙语的移民族群可能会从根基上瓦解美国。

---

① 黄修志，《书籍与治教：朝鲜王朝对华书籍交流与“小中华”意识》，《世界历史》2018 年第 1 期。

②《庆州》中的崔贤可以看作张律自我人格的投射。

③ 转引自金虎雄、金晶瑛，《中国朝鲜族的双重文化身份及其潜在创造性——以转型期中国朝鲜族小说为中心》，《东疆学刊》2016 年第 2 期。

④ 不可否认，过于宽松的移民政策确实会为国家带来不稳定因素。

在此情形下，文化中心主义、文化霸权主义、文化民族主义、文化原教旨主义等成为跨文化对话的深层障碍。荷兰社会心理学家吉尔特·霍夫斯塔德说："人人都从某个文化居室的窗后观看世界，人人都倾向于视异国人为特殊，而以本国的特征为圭臬。遗憾的是，在文化领域中，没有一个可以奉为正统的立场。这是一个令人不快的事实真相，就像 17 世纪时伽利略宣布地球不是宇宙的中心。"[①]跨境流动的便利和文化边界的封闭成为当今时代的一个悖论。跨文化对话是对抗文化封闭、挽救人类未来的重要手段。

在东北亚地区，日本和韩国都认为自己是一个单民族国家，他们致力于维护大和民族和大韩民族血统的纯正性，极力压制异质文化的发展，对于移民群体强调归化和顺应。从日韩强调自己民族之"大"来看，他们还是不愿意降低自己的"主体性"，不愿意在跨文化对话中生成新的文明形态。朝鲜则因为政治制度而选择自我封闭。因此，对于流散的朝鲜族群而言，只有中国对他们保持着开放、包容的态度[②]，中国的民族政策给予了他们充分的政治自治、文化自由。面对朝鲜半岛的南北对峙，朝鲜脱北者在中朝边境和中蒙边境的逃亡活动，在日朝鲜人族群的归化入籍、放弃朝鲜文化等威胁，张律对朝鲜族群和人类未来怀有深沉的忧虑。于是，对多元文化的尊重和跨文化对话的意愿几乎是张律每一部电影都在努力达成的目标，这些电影的跨文化对话主要体现在场景空间、语言文字和文化传统三个方面。

张律在电影的场景空间中设置了丰富的对话语境。《芒种》中的崔顺姬住在中国北京顺义区牛栏山镇的火车站里，他们隔壁住着来自全国

① 转引自塞格尔斯，《"文化身份"的重要性》，见乐黛云、张辉主编，《文化传递与文学形象》，北京大学出版社，1999 年，第 344 页。

② 尽管中国的朝鲜族学校也在萎缩，甚至朝鲜族文化也在逐步消逝，但其直接原因是经济，因为汉族的传统文化也在消逝。相信随着中国国力的强盛，民族文化会逐步恢复、重构。

各地的四位姑娘；《沙漠之梦》中的顺姬和昌浩逃到了蒙古国的草原上；《重庆》中的汉语学习班上会集了来自世界各地的六七名学员；《里里》的主要场景也是在韩国的汉语学习班中；《图们江》的故事发生地在中朝边境的村庄。这些场景为跨文化对话和多元文化共生提供了交流平台。

语言文字也是张律电影跨文化对话的主要载体。《芒种》中有普通话、朝鲜语、东北话、四川话，《沙漠之梦》中有蒙古话、朝鲜语、韩语，《重庆》中有普通话、重庆话、韩语、法语，《里里》中有韩语、普通话、印度语，《图们江》中有朝鲜语、东北话、普通话，《庆州》中有普通话、韩语、日语。除了多种语言同时使用外，张律电影中的人物也多有学习本民族语言和他国语言的意愿，如《芒种》中顺姬坚持让儿子学习朝鲜语，《重庆》中女主人公苏艺教外国人学汉语，同时跟学生金先生学习韩语，《里里》中的珍书跟中国老师学汉语，《沙漠之梦》中 Hungai 跟昌浩学朝鲜语等。语言是存在之家，也是跨文化对话的主要工具，张律通过语言交融来达成交流和共识。

除了场景空间和语言文字外，张律的电影更提供了丰富的文化对话。例如，《芒种》中汉族的工商管理员向崔顺姬学习朝鲜族舞蹈，《沙漠之梦》中昌浩跟 Hungai 学习绕敖包、挂祈愿瓶，《图们江》中昌浩邀请郑真一起踢球等。张律的每一部电影都会出现唐诗、朝鲜民歌、中国民歌、中国大秧歌、朝鲜族舞蹈、中国戏曲、算命、茶道等文化意象，希冀这些略显荒诞的异质文化有一天能自然融汇、和谐相处。

当然，作为有独立思考和批判意识的知识分子，张律并没有盲目地相信跨文化对话语境已然生成的情形，而恰恰透露出对跨文化对话困境的忧思。《沙漠之梦》中的朝鲜族与蒙古族虽然同处一室，但各自完全不知道对方在说什么，在无边无界的草原中存在着非我族类的文化边界。《庆州》中，韩国华侨孔允熙是孔子的第 79 代孙，她的母语是韩语，会说流利的日语，但并不会说汉语。此外，张律电影中多次出现的强奸、背叛、伤害等都是跨文化对话的障碍。

林春城教授认为张律不间断地横跨、游荡于各种边界，体现了流动的世界公民认同。张律确实以知识分子的视野和胸怀包容多元文化，但同时对不符合伦理道德和人类尊严的行为保持冷静的距离和批判立场。

## 四、结语

本尼迪克特·安德森在《想象的共同体》一书中指出移民群体故乡情结的政治指向是一个“想象的祖籍国”，他们不住（或不愿住）在那里，也不向那个国家纳税，是一种“远距离民族主义”（long-distance nationalism）。张律在电影中关注流散的朝鲜族群的现实困境和文化归属，对“朝鲜共同体”怀有向往，又不断地自我否定。

电影《春梦》中，艺璃是中国朝鲜族、正范是脱北者、宗彬和俊益是无父的韩国人，四个人凑在一起暗喻了“朝鲜共同体”。他们在韩国社会中的疏离和漂泊，是朝鲜族群在世界文化中的映照。正范和他的前女友最后一次见面时说“下次在统一的祖国见”，但即将分别的两个人一个去往美国，一个留在韩国，基本不可能再相见。

导演曾在采访中提到他本人是比较悲观的，他认为的南韩、北朝鲜的统一就像这一对各自走向前方的已分手的情侣不可能再相见一样，也不会实现统一。无论是民族国家意义上的“朝鲜共同体”，还是文化意义上的“朝鲜共同体”，都只能是张律对跨国流散族群和“故国”的美好想象。

**图书在版编目（CIP）数据**

东亚视域中的儒家人文学 / 朴银姬，姜娜，孙蕴主编. —北京：商务印书馆，2021
（东北亚儒学研究丛书）
ISBN 978-7-100-19674-1

Ⅰ.①东… Ⅱ.①朴… ②姜… ③孙… Ⅲ.①儒家—哲学思想—研究—东亚 Ⅳ.①B31

中国版本图书馆CIP数据核字（2021）第041390号



**东亚视域中的儒家人文学**
**朴银姬　姜娜　孙蕴　主编**

商　务　印　书　馆　出　版
（北京王府井大街36号　邮政编码100710）
商　务　印　书　馆　发　行
北京顶佳世纪印刷有限公司印刷
ISBN 978-7-100-19674-1

2021年4月第1版　　开本 710×1000 1/16
2021年4月北京第1次印刷　　印张16
定价：88.00元